TRAUM LAND

Wer wir sind und sein könnten

TRAUM LAND

Wer wir sind und sein könnten

Identität & Zusammenhalt in Ost und West

DIETZ

Herausgegeben für die Friedrich-Ebert-Stiftung
Franziska Richter (Hg.)

8 Franziska Richter: **Vorwort**

18 Bülent Gündüz und Franziska Richter: **„Kunst kann viel bewirken“**
Eine Reise zu den Kunstwerken des Buches

32 KAPITEL I:
Wo kommen wir her und wo stehen wir?
Zu den deutsch-deutschen Beziehungen vor ’89, die Wege zur Deutschen Einheit und Transformationserfahrungen

34 Ralf Rytlewski: **Missverstehen ohne Ende?**
Kommunikationshindernisse in der deutsch-deutschen Annäherung

40 Steffen Mau: **Vom Gestern zum Morgen**
Ostdeutschland als Erfahrungsraum

46 Viktoria Morasch: **Doppelt und verdächtig**
Über die Rolle der Russlanddeutschen im Ost-West-Gefüge

52 Ilko-Sascha Kowalczuk: **Der Jahrhundertschritt**
Vergangenheiten, die drohen, nicht zu vergehen

58 Peter Grabowski: **Die Umerziehung der Vögel ist keine Option**
Demokratische Gesinnung ist eine Frage praktischer Erfahrung

64 Karimé Maria Diallo: **Grenzerfahrungen**
Wiedervereinigung und Identitätsfindung in binären Ordnungen

70 Claire Demesmay: **Hoffnung auf einen grenzenlosen Raum Europa**
Reflexionen aus deutsch-französischer Perspektive

76 Eun-Jeung Lee: **Verlorene Freundschaften**
Der koreanische Pavillon für die Einheit in Berlin

82 Pia Stendera: **Ein Sonderfall**
Der Weg von der Herkunft ins Dazwischen

88 Abini Zöllner: **Volkseigener Rassismus**
Die systemische Ungleichbehandlung in der DDR und ihre Nachwende-Folgen

94 Daniela Kolbe: **Mehr Respekt und Gleichheit**
Das gesellschaftliche Engagement der Ostdeutschen im Spiegel der Generationen

100 KAPITEL II:
Wohin möchten wir?
Sozio-ökonomische und ökologische Zeitenwende, soziale Gerechtigkeit und die Potenziale Ostdeutschlands

102 Robert Misik: **Deindustrialisierung als Trauma**
Gemeinsamkeiten der Transformationsprozesse in Ost- und Westdeutschland

108 Alexander Koch: **Nicht alle Macht geht vom Volke aus, manch Kunstwerk schon**
Über Wandel und kulturelle Selbstwirksamkeit

114 Irma Hausdorf: **Klimagerechtigkeit als Generationenaufgabe in Ost und West**
Warum es nicht reicht, auf Demonstrationen „Climate Justice!" zu rufen

120 Max Florian Kühlem: **Wo Geschichte wild wuchert**
Wie die Ausstellung „Ruhr Ding: Klima" den Wandel der wichtigsten Industrieregion im Westen erfahrbar macht

126 Gero Neugebauer: **Problemzone Demokratie**
Rechtsextremismus als gesamtdeutsches Phänomen

132 Martin Dulig: **Nun wirklich: Aufbruch Ost**
Fünf Wege zur Selbstermächtigung des Ostens

138 Ronny Freier: **Von abgehängten Landschaften zur Region der Innovation?**
Wie eine positive Wirtschaftsentwicklung in Ostdeutschland befördert werden kann

144 Johannes Staemmler: **In die eigene Kraft vertrauend**
Eine alternative Erzählung vom Strukturwandel in der Lausitz

150 Theresa Keilhacker: **Politisch umkämpfter Raum**
Engagement für eine wertschätzende und kollaborative Stadtpolitik

156 Olga Grjasnowa: **Ich und das Dorf**
Über die Suche nach einem Ort, an dem man leben möchte

162 Katja Barthold: **Vom Übrigbleiben**
Nur eine Ostgeschichte?

168 Peggy Mädler: **Unser aller Eigentum**
Kollektive Andacht zu einem wohlgehüteten Geheimnis

174 KAPITEL III:
Wie wollen wir miteinander leben?
Gesellschaft in Toleranz und Vielfalt, partizipative Demokratie und Identitäten

176 Kerstin Brückweh: **Es sich nicht gemütlich machen**
Ein Plädoyer für Empathie und Fehlertoleranz

182 Hanka Kliese: **Die Bitteren**
Als die Welt aus den Fugen geriet

188 Elisa Gutsche & Pablo Dominguez Andersen: **Grauer Beton 89/90**
Von sozialer Verwerfung zu ost-migrantischer Solidarität

194 Susan Arndt: **Happyland ist Traumaland**
Black Lives Matter – ein Appell an Deutschland

200 Deniz Utlu: **„Was wollen denn Menschen voneinander?“**
Über das rettende Potenzial der Liebe, das ständig verspielt wird

206 Beate Küpper & Franziska Schröter: **Die Mitte liegt in uns allen!**
Die aktuelle FES-„Mitte-Studie“ zu Ost-West-Unterschieden und Gemeinsamkeiten

212 Helge Lindh: **Wenn Goethe das wüsste …**
Wie Rechtspopulisten an Deutschland leiden

220 Kübra Gümüşay: **Erzähl einmal**
Von Mut & Menschlichkeit

226 Cesy Leonard: **Radikale Töchter**
Möglichkeitsräume sichtbar machen

232 Lea Gronenberg: **Du kannst alles erreichen!**
„Ohne Sozialismus keine Befreiung der Frau – ohne Befreiung der Frau kein Sozialismus“ (Alexandra Kollontai)

238 Karamba Diaby: **Eine Brücke in die Zukunft**
Schritte zu einer offenen und solidarischen Gesellschaft

244 Jamila Al-Yousef: **Dreams without Borders**
Mein Weg zu Grenzüberwindung und *Togetherness*

252 KAPITEL IV:
Was wollen wir mitnehmen?
Gemeinsame Geschichte(n), neue Erinnerungen und Verbindungen zwischen Ost und West

254 Burkhard Jellonnek: **Erinnerungsstützen**
Gedenkstätten- und Erinnerungspolitik in Ost und West – Was zu tun ist

260 Frank Ebert & Anja Schröter: **Mehr als „Schwerter zu Pflugscharen"**
Zeitzeugnisse an einem neuen Ort des Austausches – das „Forum Opposition und Widerstand (1945–1990)" in Berlin

266 Lucas Mielke: **Das Nichtgesagte der DDR:**
Ronald M. Schernikaus „die tage in l."

272 Matthias Baerens: **Niemand hatte die Absicht, eine Deponie zu errichten …**
Im „Müll" vereint: Deutsch-deutsche Verflechtungen vor und nach 1989

278 Şeyda Kurt: **Widerstand im Traumaland**
Was migrantische Kämpfe in Ost und West voneinander lernen können

284 Tanja Dückers: **„Not Germany, Berlin!"**
Erinnerungssplitter einer Insulanerin

290 Robert Prosser: **Widerspenstig**
Über den Versuch, als Sprayer eine Stadt wie Berlin zu erobern

296 Thomas Oberender: **Das innere Kalifornien malen**
Zu Norbert Biskys Erinnerungsbildern

302 Andreas Richter: **Freiheit wovon und wofür?**
Meine Jahre an der Komischen Oper Berlin

308 Jana Kühn & Oleh Barasij: **Aktives Erinnern**
Von der Verringerung der Distanzen

314 Matthias Platzeck & Thomas Kralinski: **Die Leere nach dem Sturm**
Über die Notwendigkeit, sich gegenseitig Geschichte und Geschichten zu erzählen

320 **Bildnachweis**
324 **Impressum**

Vorwort

Franziska Richter
Herausgeberin des Buches

Evelyn Richter: „An der Museumsinsel", Berlin 1972, Fotografie

Die Deutsche Einheit steht als Wegmarke für tiefgreifende Transformationen und Umwälzungen in Ost und West, die tief in die Gesellschaft hineinwirken, aber auch über Deutschland hinaus in die Welt strahlen. Dreißig Jahre nach der deutsch-deutschen Wiedervereinigung werden die Reflexionen über die damit verbundenen Veränderungsprozesse immer facettenreicher und differenzierter. Themen und Sichtweisen, die lange Zeit nicht wahrgenommen wurden, sind in den letzten Jahren zunehmend in den Fokus der Aufmerksamkeit gerückt.

Andererseits scheint der Dialog zwischen Ost- und Westdeutschland in letzter Zeit regelrecht „erstarrt“ zu sein, insbesondere über die Frage, wie der Einigungsprozess und das gesellschaftliche Zusammenwachsen von Ost und West einzuschätzen sind. In Diskussionen werden oft Stereotype, Pauschalisierungen und gegenseitige Vorwürfe unreflektiert ausgetauscht. Das deutsch-deutsche Verhältnis ist nicht selten von Missverständnissen, mangelnder Empathie und fehlender Neugier aufeinander geprägt.

Die Friedrich-Ebert-Stiftung möchte mit diesem Buch dazu beitragen, den Dialog zwischen Ost und West auf eine andere Art und Weise zu führen. Die versammelten Beiträge sollen zu neuen Gedanken anregen und ungewöhnliche Perspektiven eröffnen. Ziel ist es, eine offene Debatte zwischen Ost und West sowie gegenseitiges Verständnis zu befördern und damit den gesellschaftlichen Zusammenhalt zu stärken. „Wer wir sind und sein könnten“, lautet die Fragestellung dieses Buches. Die Leser*innen sind dazu eingeladen, sich auf der Reise in ein „TRAUMaLAND“ des eigenen Standorts bewusst zu werden, andere Sichtweisen kennenzulernen und sich auf gemeinsame Geschichte(n) einzulassen. Damit ist auch die Möglichkeit verbunden, Vorstellungen einer besseren Zukunft kennenzulernen oder selbst zu entwickeln.

Die Struktur des Buches orientiert sich am Spannungsfeld von Vergangenheit, Gegenwart und Zukunft.

Wo kommen wir her und wo stehen wir? (Kapitel I)

Wohin möchten wir? (Kapitel II)

Wie wollen wir miteinander leben? (Kapitel III)

Was wollen wir mitnehmen? (Kapitel IV)

Mit diesen Fragen setzen sich Autor*innen verschiedenster Standorte, Herkünfte, Generationen, Identitäten und Berufe in 46 Beiträgen ausführlich auseinander. Ein wichtiger Kompass auf dieser Reise der Autor*innen aus Ost- und Westdeutschland, Frankreich, Österreich, Aserbaidschan, USA, Südkorea, der Ukraine und dem Iran ist dabei das Herausarbeiten von Unterschieden zwischen Ost und West, vor allem aber auch die Suche nach Gemeinsamkeiten.

Der Band zeigt vielfältige Perspektiven auf dem Weg zur Deutschen Einheit und im deutsch-deutschen Vereinigungsprozess auf.

In Kapitel I werden die deutsch-deutschen Beziehungen vor 1989 thematisiert, bisherige Transformationserfahrungen eingeordnet und der Stand der Deutschen Einheit reflektiert.

In Kapitel II werden zukünftige Entwicklungen und Handlungsanforderungen in der sozio-ökologischen und ökonomischen Zeitenwende und Fragen sozialer Gerechtigkeit sowie gesellschaftlicher Teilhabe diskutiert. Dabei werden auch die besonderen Potenziale Ostdeutschlands im deutsch-deutschen Einigungsprozess betrachtet.

Im Mittelpunkt von Kapitel III stehen die Auseinandersetzung mit verschiedenen Identitäten von Ost- und Westdeutschen und die Bedeutung der Partizipation in einer Demokratie. Angesichts von zunehmendem Rechtsextremismus, Fremdenfeindlichkeit und Populismus werden auch Wege zu einer vielfältigeren und toleranteren Gesellschaft aufgezeigt.

In Kapitel IV schließlich setzen sich die Autor*innen mit verschiedenen Erinnerungsräumen auseinander und skizzieren Entwürfe für gemeinsame Geschichte(n), neue Erinnerungen und Verbindungen zwischen Ost und West.

Mit diesem Buch soll auch die Kraft der Kunst genutzt werden, um bisher Ungesagtes an die Oberfläche zu bringen und neue Zusammenhänge sichtbar zu machen. Am Beginn jedes Beitrags steht ein Kunstwerk, das zum Ausgangspunkt der Reflexionen wird oder eine wichtige Botschaft des Textes unterstreicht. Die Autor*innen konnten das Kunstwerk völlig frei auswählen – wobei der Begriff des „Kunstwerks" einem weiten Verständnis folgt: Möglich waren alle künstlerischen und kreativen Ausdrucksformen, etwa Fotografien, Gemälde, Theaterstücke, Performances, Bücher, Graffitis, Musikstücke, aber auch persönliche Gegenstände, selbst angefertigte Zeichnungen oder eigene politische Kunstaktionen. Diese Vielfalt spiegelt sich auch in den aufgenommenen Werken wider.

Damit die Leser*innen über diesen Ansatz und die verschiedenen Kunstwerke mehr erfahren können, habe ich als Herausgeberin ein Gespräch mit dem Kunstjournalisten Bülent Gündüz geführt, der die Suche nach den Künstler*innen und das Einholen der Abdruckgenehmigungen von Abbildungen intensiv begleitet hat (→ S. 19). Es hätte den Rahmen gesprengt, über alle Kunstwerke vertieft zu sprechen, doch war es uns wichtig, jedes Kunstwerk zur Orientierung zumindest kurz einzuordnen und im Buch leicht auffindbar zu machen.

Die Autor*innen kommen aus unterschiedlichsten gesellschaftlichen Bereichen – aus Kunst und Kultur, Medien, Politik, Wissenschaft und zivilgesellschaftlichen Initiativen. Auch die Textgenres, Schreibstile und Herangehensweisen sind sehr verschieden. Manche Texte sind wissenschaftlich-analytischer Natur, andere gleichen eher politischen Statements, es gibt Essays mit einem sehr persönlichen Zugang zum Thema oder künstlerische Darstellungsformen, die sich einer spezifischen Frage widmen.

Alle Autor*innen haben aber eines gemeinsam: Sie begeben sich auf die Reise in das TRAUMaLAND, das zwischen Traum- und Traumaland changiert. Deshalb habe ich für das Buch selbst – sozusagen als Leit- und Sinnbild – als

Kunstwerk die Fotografie „An der Museumsinsel“ der in der DDR wirkenden Fotografin Evelyn Richter ausgewählt. Das Bild kann als ikonisch gelten: Es erscheint zeitlos poetisch und bildet dennoch sehr viel von der besonderen Stimmung der Zeit ab. Es handelt sich um eine Momentaufnahme von 1972, die von der Brücke der Friedrichstraße in Ostberlin aufgenommen wurde. Schon zu DDR-Zeiten galt diese Fotografie eines Schiffes, das von Ostberlin nach Westberlin fährt, als ein Ausdruck für die Sehnsucht nach einem „Traumland“ – nach einem anderen, freiheitlicheren Land, das in der Ferne im Westen glitzert (→ S. 9).

Vor dem Hintergrund dieses Sehnens fiel 1989/90 das schillernde Versprechen von „blühenden Landschaften“ des damaligen Bundeskanzlers Helmut Kohl bei vielen Menschen auf fruchtbaren Boden. Im Prozess der deutsch-deutschen Vereinigung nach 1990 kam es schrittweise zu einer Entzauberung dieses „Traumlandes“. Für erhebliche Teile der Ostdeutschen führte der abrupt einsetzende gesellschaftliche Wandel zu Arbeits-, Perspektiv- und Orientierungslosigkeit, was teilweise zu einer Entfremdung vom wiedervereinigten Land führte und das Gefühl beförderte, auf die gemeinsame Reise nicht mitgenommen zu werden. Viele Menschen aus Ostdeutschland hatten und haben nach wie vor nicht den Eindruck, sie könnten die Segel hissen und das Steuer auch einmal selbst in die Hand nehmen. Dabei sollen in einer Demokratie alle Bürger*innen die Möglichkeit haben, sich aktiv in die Gesellschaft einzubringen und diese mitzugestalten – alle werden gebraucht, um sich gegen undemokratische Tendenzen, Fremdenfeindlichkeit und Populismus zur Wehr zu setzen, Toleranz gegenüber Minderheiten zu stärken und die gesellschaftlichen Herausforderungen der Zukunft gemeinsam zu bearbeiten – damit Deutschland nicht zum „Traumaland“ wird.

Dreißig Jahre nach der deutsch-deutschen Wiedervereinigung stehen wir vor der dringlichen Aufgabe, den sozio-ökonomischen und ökologischen Wandel sozial gerecht zu gestalten. Gerade die jüngere Generation erweitert die Debatte über Ost und West um Fragen einer nachhaltigen Gesellschaft, die die eigenen Ressourcen besser schützt und bewahren möchte. Die Flutkatastrophen, die zeitgleich zur Entstehung dieses Buches in Rheinland-Pfalz, Nordrhein-Westfalen, in Teilen von Bayern und Sachsen hereinbrachen, zeigen eindringlich die Folgen des Klimawandels und fordern zum politischen Gegensteuern auf.

Ein wichtiges Anliegen dieses Buches ist es auch, Stimmen aus unterschiedlichen Generationen zu Wort kommen zu lassen. Denn jede Generation schaut mit ihren besonderen Erfahrungen auf die Deutsche Einheit und den Vereinigungsprozess, zieht andere Bilanzen und Rückschlüsse für zukünftiges Handeln.

So erlebten in Ostdeutschland insbesondere die mittleren und älteren Generationen nach der deutsch-deutschen Wiedervereinigung einen sehr schnellen Abschied vom alten System und einen Neuanfang in einem anderen Land. Sie wurden von null auf hundert in ein neues System katapultiert, das sie bisher nur aus dem Fernsehen und Radio kannten. Von den Menschen, die ihr ganzes Leben in der DDR verbracht hatten, wurde viel abverlangt. Es hieß Umschalten. Aufstehen. Weiterlaufen. Und die neuen Regeln des neuen Landes – die geschriebenen und ungeschriebenen – zu lernen. Und dies verlangt großen Respekt ab.

Die jüngeren Generationen, die zur Zeit des politischen Umbruchs 1989 Jugendliche oder Kinder waren, haben in den letzten Jahren begonnen, sich kritisch mit den Prägungen und Erfahrungen in der Zeit der Teilung und der Transformationsjahre auseinanderzusetzen. Sie fordern mehr Öffentlichkeit und Teilhabe für ihre Belange, die sie auch gesamtdeutsch verhandeln wollen.

Die 2018 von Naika Foroutan angestoßene Debatte, in der sie die Erfahrungen von Ostdeutschen mit denen von Migrant*innen verglich, wie etwa Heimatverlust, strukturelle Benachteiligungen, vergangene Sehnsuchtsorte, Fremdheitsgefühle und Abwertungserfahrungen hat für die verschiedenen Generationen einen neuen Raum des Sprechens und Aushandelns über diese Erfahrungen eröffnet. Und den Austausch zwischen Ost und West befördert, der auch weiterhin wichtig ist.

Denn in Umbruchs- und Transformationszeiten wie diesen haben Ost und West mehr Gemeinsames als viele annehmen. Auch in den alten Bundesländern haben die Menschen Transformationserfahrungen, Brüche und Milieuwechsel erlebt bzw. erleben diese aktuell.

Auch manche Ostdeutsche könnten sensibler dafür werden, die Veränderungserfahrungen der Menschen in den alten Bundesländern zu reflektieren, um auch dadurch die notwendige gleiche Augenhöhe des Anhörens der beiderseitigen Erzählungen zu erreichen.

Wir brauchen mehr Neugier aufeinander in Ost und West, Nord und Süd. Mehr Fragen und eine intensivere gemeinsame Suche nach Antworten auf gesellschaftliche Herausforderungen – wie es auch die ganz jungen Generationen, die bereits im wiedervereinigten Deutschland geboren sind, anmahnen. Es gilt, mit vereinten Kräften die Baustellen in unserer Gesellschaft zu bearbeiten und eine zukunftsfähige Demokratie zu gestalten – auch unter Einbezug der Auswirkungen von Globalisierung und Digitalisierung und den damit verknüpften tiefgreifenden Transformationsprozessen.

Es gibt noch einiges zu tun auf dem Weg zur inneren Einheit des Landes: Es bedarf einer Stärkung strukturschwacher Regionen in Ost und West, einer breiteren gesellschaftlichen Teilhabe, einer Angleichung der Lebensverhältnisse in Ost- und Westdeutschland sowie einer angemessenen Repräsentanz von Ostdeutschen in Entscheidungs- und Führungspositionen, die eine erfolgreichere Beteiligung an den Netzwerken der Macht und mehr Mitwirkungsmöglichkeiten einschließt. All das sind wichtige Aufgaben der Zukunft, über die wir uns austauschen sollten. Dabei muss es möglich sein, die Benachteiligungen Ostdeutscher zu thematisieren, ohne das als ostdeutsche „Jammerei“ zu kategorisieren.

Es ist aus Sicht der Friedrich-Ebert-Stiftung notwendig, dass Ost- und Westdeutsche künftig intensiver miteinander ins Gespräch kommen. Wir hoffen, dass die Texte dieses Buches hierzu einige Angebote machen können.

Die Autor*innen dieses Buches verdeutlichen in ihren Texten, was es ihrer Auffassung nach für eine Annäherung zwischen Ost und West braucht, was noch hinderlich ist und was schon gelingt. Sie analysieren und erzählen von ihren Erfahrungen, aber nicht anklagend oder verallgemeinernd, sondern offen und wahrhaftig, oft sehr persönlich.

Die Texte öffnen somit neue Erfahrungs- und Gedankenräume, die geteilt werden wollen. Bei vielen Autor*innen in diesem Buch nehme ich auch eine große Dringlichkeit wahr, ihre Erfahrungen mitzuteilen. Eine Autorin sagte zum Beispiel bei der Zusendung ihres Beitrags: „Das Schreiben kam wie von selbst. Der Text war schon lange in mir, es hatte nur noch nie jemand danach gefragt."

In diesem Sinne: Mehr Fragen stellen, neue Antworten finden und die Neugier aufeinander beleben – dieses Buch möchte Sie nun herzlich dazu einladen! Viel Spaß bei der Lektüre!

„Kunst kann viel bewirken“

Eine Reise zu den Kunstwerken des Buches

Gespräch zwischen dem Kunstjournalisten **Bülent Gündüz (BG)** und **Franziska Richter (FR)**, Politik- und Kulturwissenschaftlerin

FR: In den letzten Monaten haben wir uns zusammen auf die Suche nach den Kunstwerken begeben, die die 51 Autor*innen des Buches frei auswählen konnten. Entscheidend war dabei, dass das Kunstwerk eine Brücke zum Thema des Essays herstellen kann.

Nun haben wir einen Schatz an Kunstwerken versammelt, der fast alle Genres umfasst – Fotografie, Bildende Kunst, Graffiti, Karikatur, Skulptur, Büste, Installation, Performance, Literatur und Musik. Dabei wurden Werke aus verschiedenen Zeitepochen und Verortungen ausgewählt: Im Buch finden sich Werke von Künstler*innen aus der DDR, der BRD, aus dem vereinigten Deutschland, aber auch von Künstler*innen aus anderen Ländern.

Als ich im Januar 2021 das Konzept des Buches mit einer engen Verbindung von Text und Kunstwerk entwickelt habe, war mir nicht klar, was es genau bedeutet, Kunstwerke zu integrieren und abzubilden. So war es nicht immer einfach, Kontakt zu den jeweiligen Künstler*innen aufzunehmen. Auch das Einholen der Bildrechte bei Museen, Stiftungen, Agenturen war teilweise recht zeitaufwendig und erforderte einen langen Atem. Dabei hast du mich in den letzten sechs Monaten mit deiner Expertise als Kunstjournalist sehr unterstützt. Gab es etwas, was du auf der intensiven Suche nach den Kunstwerken besonders bemerkenswert fandest? War etwas neu für dich?

BG: Ja, für mich war einiges neu. Ich habe mich vor dieser Suche kaum mit DDR-Kunst beschäftigt, deswegen war das für mich eine ganz neue Erfahrung. Die DDR war für die meisten Westdeutschen bis auf die „Leipziger Schule“ kunsthistorisch ein weißer Fleck. Es herrschten Klischees vor, denen ich auch angehaftet bin: Entweder waren die Künstler*innen gegen die DDR-Regierung und haben aufbegehrt oder sie waren ideologische Vertreter*innen des Sozialistischen Realismus, die in realistischer Ausführung den Alltag im Sozialismus im Allgemeinen und Arbeiter*innen im Besonderen feierten.

FR: Hier ist wichtig, dass es eine tiefgreifende ästhetische Spaltung war, die nicht nur West- von Ostdeutschland trennte. Das war die Zeit der Formalismus-Debatte im Sozialismus. In der DDR galten nur gegenständliche Darstellungen einer ideologisch überhöhten Realität als Kunst. In Westdeutschland bestimmte zur gleichen Zeit die abstrakte französische und US-amerikanische Kunst den ästhetischen Geschmack der Moderne. Dieser ästhetische Riss hat nach 1990 zu einer gänzlich ungerechten „Verdammung“ der gegenständlichen ostdeutschen Malerei geführt, die jedoch oft sehr systemkritisch war. Dabei muss betont werden, dass es in der DDR durchaus abstrakt arbeitende, in Nischen hochgeachtete Künstler*innen gab, wie z. B. die Dresdner Maler Hermann Glöckner, Max Uhlig oder Stefan Plenkers.

BG: Ja, in der DDR hat sich auch bei vielen gegenständlichen Maler*innen eine ganz eigene Bildsprache entwickelt. Nehmen wir zum Beispiel den Maler Harald Hakenbeck, dessen Gemälde „Peter im Tierpark“ (1960) im Buch abgebildet ist (→ S. 95). Dieses Werk hing in der DDR in fast jedem Kindergarten und in den Schulen. Ich hingegen kannte dieses Gemälde nicht und habe erst einmal recherchieren müssen. Hakenbecks Malerei ist für die DDR eher ungewöhnlich und geht in die Richtung der Naiven Malerei, es wird ohne Perspektive gemalt, der Schattenwurf fehlt, der Künstler arbeitet mit klaren, kräftigen Farben.

Eine weitere Offenbarung war für mich Hans-Hendrik Grimmling, dessen Werk „Die Umerziehung der Vögel“ (1977) hier vertreten ist (→ S. 59). Dieser Maler hat stark mit metaphorischen Bildern und Allegorien gearbeitet, um seine Unzufriedenheit mit der Enge in der DDR auszudrücken. Es sind wunderbar expressionistische Bilder.

FR: Ich bin sehr froh darüber, dass im Buch neben Hans-Hendrik Grimmling auch Wolfgang Mattheuer mit seiner Bronzeplastik „Der Jahrhundertschritt“ vertreten ist (→ S. 53). Anhand dieser beiden Künstler kann sehr gut dargestellt werden, wie unterschiedlich Künstler*innen in der DDR gelebt und gewirkt haben. Neben Werner Tübke und Bernhard Heisig gehört Wolfgang Mattheuer zu den Hauptvertreter*innen der „Leipziger Schule“. Er war Maler, Grafiker, Bildhauer und hat als Dozent der Hochschule für Grafik und Buchkunst die vorgegebenen politischen und künstlerischen Strukturen akzeptiert, aber für sich und seine Schüler*innen auch innerhalb des Rahmens Freiräume erkämpfen können.

Grimmling hingegen war es nicht möglich, in den politischen und künstlerischen Begrenzungen der DDR zu leben und zu arbeiten. Er reiste schließlich 1987 nach Westberlin aus.

In geschlossenen Gesellschaften wie der DDR wurden inhaltliche Aussagen oft in einer versteckten Bildsprache erzählt, sie hatten als geheime Botschaften eine immense Bedeutung. Dieser Subtext ist für das Verständnis von DDR-Kunst sehr wichtig. Es gab so unzählig viele Facetten künstlerischen Lebens und Wirkens in der DDR – nicht nur die einfache Schablone, die du eingangs beschrieben hast: Auftragsmalerei versus widerständige Malerei. Die Notwendigkeit einer differenzierten Sicht zeigt übrigens auch der in diesem Buch vertretene Maler und Grafiker Hans Vent. Vent hat sich in seinem umfangreichen Werk der menschlichen Figur und der Kommunikation gewidmet (→ S. 35). Mit seinen teils abstrakten Bildern wurde er in der DDR immer wieder angegriffen, erhielt aber dennoch einen Lehrauftrag an der Kunsthochschule Berlin-Weißensee und 1977 den Kunstpreis der DDR.

BG: Ich glaube, im Westen hat man die besondere Bildsprache vieler DDR-Künstler*innen bis heute nicht ganz verstanden und entschlüsselt. Umso wichtiger ist die Vermittlung dieser Kunst und ihrer Kontextbedingungen.

FR: Das Buch möchte einen Beitrag dazu leisten, dass Ost- und Westdeutsche über die deutsch-deutsche Geschichte stärker in den Austausch kommen und mehr Verbindendes entdecken können. Die ausgewählten Kunstwerke könnten hier Brücken für gegenseitiges Verstehen bauen und den Blick für neue Zusammenhänge weiten.

So hoffe ich, dass auch die Fotografie „An der Museumsinsel“ der 1930 in Bautzen geborenen Fotografin Evelyn Richter eine solche Brücke sein kann. Das Bild, das auf dem Cover der Anthologie dargestellt ist, kann als eine Ikone ihrer Arbeiten gelten. Es war schon zu DDR-Zeiten ein Sinnbild für die Sehnsucht nach einem anderen freiheitlicheren Land. Evelyn Richter interessierte sich in ihren künstlerischen Arbeiten für die Menschen auf der Straße und fotografierte zum Beispiel Reisende, machte sich aber auch mit ihren Porträts von Künstler*innen und Arbeiter*innen einen Namen. Den offiziellen Bildern der DDR setzte sie ihre sozialdokumentarischen Fotografien entgegen, die gesellschaftliche Widersprüche nicht beschönigten, aber immer einen sympathisch-zugewandten Blick auf den ostdeutschen Alltag warfen. In ihrem künstlerischen Schaffen war es ihr immer sehr wichtig, ein einfaches Bild mit einer verallgemeinernden Aussage zu verbinden und dabei eine poetische Bildsprache zu finden. War dir Evelyn Richter vor unserem gemeinsamen Buchprojekt eigentlich ein Begriff?

BG: Ich hatte von Evelyn Richter schon vor unserem Buchprojekt als eine der herausragenden Fotografinnen der DDR gehört. Überrascht war ich jedoch, dass ich nur wenig von weiteren Fotografinnen gehört habe. In meinen Stereotypen war es so, dass Westdeutschland in Bezug auf die Wahrnehmung von Künstlerinnen eher rückständig war, wohingegen in der DDR die Frauen gleichberechtigt waren. Offensichtlich hatten die Künstler*innen der DDR aber doch ähnliche Probleme wie ihre Kolleginnen im Westen. Welches waren denn die besonderen Arbeitsbedingungen für Künstler*innen in Ostdeutschland?

FR: Ich bin ganz selbstverständlich mit den Werken von DDR-Fotografinnen wie Sibylle Bergemann, Ursula Arnold, Helga Paris, Gundula Schulze Eldowy oder auch Tina Bara aufgewachsen. Zu deiner Frage, wie Künstler*innen in der DDR gearbeitet haben, kann ich direkt aus meinem persönlichen Umfeld berichten, da Evelyn Richter meine Tante ist. Vieles aus ihrem Leben scheint mir exemplarisch zu sein.

Für Evelyn Richter und viele andere Künstler*innen in der DDR war die Trennung zwischen Beruflichem und Privatem kaum existent. Evelyn Richter verstand die DDR als ihre Heimat – sie wollte in diesem Land bleiben, setzte sich aber immer wieder intensiv mit ihr auseinander. Ständig war sie auf der Suche nach dem Bild, das so aussagekräftig war, dass sie damit ihren jeweiligen Standpunkt zu diesem Land zum Ausdruck bringen konnte. Aufgrund ihres sozialdokumentarischen hohen künstlerischen Anspruches war für sie jedes Bild politisch. Sie trug stets ihre Leica bei sich, um sofort den besonderen Zauber und die Bedeutung eines Moments festhalten zu können. So war es beispielsweise auch bei der Fotografie „An der Museumsinsel“, die 1972 bei einem Spaziergang mit Freunden über die Brücke an der Spree auf der Friedrichstraße entstanden ist. Schnell erfasste sie die besondere Situation – das Schiff mit dem poetischen Titel und dem nach ihm schauenden Vater-Sohn-Paar – und sie eilte zu der Stelle, von der wir auf das Schiff sehen können.

Ihren Lebensunterhalt verdiente sie mit Messefotografie oder später mit Lehraufträgen an der Hochschule für Grafik und Buchkunst Leipzig. Sie lebte bescheiden und fand immer wieder ihren Ruheort in ihrem Häuschen in der Lausitz. Hier fühlte sie sich auch unbeobachtet durch die Staatssicherheit, die sie permanent bespitzelte. Die Akten der Staatssicherheit zu ihrer Person sind voller abstruser Schilderungen auch der banalsten Alltagsszenen – diese ständige Kontrolle aushalten zu müssen, hat sie auch viel Kraft gekostet.

In diesem skizzierten Spannungsbogen lebten viele ihrer Künstlerfreund*innen und Kolleg*innen in der DDR. Meist war die künstlerische Arbeit existenziell aufgeladen und lebensstrukturierend. Daher hat es viele Künstler*innen sehr stark getroffen, als nach 1990 die DDR-Kunst pauschal in die „Schwarz-Weiß-Schablone" Staatskunst versus oppositionelle Kunst eingeordnet wurde und in Öffentlichkeit und Fachwelt die Wertschätzung für die künstlerische Arbeit in der DDR weitgehend ausblieb.

Nach diesem kurzen Einblick in die Situation der DDR-Künstler*innen würde ich jetzt gerne mit dir über die Verbindungen zwischen Ost und West sprechen, die sich durch die Texte und Kunstwerke ergeben. Viele der ausgewählten Kunstwerke setzen sich zum Beispiel mit der Frage auseinander, was Heimat in Zeiten von Globalisierung, Transformation und Strukturwandel bedeutet.

BG: Stimmt, die Erfahrungen in einer sich rasch verändernden Welt könnten Ost und West stärker als bisher verbinden. Durch die schnelle technische Entwicklung verändert sich die postindustrielle Gesellschaft rasant. Meine Heimat ist das Saarland. Sowohl hier als auch im Ruhrgebiet musste mit dem Ende des Bergbaus ein Strukturwandel vollzogen werden, der sehr lang und schmerzhaft war. Heimat bedeutete hier immer auch Kohle und Stahl – und dieses Identitätsmerkmal ist inzwischen verlorengegangen.

FR: Ähnliche Transformationserfahrungen machen auch die Menschen zum Beispiel in der Nieder- und Oberlausitz, in Brandenburg und Sachsen. Allerdings sind diese Transformationsprozesse in Ostdeutschland sehr viel schneller und abrupter abgelaufen als beispielsweise im Ruhrgebiet. Sie gingen zudem mit einem tiefgreifenden Wandel aller Rechts- und Sozialsysteme einher, die für die Westdeutschen unverändert blieben.

BG: Da hast du Recht. Aber es ist eben auch kein ausschließlich ostdeutsches Phänomen, einen Teil seiner Identität verloren zu haben und sich etwas Neues suchen und aufbauen zu müssen. Das ist einer der Erklärungsansätze, weshalb der Rechtsradikalismus in Regionen mit tiefgehenden Transformationsprozessen stärker geworden ist. Die identitätsstiftenden Merkmale sind verloren und dies führt zum Rückgriff auf Bekanntes und zum Ausschluss von Fremdem und Unbekanntem.

FR: Ich finde es interessant, wie viele Kunstwerke in diesem Buch sich mit den Themen „Suche nach Heimat", „alte und neue Identitäten" sowie „Erinnerungsräume" befassen, wie zum Beispiel die Künstler*innen Petr Kratochvil (S. 83), Jan Bachynski (→ S. 311), Roya Noorineshzad (→ S. 310) und Henrike Naumann (→ S. 177). Oder auch die im Buch abgebildeten Werke der Fotograf*innen Ulf Büschleb (→ S. 315), Sarah Eick (→ S. 285), Sven Gatter (→ S. 145), Daniel Sadrowski (→ S. 121) und Ina Schoenenburg (→ S. 41). Die Industrie- und Architektur-Kunst von Marco Brzozowski (→ S. 139) und Martin Maleschka (→ S. 207) gibt stark veränderten und verletzten (Stadt)Landschaften ein Stück Würde zurück und weckt den Mut zu Neubeginn.

Ein weiteres Thema, das Verbindungen zwischen Ost und West herstellen kann, ist die Auseinandersetzung mit inneren und äußeren Grenzen. Wir haben im Buch ein selbst gezeichnetes Kunstwerk abgebildet: die „Straße der Skulpturen" – und hier ganz konkret den „Chemin amusé amusant – Amüsierter, amüsierender Weg", den Valérie Thuillier 1993 entwarf (→ S. 71). Was ist die „Straße der Skulpturen" genau, warum ist sie gebaut worden?

BG: Sie geht zurück auf die „Straße des Friedens" – ein Kunstprojekt, das der Maler und Bildhauer Otto Freundlich in den 1920er-Jahren erdacht hat. Auf dieser Straße durch Europa von Paris nach Moskau sollten Skulpturen als sichtbares Zeichen für ein friedliches Zusammenleben unterschiedlicher Nationen stehen. Entstanden ist ab den 1970er-Jahren auf Initiative des Künstlers Leo Kornbrust die „Straße der Skulpturen" als Teilstrecke. Zu sehen sind hier vierzig Arbeiten von international renommierten Bildhauer*innen auf einem 17 Kilometer langen Weg, der sich auch erwandern lässt.

Der Skulpturenweg führt durch das Saarland zwischen St. Wendel und dem Bostalsee, ein anderer Skulpturenweg verläuft als „Steine an der Grenze" entlang der Grenze zwischen Frankreich und Deutschland. Für die Saarländer ist die Nähe zu Frankreich ein bedeutender Teil ihrer Identität. Die Saarländer*innen fühlen sich eher Frankreich als dem östlichen Teil Deutschlands zugehörig. Das „Savoir vivre" ist Teil der gemeinsamen deutsch-französischen Kultur. Ostdeutschland ist hier weit weg.

FR: Es kommt eben immer auch auf den Standort an, von dem wir auf etwas schauen. Für das Saarland ist die räumliche Nähe zu Frankreich prägend; dagegen hat Ostdeutschland eher eine geografische, historische und kulturelle Nähe zu Osteuropa.

Das Buch möchte dazu einladen, sich des eigenen Standorts bewusst zu werden und andere Perspektiven kennenzulernen. So sind in diesem Buch Autor*innen und Kunstwerke von Künstler*innen aus Deutschland, Frankreich, Österreich, Aserbaidschan, den USA, Südkorea, der Ukraine und dem Iran vertreten. Mittels dieser vielfältigen Blicke und Standorte ist die Auseinandersetzung mit den Geschehnissen der Zeitgeschichte und der deutsch-deutschen Beziehungen besonders spannend. Wir haben im Buch eine sehr interessante internationale künstlerische Aktion zur Auseinandersetzung mit den Transformationen in den 1990er-Jahren: das Knochengeld (→ S. 103).

BG: Das war wirklich interessant. Bei dieser Aktion haben mehr als fünfzig Künstler*innen Geldscheine mit eigenen Motiven geschaffen. Das Knochengeld war eine Kunstaktion und zugleich eine Form von Freigeld, das im Zeitraum vom 6. November bis 29. Dezember 1993 und damit drei Jahre nach Einführung der D-Mark im Berliner Prenzlauer Berg in Umlauf gebracht wurde. Im Rahmen meiner Recherche war es sehr schwierig, an dieses Kunst-Geld zu gelangen, da vieles davon in Archiven verschwunden ist. Wir konnten jedoch mehrere Exemplare im Deutschen Historischen Museum ausfindig machen. Einige Geldscheine mussten aufwendig nachdigitalisiert werden. Dank des Buches gibt es nun das Knochengeld von A. R. Penck in digitaler Form. Übrigens war der aus der DDR stammende Grafikdesigner, Karikaturist und Plakatkünstler Klaus Staeck ebenfalls am Knochengeld beteiligt.

FR: Staeck hat sich ja immer wieder in politische Aktionen eingebracht. So ist er in unserem Buch mit seinem Plakat „Freizeitpark Deutschland“ vertreten, in dem er 1993 die Versprechen der „blühenden Landschaften“ kritisch reflektierte (→ S. 127).

Es gibt übrigens ein weiteres Plakat im Buch zu betrachten: „Zum Internationalen Frauentag vom 8. März 1954“ (→ S. 233). Die Auseinandersetzung mit den unterschiedlichen Rollenbildern in der DDR und der BRD ist auch ein spannendes Thema, zu dem Ost- und Westdeutsche verstärkt ins Gespräch kommen könnten.

Es gibt zudem einige Kunstwerke, mittels deren wir über die Verbindungen zwischen Ost und West während der Zeit der Teilung sprechen können. So finden wir eine selbstgezeichnete Karikatur zur Ost-West-Verbindung über Müllentsorgung (→ S. 273) – ein Aspekt, der bisher noch nicht so oft reflektiert wurde.

Zudem ist wunderbarerweise die Skulptur „Schwerter zu Pflugscharen“ ausgewählt worden (→ S. 261). Der Umgang mit dieser Plastik in der DDR ist eines der absurdesten Zeichen politischen Missbrauchs der Kunst, die jedoch schließlich zu einer klugen subversiven Reaktion führte. Die Originalplastik wurde 1959 von der Sowjetunion der UNO in New York geschenkt und steht dort als Friedenszeichen im Vorgarten des Hauptgebäudes. Der Bildhauer Jewgeni Wutschetitsch gestaltete sie nach dem alttestamentarischen Propheten Micha 4,3 „Sie werden ihre Schwerter zu Pflugscharen machen und ihre Spieße zu Sicheln. Es wird kein Volk wider das andere das Schwert erheben, und sie werden hinfort nicht mehr lernen, Krieg zu führen.“ Nach Einführung des Schulfaches „Wehrerziehung“ 1978 und einer zunehmenden Militarisierung nahmen die evangelischen Kirchen im Rahmen der Friedensdekade diesen Spruch auf. Es entstanden Lesezeichen und Aufdrucke an Jacken „Schwerter zu Pflugscharen“. Da diese listig auf Vliesstoff gedruckt wurden, also Textilien waren, bedurften sie keiner staatlichen Druckgenehmigung. Im November 1981 wurden die Aufnäher schließlich verboten. Schüler*innen und Student*innen, die diese Aufdrucke weiterhin trugen, wurden wegen „Wehrkraftzersetzung“ und „Untergrabung staatlicher Maßnahmen“ von den Schulen verwiesen bzw. an den Hochschulen exmatrikuliert. Die Skulptur und sein Abdruck verbanden über Jahre die Friedens- und Menschenrechtsbewegungen in Ost und West.

BG: Für die kritische Auseinandersetzung mit unserer Zeitgeschichte steht für mich ebenso die Bronzeplastik „Der Jahrhundertschritt", die von Wolfgang Mattheuer 1984 geschaffen wurde (→ S. 53). Dieses Kunstwerk nimmt aus meiner Sicht die Zerrissenheit zwischen Ost und West vorweg, die auch nach der Wiedervereinigung nicht überwunden wurde. Das Werk ist der Versuch, das 20. Jahrhundert mit all seinen Schrecken in eine Form zu gießen. Wenn man vor diesem riesigen Menschen steht, der einen großen Schritt nach vorne macht, den einen Arm wie zum Hitlergruß nach oben streckt und den anderen Arm mit erhobener Faust angewinkelt hält, dann erkennt man das vergangene Jahrhundert in dieser Figur wieder. Man fühlt den Schmerz, die Zerrissenheit und die Angst der Menschen in den beiden deutschen Diktaturen.

FR: Der Fotograf Andreas Rost, ein Schüler von Evelyn Richter, hat eine schöne Aufnahme von dieser Plastik im Museum Barberini in Potsdam machen können. Ich hatte es ja eingangs erwähnt – es war nicht immer leicht, den direkten Kontakt zu den Künstler*innen für die Abdruckgenehmigungen herzustellen. Die Recherche zu Harald Hakenbecks „Peter im Tierpark" (→ S. 95) war ja sehr spannend, oder?

BG: Ja, das ist eine sehr spannende Geschichte. Ich habe sehr lange nach Hakenbeck gesucht, der inzwischen 96 Jahre alt ist. Unter anderem habe ich Galerien und Museen angeschrieben. Die Staatlichen Kunstsammlungen in Dresden haben dann mit dem Bund, dem das Gemälde mittlerweile gehört, gesprochen, aber es schien unmöglich, den Künstler über die üblichen Wege zu finden.

Letztlich habe ich ihn durch Zufall entdeckt. Ich hatte die Idee, Hakenbeck in einem Adressbuch von Berlin zu suchen. Ein Maler und Kunstmaler Harald Hakenbeck war sogar verzeichnet und ich entschied mich, ihn einfach anzurufen. Harald Hakenbeck ging gleich ans Telefon. Das war ein Gänsehautmoment für mich, weil ich mit dem bedeutenden Maler persönlich sprechen konnte. Er erzählte traurig, dass vieles von der DDR-Kunst nach der Wiedervereinigung in Depots verschwunden sei. Insbesondere seine Werke seien in ostdeutschen Museen abgehängt und kaum noch gezeigt worden. Sein Gesamtwerk werde nicht mehr gewürdigt und sei in der Öffentlichkeit quasi nicht mehr vorhanden. Ich habe das Gefühl, dass sich für Hakenbeck das Verschwinden seiner Werke wie ein Trauma anfühlt. Ich merkte ihm die Enttäuschung über das vermeintliche Traumland sehr deutlich an und glaube, dass es vielen DDR-Künstler*innen genauso geht. Vermutlich wird es noch eine ganze Weile dauern, bis diese Epoche aufgearbeitet werden wird. Das sollte möglichst geschehen, solange noch Zeitzeug*innen leben, die ihre Geschichten erzählen können.

Zeitgenössische Künstler*innen aus Ostdeutschland haben es da leichter. Der figurative Maler Jens Bisky gehört inzwischen zu den bedeutendsten Künstlern Deutschlands (→ S. 297). Er ist im Buch mit einer wunderbar zum Thema passenden Arbeit vertreten. Grandios auch die Arbeit des Kölner Künstlers Peer Boehm (→ S. 65), den ich nicht kannte und der für mich auch zu den Entdeckungen dieses Buches gehört. Seine Werke erinnern an die Stenciltechnik von Urban Artists wie Banksy und sind auch ähnlich politisch, aber künstlerisch viel aufwendiger gefertigt.

Ich bin ein bisschen überrascht, dass die Autor*innen nur wenige Maler der klassischen Moderne ausgewählt haben. Mit dabei ist etwa Edward Hopper (→ S. 163), dessen amerikanischer Realismus ein Gegenpol zum Sozialistischen Realismus ist, der darauf abzielte, die sozialistischen Arbeiter*innen zu feiern und Optimismus zu vermitteln. Dagegen sind Hoppers Werke Sinnbilder für die Einsamkeit des modernen Menschen und die Leere des modernen Lebens.

Außerdem sind zwei Abbildungen von Werken des russisch-französischen Malers Marc Chagall im Buch zu finden (→ S. 47 und → S. 157). Er gilt als ein großer Meister des 20. Jahrhunderts, der schwer einem bestimmten Kunststil zuzuordnen ist. Chagall verstand seine farbenfrohe Malerei als Gegenbild zur Realität und bezeichnete sie einmal als „glückliche Vision einer wünschbaren Welt".

Ein Künstler, der schon in der klassischen Moderne aktiv war und dann auch zu einem herausragenden Bildhauer der DDR wurde, war Johannes Friedrich Rogge, der viele Büsten und Denkmäler schuf. Die im Buch abgebildete Gorki-Büste ist ein wunderbares Beispiel für seine Arbeit und die Ausdrucksstärke seiner Büsten (→ S. 183).

FR: In zwei Kunstwerken im Buch ragen Fäuste in die Luft – als Symbol für die Auseinandersetzung mit Rassismus und Fremdenfeindlichkeit: Zum einen sehen wir auf einer DDR-Briefmarke zwei in den Himmel gereckte Fäuste eines

Weißen und eines Schwarzen Menschen (1937/1971) – eine Abbildung von John Heartfield, der ein Hauptvertreter der Collagekunst und über die DDR hinaus bekannt war (→ S. 89). Zum anderen können wir im Buch eine Skulptur der in den USA lebenden Künstlerin Wu Tsang betrachten, auf der mit blauer Neonschrift geschrieben ist: *THE FIST IS STILL UP* (→ S. 279).

Fäuste sind auch ein häufiges Motiv von Graffiti-Kunst, die ebenfalls im Buch vertreten ist und uns ihre Widerspenstigkeit und Widerständigkeit in Erinnerung ruft (→ S. 291). Zu nennen ist in diesem Zusammenhang auch das abgebildete Graffiti-Porträt von George Floyd vom Sommer 2020 (→ S. 221).

Um Verbindungen zwischen Gegenwart und zu gestaltender Zukunft geht es auch in Kunstwerken, die aus privaten Beständen stammen. So haben wir erfreulicherweise für das Buch ein Foto eines privaten Erzählabends (→ S. 221), ein Foto einer Brücke im senegalesischen Marsassoum (→ S. 239) sowie ein Foto von der Umsetzung des koreanischen Pavillons der Einheit (→ S. 77) zur Verfügung gestellt bekommen. (Letzteres vom Kulturzentrum Korea).

BG: Einige Autor*innen haben sich auch für literarische Werke entschieden: von James Baldwin (→ S. 201), Thomas Brussig (→ S. 133) und Ronald M. Schernikau (→ S. 267). In einer Bundestagsrede begeben wir uns gemeinsam mit Goethe in eine kulturelle Deutschstunde (S. 213).

Zudem erfahren wir im Buch mehr über das ORATORIUM des Performance-Kollektivs She She Pop (→ S. 169) als auch über das Bühnenbild zu Harry Kupfers „Don Giovanni“ an der Komischen Oper (→ S. 303).

FR: Aus dem Genre Musik sind drei verschiedene Musikrichtungen vertreten. Dazu gehört die Band „Brass Riot“, welche die wöchentlichen Freitagsstreiks der Fridays-for-Future-Bewegung in Berlin musikalisch mit elektronischer Clubmusik und Jazz-Sounds begleitet hat (→ S. 115). Der ostdeutsche Rapper Trettmann reflektiert in seiner Musik seine Jugend in den Umbruchjahren (→ S. 189), und die deutsch-palästinensische Sängerin Jamila Al-Yousef setzt sich in ihrer Musik mit ihren vielfältigen Wurzeln und Grenzerfahrungen auseinander.

Wir haben im Buch auch Kunstwerke, die für mich die immense Kraft von Kunst verkörpern, indem sie im öffentlichen Raum an bestimmte Epochen der Zeitgeschichte erinnern und die Betrachter*innen direkt berühren.

BG: Ein gutes Beispiel dafür ist der deutsch-japanische Künstler Seiji Kimoto. Seine Werke sind Sinnbilder für die Gequälten und Entrechteten. Sie stehen an den Originalschauplätzen wie stumme Zeugen von Demütigung und Gewalt – man spürt das Leid in seiner ganzen Wucht. Kimotos Figuren sind deformierte Körper in Braun, Grau oder Schwarz. Ohne die Darstellung von Mimik gelingt es dem Künstler, die Gefühle der Leidenden so für uns sichtbar zu machen, unter anderem in seiner Arbeit „Erinnerungsstütze für die Gedenkstätte des KZ Mauthausen" (→ S. 255).

FR: Hinzu kommen Kunstwerke für den öffentlichen Raum, die mit neuartigen Beteiligungsverfahren entstehen, wie der Entwurf eines Kunstwerks des Konzeptkünstlers Daniel Knorr, der die Ideen der Bürger*innen in den künstlerischen Entstehungsprozess einbezogen hat (→ S. 109) oder die Fotomontage, auf der im Rahmen eines politischen Kunstprojekts zum Erhalt des Palastes der Republik engagierte Bürger*innen abgebildet sind (→ S. 151).

Zu einem gemeinsamen Weg laden auch die „Radikalen Töchter" ein, die sich im Buch selbst als Kunstwerk dargestellt haben und mit ihrer künstlerischen Arbeit in jungen Menschen die Lust auf gesellschaftspolitisches Engagement wecken möchten (→ S. 227). Dass Kunst Menschen dazu anregen kann, über sich selbst hinauszuwachsen und sich gesellschaftlich zu engagieren, ist für mich eine sehr stärkende Botschaft, die ich auch den Leser*innen unseres Buches mitgeben möchte – auf ihrer Reise zu den wunderbaren Texten und Kunstwerken.

BG: Man erkennt recht schnell, dass Kunst viel bewirken kann. Sie hilft den Künstler*innen, Geschehenes zu verarbeiten, sich auszudrücken und zu sich selbst zu finden. Sie kann die öffentliche Aufmerksamkeit auf gesellschaftliche Probleme lenken und Gefühle, Gedanken und Erlebnisse für andere sinnlich erfahrbar machen. Kunst fördert die Auseinandersetzung mit dem Unbekannten und hilft dabei, uns selbst und die Welt besser zu verstehen.

FR: Jedes Kunstwerk bringt eine neue Sichtweise ein, die unsere Perspektive auf das Thema „Identität und Zusammenhalt in Ost und West" erweitern wird. Nicht zuletzt verschafft der Genuss, ein gutes Kunstwerk zu betrachten, auch Entspannung. Dies wünsche ich auch den Leser*innen dieses Buches.

Bülent Gündüz, 1971 in Saarbrücken geboren, Kunsthistoriker, arbeitet seit 2001 freiberuflich als Kunstkritiker für Zeitungen sowie Kunstmagazine und Onlinemedien. Außerdem veröffentlicht er Bücher und Essays zur Kunst des 20. und 21. Jahrhunderts. Seit 2019 ist er Mitglied des Kunstkritikerverbandes AICA.

Franziska Richter, 1974 in Dresden geboren, sieht sich als Kind des politischen Umbruchs 1989, Politik- und Kulturwissenschaftlerin, Referentin für „Kultur & Politik" und „Politik in Ostdeutschland" im Referat „Demokratie, Gesellschaft & Innovation" der Friedrich-Ebert-Stiftung. 2020 herausgegeben: „Echoräume des Schocks. Wie uns die Corona-Zeit verändert. Reflexionen Kulturschaffender und Kreativer".

»KUNST KANN VIEL BEWIRKEN«

I

WO KOMMEN WIR HER UND WO STEHEN WIR?

Zu den deutsch-deutschen Beziehungen vor ’89, die Wege zur Deutschen Einheit und Transformationserfahrungen

Missverstehen ohne Ende?

Kommunikationshindernisse in der deutsch-deutschen Annäherung

Ralf Rytlewski

Hans Vent: „Vier Köpfe“, 2006

In jedem der Vier, die der Berliner Künstler Hans Vent (1934–2018) im Jahr 2006 malte, steckt ein Verkünder. Hellsichtig gibt der Maler zu erkennen, dass die Deutschen in Ost und West es nach der Grenzöffnung vermeiden, sich einander zuzuwenden. Wie soll dann das deutsch-deutsche Gespräch gelingen? Begeben wir uns auf eine Spurensuche.

Vier Wochen nach der am 3. Oktober 1990 gefeierten staatlichen Einheit Deutschlands erhoffte der Kultursoziologe Wolfgang Engler in einem Seminar der Freien Universität Berlin für die Ostdeutschen eine lange Welle der Überlegenheitsgefühle bei nur kurzer Welle der Verzagtheit. Sie hatten die allmächtige Diktatur der Sozialistischen Einheitspartei und deren Arm, die Staatssicherheit, gestürzt. In den Schubläden der ostdeutschen Wissenschaftler*innen und Denker*innen lägen allerdings keine Kursbücher zur Zusammenführung nun auch der beiden Gesellschaften. Schon bald stellten sich in den seit der Grenzöffnung möglichen Gesprächen Überlegenheitsgefühle in erster Linie bei den Westdeutschen ein. In ihrem Selbstverständnis schienen sie dafür geradezu prädisponiert zu sein, legitimiert durch die erfolgreiche ökonomische Rekonstruktion Westdeutschlands und einer zweiten, nunmehr „geglückten Demokratie" (Edgar Wolfrum).

Vergleichbares wusste die ostdeutsche Seite in dieser Stärke nicht aufzubieten. Verbreitet das Ziel, auf die „Sieger-Straße" zu gelangen. Die Mehrheit der Bevölkerung hatte sich unter der Losung „Wir sind ein Volk" nach dem November 1989 in einer „Wende in der Wende" von der Idee eines sozialistischen Alternativstaates losgesagt. Für sie entfiel damit das Argument, als Teil einer im marxistischen Verständnis historischen Vorhut auf der richtigen Seite zu stehen. Welche Resonanz gleichzeitig der Erneuerungsimpuls fand, demonstrierten die Berliner Großkundgebung am 4. November 1989 sowie die hohe Zustimmung zum Aufruf „Für unser Land" vom 26. November 1989. Es war wohl die Verzagtheit der revolutionären Akteure, die verhinderte, sich mit reformsozialistischer Argumentationsmacht an der Aushandlung der Zukunft des Landes beteiligen zu können.

Die früh zutage getretene Asymmetrie in der deutsch-deutschen Kommunikation hielt an. Nicht Gemeinsamkeiten wurden hervorgeholt, sondern Differenzen.

Danach erschienen die Ostdeutschen als weniger welterfahren, weniger wettbewerbsfähig, weniger stil- und selbstsicher auftretend. Von den Ostdeutschen wird berichtet, dass auch sie die nationale Metapher von den Schwestern und Brüdern mieden und von der übertriebenen Selbstsicherheit, dem einseitigen Materialismus und der dargebotenen Allzuständigkeit des Westdeutschen sprachen. Sie deuteten ihre Gesprächspartner*innen als Kapitalist*innen und in Verbindung damit als Imperialist*innen, womit sie dem DDR-sozialistischen Weltbild folgten. Auch als der staatliche Zusammenschluss vollzogen war, kommunizierten die Deutschen weiterhin in den Erzählweisen der bisherigen Systemkonfrontation, gefangen in Erzählweisen des Misstrauens. Wie konnte es dazu kommen?

Ihre hohe Zustimmung zur nationalen Einheit äußerten die Deutschen ohne nationale Redeweisen. Ein Grund dafür liegt in der Asymmetrie des Beitritts, die zum Grundmuster der sozialen und kommunikativen Beziehungen wurde. Die Absorption des einen Systems bestätigte die Geltung des anderen Systems und ließ in der Kommunikation dessen Deutungshoheit erwarten. So zeigte die westdeutsche Seite mehr Selbstsicherheit, übernahm nach erster Ratlosigkeit innerdeutsch und international die Initiative, die in einem in der Diplomatie höchst ungewöhnlichen Tempo zum „dreifachen Transfer" (Gerhard Lehmbruch) führte, dem Transfer von bundesdeutschen Institutionen, Rechtsnormen und Personal (als Amtshilfe) in das Beitrittsgebiet, gleichbedeutend mit einem der umfänglichsten Wissenstransfers der jüngeren deutschen Geschichte. Eine fällige längere öffentliche Debatte der anstehenden Neuordnung der Mitte Europas ließ schon die nur nach Monaten, nicht nach Jahren zu zählende Beitrittszeit nicht zu.

Es blieb bei dem wechselseitigen Unverständnis der Lebenswirklichkeiten der voneinander losgesagten bürgerlichen und „arbeiterlichen Gesellschaft" (Wolfgang Engler). Kaum informiert über die Lebenspraxis der Ostdeutschen folgten die Westdeutschen dem allseits bekannten Leitnarrativ des Ost-West-Konflikts, der Vorstellung, die kommunistische Diktatur herrschte totalitär bis in alle Lebensvollzüge hinein, ausgestattet mit

Planökonomie und Unrechtsstaat. Ähnlich uninformiert, wenngleich durch die westlichen Medien zumindest über Konsum und Unterhaltung besser im Bilde, orientierte sich die ostdeutsche Seite am marxistisch begründeten Konzept vom Kapitalismus und damit zusammenhängend Imperialismus.

Konnten die Westdeutschen sich darauf hinausreden, ein abgelehntes DDR-System müsse nachträglich von ihnen nicht mehr begriffen werden, blieben die Ostdeutschen ohne zureichende Chance, die unabdingbare Selbstaufklärung voranzubringen und den neu gewonnenen Bürgerstatus öffentlich erörtern und differenzierter akzeptieren zu können.

Trotz Asymmetrie und Diskrepanz am Beginn nähern sich Ost- und Westdeutsche mit der Zeit auch kulturell-mental an, den sozialwissenschaftlich erklärbaren „cultural lag“ (William Ogburn) überwindend. In heftiger Bewegung der Kommunikationslandschaft entstehen dafür wichtige Voraussetzungen. Die Integration der ostdeutschen Medien Presse, Rundfunk und Fernsehen schreitet seit 1990 institutionell-organisatorisch und personell in großen Schritten voran. Innerhalb einer sich etablierenden gesamtdeutschen Öffentlichkeit gehen die verbliebenen ostdeutschen und die aus Westdeutschland zugezogenen Journalist*innen den lernorientiert angelegten Ost-West-Debatten aus dem Weg – zugunsten fortgeschriebener ostdeutscher Identitäten und Selbstverständigungsdebatten. Damit bestärken sie den Aufbau einer regionalen Kommunikationsgemeinschaft. Es ist seit 1989 vor allem das Erlebnis der Fremde, was das Eigene der ostdeutschen Entwicklung wieder in den Blick nehmen und besser verstehen lässt. Das Interesse jüngerer Generationen an historischer Verortung bringt einen weiteren Impuls.

Wohl blieb die deutsche Sprache ungeteilt, doch bildeten sich im offiziellen Sprachgebrauch bis hin zum üblichen Jargon jene Termini, die systembedingt bei identischem Wortlaut abweichende Konnotationen aufweisen. Die darin mitgeteilten Erfahrungen, Bilder, Emotionen sind für die anderen Gesprächsteilnehmer*innen schwer zugänglich. Das gilt auch für Hochwertbegriffe wie Solidarität, Pazifismus, Gleichheit, Freiheit, deren semantische Differenzen in der politischen Sprache bekannt sind, doch über die systemeigene und konfrontative Sozialisierung der Bevölkerungen auch in die Alltagssprache eindrangen. Steht beispielsweise Solidarität im westdeutschen Gebrauch für eine wechselseitige moralische Verpflichtung, so akzentuiert die ostdeutsche Rede das Appellative, die Kampfmoral. Im Kontext stehen sich hier liberal-bürgerliche und sozialistische Gesellschaft gegenüber. Ähnlich wird das Wort Pazifismus ostdeutsch als politische Antikriegsströmung und westdeutsch als religiös-ethische Kriegsablehnung verstanden. Inzwischen werden zentrale politische Ordnungsbegriffe wie Kapitalismus, Faschismus, Sozialismus meistens konturenarm und jargonhaft verwendet, sodass systematische Ost-West-Differenzen unerwähnt bleiben – Verständigung über semantische Gräben hinweg.

Mehr als nur die Grundzüge des ostdeutschen Kommunikationssystems sind angelegt. Zu einem ostdeutschen Narrativ, vergleichbar dem gefügten westdeutschen Selbstverständnis, mit einer Begriffsbildung über die DDR und ihre Nachfolge haben Zeitzeug*innen, Historiker*innen, Schriftsteller*innen und Soziolog*innen den Diskurs längst eröffnet. Die Verständnischancen für das Gespräch der Deutschen steigen.

Univ.-Prof. a. D. Dr. Ralf Rytlewski, geboren 1937 in Lemgrabe, ist Politikwissenschaftler der Freien Universität Berlin. Arbeitsschwerpunkte sind die vergleichende Deutschlandforschung, die Kultur- und Stadtpolitik. Längere Lehrprojekte in Russland, Südkorea, Rumänien, Kasachstan und China.

Vom Gestern zum Morgen

Ostdeutschland als Erfahrungsraum

Steffen Mau

Ina Schoenenburg: aus der Serie „Blickwechsel“, 2016, Fotografie

„Wiedervereinigung", „Beitritt", „Übernahme", „Inkorporation" – die Begriffe zur Etikettierung des deutsch-deutschen Zusammengehens sind so vielfältig wie die Deutungsangebote dazu. Wie immer man diesen Prozess politisch beschreiben will, klar ist, dass es sich um eine *Mesalliance* der Ungleichen handelte, wobei sich diese Ungleichheit auf die gesellschaftlichen Grundstrukturen, das Machtgefälle, die ökonomischen Disparitäten und die kulturellen Unterschiede bezieht. Die Vorstellung des friktionslosen Hereinholens Ostdeutschlands in die westdeutsche Modellgesellschaft war über eine lange Zeit eine politische Leitvorstellung. Institutionen sollten übertragen, Restbestände des Staatssozialismus abgebaut und Mentalitäten transformiert werden.

Die Bundesrepublik sah in der untergehenden DDR vor allem ein Projekt der Anpassung und Transformation; Rückwirkungen auf eigene Besitzstände und politische Bewusstseinszustände wurden nicht mitgedacht. Wozu auch? Der Zusammenbruch des Staatssozialismus hatte die maßgebliche Alternative zur Marktwirtschaft und Demokratie hinreichend diskreditiert, jetzt kam es darauf an, in der Ex-DDR, aber auch in den anderen Ländern Mittel- und Osteuropas, Reformen einzuleiten, die auf einen institutionellen Nachbau hinausliefen. So ging es bei der Transformation um die Übernahme westlicher Politikkonzepte, um den Import liberaler demokratischer Institutionen und die Ausprägung westlicher Werte und politischer Selbstverständnisse. Die Autoren Ivan Krastev und Stephen Holmes sprechen vom „Nachahmungsimperativ", der den Weg zu Wohlstand und Freiheit ebnen sollte.

Für die neuen Bundesländer geschah diese Transformation nicht von innen als gesellschaftliches Modernisierungs- und Erneuerungsprojekt, sondern maßgeblich von außen. Man könnte sogar von einer dreifach exogenen Transformation sprechen. Nicht nur wurde die Blaupause West über den untergegangenen Staat gelegt und institutionelle Arrangements von West nach Ost transferiert, an den entscheidenden Schaltstellen, ob in der Wirtschaft oder der Verwaltung, waren es die Transfereliten, die den Ton angaben. Und schließlich wurden Geld und Waren von West nach Ost gebracht, sodass die Ostdeutschen mit Transfereinkommen zum westlichen Konsumniveau aufschließen konnten.

Dieses Programm der dreifach exogenen Transformation hat sich als enttäuschungsanfällig erwiesen. Trotz vieler Vorzüge und Erfolge war es eines, das den Osten immer nur als Objekt politischer Einwirkung, kaum als selbstständigen Akteur wahrnahm. Vor allem für den ostdeutschen Fall galt ja, dass an den schon im Westen erprobten institutionellen Beständen nicht gerüttelt werden sollte. Das zwang die Ostdeutschen in eine Situation, in der sie zwar von der Politik Betroffene waren, sich aber viel zu wenig mit einer eigenen Handlungsmacht ausgestattet sahen. Sie hatten sich einzuordnen, einschneidende Veränderungen am Bestandsmodell waren nicht gewünscht. In einer Nachahmungssituation schwingt immer das Gefühl mit, Erwartungen und Standards, die man nicht selbst bestimmt hat, hinterherzulaufen. Wenn vor allem westdeutsche Eliten machtvolle Akteure sind, gerät man leicht in eine Situation, in der alle Folgeprobleme der Transformation – seien es Massenarbeitslosigkeit und industrieller Rückbau – auf „den Westen“ projiziert werden können. Für viele stellte sich der gepriesene „Aufbau Ost“ als ein Abbruch beruflicher Biografien dar, was oft mit Ohnmachtsgefühlen einherging. Das hat auch Vertrauen in die Politik beschädigt und eine Distanz zu den Institutionen mitbewirkt. Man kann aus dieser Transformationserfahrung lernen, dass es wichtig ist, die Akteure vor Ort zu Mitgestaltenden politischer und sozialer Prozesse werden zu lassen. Das Mitentscheiden und das Mittun scheinen unabdingbar zu sein.

Dennoch wäre es falsch, die Wiedervereinigung als Misserfolgsgeschichte zu erzählen. Die Bilanz, sowohl ökonomisch als auch persönlich, ist bei den Allermeisten positiv. Sie sehen das Ende der DDR und die Einheit als Gewinn, auch wenn sie sich das Etikett vom „Gewinner der Einheit“ nicht unbedingt anheften lassen möchten. Dies liegt daran, dass die Transformationsphase oft als zumutungsreich empfunden wurde und es bei vielen lange brauchte, ehe sie ihren Platz in der neuen Gesellschaft gefunden hatten. Auch heute noch unterscheiden sich die Narrative der Wiedervereinigung in Ost und West: Die Deutsche Einheit ist im Osten stark mit der Friedlichen Revolution und dem demokratischen Aufbruch verbunden, im Westen vor allem mit dem Scheitern und den Unzulänglichkeiten der DDR. Die Ostdeutschen betonen die Brüche und hohen sozialen Kosten der Transformation, der Westen sieht vor allem die großzügige Hilfe und die vielen Transfers. Fragt man heute nach dem Stand der Deutschen Einheit, verstehen die meisten Bewohnerinnen und Bewohner der westlichen Bundesländer diese als vollendet, im Osten hingegen pocht man immer noch auf die Verwirklichung gleichwertiger Lebensverhältnisse. Ob bei der Vermögensverteilung, den Einkommen oder der Wirtschaftsstruktur – bei vielen wichtigen gesellschaftlichen Indikatoren gibt es markante Ost-West-Unterschiede. Im Osten sieht man mehr Differenz und anhaltende Unterschiede, im Blick des Westens sind diese Differenzen kaum mehr vorhanden.

Als Entwicklungsperspektive, so erkennen wir heute, war die Erwartung der vollständigen Anverwandlung des Ostens an den Westen illusionär. Ostdeutschland wird auch in Zukunft ein eigener Sozial- und Erfahrungsraum bleiben, der sich auch in Biografien, Lebenswegen, Familienbindungen und Freundschaftsnetzwerken aufblättern lässt. Ein Osten, der erzählt werden will, neu erzählt werden muss.

Eine Anregung gibt die 1979 in Ostberlin geborene Fotografin Ina Schoenenburg mit ihrer Serie „Blickwechsel", in der die Familie im Zentrum steht. Die Künstlerin spielt – wie auf dem hier abgebildeten Foto – mit der Spannung von Bewegung und Stillstand, Unverrückbarkeit und dem Blick nach vorn. Das Kanu steht auf der Wiese, aber Kind, Frau und Hund schauen, als würden sie auf ein nahendes Ufer zusteuern. Das hat die ostdeutsche Gesellschaft in den vergangenen drei Dekaden immer geprägt: eine Imagination des Kommenden und zugleich der Haltegriff des Vergangenen.

Lange hat man sich politisch geweigert, „den Osten" auch als Zusammenhang zu verstehen. Das Ausschleichen einer Ost-Identität wurde gewünscht und als Beitrag zur Vereinigung gesehen. Heute kann man dies gelassener sehen, sogar auf damit verbundene Entwicklungsmöglichkeiten verweisen. Zwar gibt es in den fünf ostdeutschen Bundesländern jeweils eigene regionale Identitäten, aber doch auch ein gemeinsames Band, das auf das Herkommen und gemeinsame Problemlagen verweist. Ostdeutschland als Region mit einer besonderen Geschichte zu begreifen und zu akzeptieren, kann sogar Teil der zukünftigen deutsch-deutschen Normalität sein. Für die nachrückenden Generationen stellt sich jedenfalls die ostdeutsche Identität ohne Rückgriff auf die DDR her. Soweit es gelingt, hieraus keine Mentalität des Trotzes, sondern eine eines gefestigten Selbstbewusstseins hervorzubringen, wäre schon viel gewonnen. Das kann man durchaus als Ressource begreifen.

Mit einer positiven Besetzung der Heimat sind Leute eher gewillt, vor Ort zu bleiben und nicht abzuwandern. Seit 2017 ist die starke Abwanderung aus Ostdeutschland gestoppt, nachdem die DDR vierzig Jahre lang ein Abwanderungsland war und Ostdeutschland seit 1989 fast zwei Millionen Bürgerinnnen und Bürger gen Westen verloren hat. Dass sich nunmehr – hoffentlich – eine Trendwende abzeichnet, ist ein gutes Zeichen. Nur wenn junge Leute bleiben, nachdem sie ihre Ausbildung oder ihr Studium absolviert haben, sich vor Ort engagieren und Familien gründen, kann die starke Überalterung und das immer weitere demografische Ausdünnen vieler Regionen in Ostdeutschland gestoppt werden. Wenn die Gründe zu bleiben jene wegzuwandern übersteigen, dann heißt das auch, dass sich eine neue Zukunft herstellt. Und wenn dann noch neue Gruppen, ob aus den alten Bundesländern oder aus dem Ausland, hinzukommen, sich niederlassen und sich daraus auch neue Bündnisse und Projekte entwickeln, könnte eine neue Dynamik entstehen.

Prof. Dr. Steffen Mau, geboren 1968 in Rostock, ist Professor für Makrosoziologie an der Humboldt-Universität zu Berlin und Autor des Buchs „Lütten Klein. Leben in der ostdeutschen Transformationsgesellschaft“ (Suhrkamp 2019). 2021 erhielt er den Leibniz-Preis der Deutschen Forschungsgemeinschaft (DFG).

Doppelt und verdächtig

Über die Rolle der Russlanddeutschen im Ost-West-Gefüge

Viktoria Morasch

Marc Chagall: „Ange du Paradis“, Blatt 5 aus der Folge „La Bible“, 1956, Farblithografie

Ich muss zugeben: Einen Text über russlanddeutsche Identität zu schreiben und dabei von einem Kunstwerk auszugehen, fiel mir schwer. Es ist nicht so, als gäbe es keine russlanddeutsche Kunst und keine Russlanddeutschen, die Kunst lieben. Ich bin ja eine von ihnen. Aber mit russlanddeutscher Geschichte und Identität verbinde ich andere Dinge. Zum Beispiel: Häuser und Kirchen bauen, Kartoffeln ernten, Kinder kriegen, sich anpassen, überleben. Also beginnt dieser Text mit der Abwesenheit von Kunst, mit den herausgerissenen Seiten einer Chagall-Bibel, die meine Brüder und ich meinem Großvater mal zum Geburtstag schenkten. Er fand Chagalls Bilder überflüssig, entsorgte sie, gleich nachdem meine Brüder und ich die Wohnung verlassen hatten. Er ärgerte sich über die Nackten – genauer hat er sich die Bilder nicht angesehen.

Mein Großvater wirft alles weg, was er nicht unbedingt braucht. Auch an seinem Geburtstag liegt ihm nicht viel. Sentimentalität konnte er sich nie leisten. Wenn ich ihn nach seiner Vergangenheit frage, nach der Wolga, Sibirien, Tadschikistan, Usbekistan und Kasachstan, nach der Geschichte mit den Wölfen oder der mit dem geklauten Mehl, sagt er: „Mach dir den Kopf nicht voll." Wenn ich Glück habe, erzählt er doch, in seiner Mischung aus Russisch und deutschem Dialekt.

Ich höre ihm zu, spüre Nähe und Distanz. Da ist immer eine Distanz zwischen Generationen. Zwischen einer jungen Frau, die vom Schreiben lebt, und einem alten Mann, der weiß, wie der Hunger Menschen verändert. Zwischen mir, die in Westdeutschland aufwuchs, und ihm, der als Kind nach Sibirien deportiert wurde. Zwischen seiner Sprache und meiner. Aber natürlich ist da auch ganz viel Nähe. Seine Stimme, seine Hände, der Blick, wenn er darauf wartet, ob ein Witz angekommen ist.

Distanz und Nähe, diese Begriffe helfen mir dabei, über russlanddeutsche Identität nachzudenken, die oft als „doppelt" beschrieben wird, russisch und deutsch, Ost und West, nirgends dazugehörig und überall verdächtig.

Da ist die Distanz zu Russland und die Nähe zu Deutschland: Als ethnische Deutsche bewahrten die Russlanddeutschen über Jahrhunderte ihren Glauben, die Sprache, Rezepte, Lieder, Geschichten. Während des Zweiten Weltkrieges wurden sie in der Sowjetunion aufgrund ihres Deutschseins zu Feind*innen, Zwangsarbeiter*innen und Gulag-Opfern. „Faschisten" schimpfte man sie noch lange nach dem Krieg, der ohne ihr Zutun begonnen hatte.

Da ist die Distanz zu Deutschland und die Nähe zu Russland: Deutsche Kultur wurde in Russland und der Sowjetunion zwar über mehr als 250 Jahre bewahrt, aber natürlich veränderte sie sich. Pelmeni standen irgendwann neben Klößen auf dem Tisch, Russisch wurde in der Generation meiner Eltern, nach dem Krieg geboren, zur Muttersprache. Die Generation meiner Eltern war es auch, die die Hoffnung, jemals nach Deutschland (zurück)auswandern zu können, begraben hatte, größtenteils im sowjetischen System aufging und dann doch emigrieren durfte. Sie kamen als junge Frauen und Männer hier an, die meisten ohne Deutschkenntnisse. „Russen", wie sie hier genannt wurden, waren sie in der Sowjetunion nie gewesen. In hiesigen Ämtern mussten sie ihr Deutschsein nachweisen, für das ihre Eltern und Großeltern noch deportiert oder getötet worden waren.

Plötzlich saßen diese Russlanddeutschen, deren Zwiespalt sich schon in ihrer Bezeichnung findet, zu Hunderttausenden in westdeutschen Aufnahmelagern, wohin ab 1989 auch viele DDR-Bürger*innen flohen. Zwei Gruppen mit wenig Verständnis füreinander: Was waren diese Ostdeutschen für Deutsche, fragten sich die Russlanddeutschen, fast so arm wie man selbst und noch dazu ohne Glauben? Was wollten diese Russen hier, fragten sich diejenigen, die die DDR hinter sich gelassen hatten, welches Recht haben sie, sich deutsch zu nennen? Viele ehemalige DDR-Bürger*innen waren der russischen Sprache und des sowjetischen Einflusses überdrüssig. Genauso waren die meisten Russlanddeutschen froh, allem, was mit Kommunismus zu tun hatte, entkommen zu sein. Ostdeutsche und Russlanddeutsche distanzierten sich, vielleicht gerade weil sie etwas Verbindendes hatten.

Seither werden Russlanddeutsche hierzulande so gesehen:

1. Sie sind deutscher als die Deutschen. Alte Dialekte, alte Werte, AfD? Die Russlanddeutschen haben ihr deutsches Brauchtum trotz jahrzehntelanger Verfolgung bewahrt und viele, vor allem Ältere, sind stolz darauf. Sie haben überlebt, als Deutsche in der Sowjetunion. Mit der Abwehr von allem Nationalen, das hierzulande verständlicher- und glücklicherweise aufgrund der Geschichte gepflegt wird, haben sie nichts zu tun – und gelten daher als anrüchig. Das Vorurteil, Russlanddeutsche würden vor allem AfD wählen, ist trotzdem haltlos.

2. Sie sind nicht deutsch genug. Russendisko, Russenhocke, Mafia? Diese Deutung ist viel häufiger. So gut wie jeder Fernsehbeitrag über Russlanddeutsche zeigt Wodkaregale und Hochhäuser, in denen Menschen leben, die kein Deutsch sprechen, ausnahmslos russisches Fernsehen schauen und Putin verehren. Nicht integrierbar, irgendwie gefährlich.

Zwischen diesen verzerrten Extremen oszilliert russlanddeutsche Identität und wird in ihrer Vielfalt kaum wahrgenommen. Welche Rolle spielt diese Gruppe, der es gelingt, zwei entgegengesetzte Himmelsrichtungen in sich zu vereinen, im Hinblick auf die Verarbeitung der deutschen Teilung? Ich glaube: keine. Die Einheimischen wussten und wissen zu wenig über diese „Russen", über ihre Geschichte und Erfahrung im Ost-West-Gefüge. Potenziale wurden verschenkt, Wissen übersehen. Und die Russlanddeutschen selbst hatten nach ihrer Ankunft in Deutschland anderes zu tun: sich anpassen, überleben, Häuser bauen, Kinder kriegen.

Mein Großvater kam zum ersten Mal mit der DDR in Berührung, als er Zwangsarbeiter in einer usbekischen Urangrube war. Die Geräte für den Uranabbau kamen aus Thüringen, das hat man ihm so gesagt. „Die Deutschen hatten das alles schon und nach dem Krieg haben die Russen es rübergeschleppt", sagt er.

Das zweite Mal war in Kasachstan. Mein Großvater traute sich erst vor Kurzem, diese Geschichte zu erzählen. Er hat Angst, immer noch. Ende der 1950er-Jahre arbeitete er als Schlosser. Er hatte eine Maschine für seinen Betrieb erfunden, war angesehen, sein Foto hing im Büro des Chefs. Eines Tages rief der ihn zu sich: Da waren Männer vom KGB, die mit meinem Großvater sprechen wollten. Sie suchten geeignete Arbeiter, die sie als Spione in die DDR schicken konnten, solche wie ihn, die die deutschen Sitten kannten, Deutsch sprachen und Russisch. Ob er auch was von Religion verstehe und in die Kirchen gehen könnte, haben sie gefragt. Er war der perfekte Kandidat. Sie warben um ihn und wollten ihn zwingen. Am Ende retteten ihn die wenigen Jahre, die er in der Schule war. Wenn er doch wenigstens acht Jahre Bildung genossen hätte! Aber er wurde schon als Viertklässler aus seiner Kindheit gerissen und deportiert. Mein Großvater sagt, er wäre ohnehin um keinen Preis mitgegangen: „Die Kommunisten haben fast alle umgebracht in unserem Dorf an der Wolga und die, die überlebten, schleppten sich unter der Kommandatur herum wie Hunde, in ständiger Angst. Und dann soll ich für sie arbeiten?"

Meine Familie wollte, so wie die meisten Russlanddeutschen, in den Westen. An seinem 58. Geburtstag betrat mein Großvater am Frankfurter Flughafen zum ersten Mal deutschen Boden. Es war der 9. November 1989.

Viktoria Morasch wurde 1988 in der kasachischen Stadt Karaganda geboren. Sie ist in Bayern aufgewachsen und lebt heute in Berlin, wo sie als Redakteurin, Kolumnistin und Reporterin arbeitet.

Der Jahrhundertschritt

Vergangenheiten, die drohen, nicht zu vergehen

Ilko-Sascha Kowalczuk

Wolfgang Mattheuer: „Der Jahrhundertschritt“, 1984, Bronzeplastik,
Fotografie: Andreas Rost

Als ich den „Jahrhundertschritt“ von Wolfgang Mattheuer erstmals sah, im Herbst 1987 in Dresden, war ich wie vom Schlag getroffen. Wenn ich mich richtig erinnere, stand diese kopflose Figur ohne Farbanstrich in einem Raum der Kunstausstellung, nichts weiter, nur dieser ausgestreckte deutsche Gruß, die Rot-Front-Faust, der Soldatenfuß und das Bein, das ich für mich sofort als Häftlingsbein identifizierte. Heimlich versuchte ich, die Fußstellung nachzuahmen – es ging nicht, ich fiel um.

Kaum ein anderes Kunstwerk hat mich jemals sofort so gefesselt und mich lebenslang in Beschlag genommen. Damals in Dresden stand ich davor und mein Schmerz kam sofort hoch. Ich dachte: Meine Gegenwart hat nicht mal eine Zukunft, geschweige denn eine erzählte Vergangenheit. Ein großer „weißer Fleck“. Und hier nun stand sie auf einmal, die Geschichte mitten in einem offiziellen DDR-Raum, das 20. Jahrhundert Deutschlands verdichtet in einer kopflosen Figur, in einer Figur, die ihren Kopf verloren hat, nicht rauszustrecken wagt, vielleicht auch einfach nur hinterhältig ist und deshalb so schaut, wie sie schaut.

Was war mit dieser DDR los, „solches“ öffentlich zu zeigen? Ich hatte schon mehrfach gegrübelt, etwa bei Franz Fühmanns „Saiäns Fiktschen“, ob die Zensoren besoffen ihren Einsatz verpasst hatten. Die subversive Waffe Bücher war bekannt, aber sie wird von Diktatoren oft überschätzt, denn man liest fast immer allein – hier aber stand ich inmitten einer brodelnden Menschenmenge, die offenbar genauso fassungslos staunte wie ich. Ich bin mir nicht sicher, ob alle aus den gleichen Gründen grübelten. Wahrscheinlich nicht, nicht wenige waren entgeistert, dass hier Kommunismus und Nationalsozialismus in einem Abwasch verhandelt wurden, die Ablehnung war zu spüren; die entgeisterte Zustimmung nicht minder.

Und doch schmerzte es mich: Alles schien interessanter zu sein als die trostlose Gegenwart.

Zwei Jahre später fand ich mich in einer spannenden Gegenwart wieder. Nun schaute nicht nur ich entgeistert auf die Straßen und Plätze, in die Kirchen, Theater und alsbald sogar in die Medien. War das noch die Gesellschaft, die ich bis eben nicht verstanden hatte? Die irgendwie immer zu singen schien, „Guten Tag, ich heiße Schmidt, und ich mache alles mit".

Der „Jahrhundertschritt" hatte sich bewegt, hatte einen Schritt gewagt – und ich war dabei, bei diesem echten Jahrhundertschritt, weg von Faschismus und Kommunismus, den großen totalitären Versuchungen des 20. Jahrhunderts. Der Jahrhundertschritt beendete das kurze, aber mörderische Jahrhundert des Totalitarismus. Er brach, logisch, wenn er sich bewegte, zusammen – dachte ich.

Mattheuers Kunstwerk geriet aus meinem Blickfeld. Die Gegenwart war so lebendig geworden, dass sie eine Zukunft bekam – und am spannendsten dabei waren für mich die Vergangenheitsdebatten. Ende September 1999 ist ein Abdruck des „Jahrhundertschritts" in Leipzig vor das Zeitgeschichtliche Forum aufgestellt worden. Ich hatte häufiger da zu tun und freute mich, daran erinnert zu werden. In den Jahren seit der Revolution hatte ich nicht mehr an das provozierende Kunstwerk gedacht.

Nun stand es da in Leipzig, mitten in der pulsierenden Innenstadt. Erst allmählich eröffnete sich mir, dass die Provokation geblieben war, nur hatte ich sie nicht mehr als solche wahrgenommen. Mit der siegreichen Revolution von 1989 schien alles gut zu werden. Für mich ging es um Freiheit, Freiheit, Freiheit – und sonst gar nichts. Und die war nun da. Leben musste ich sie schon allein. Ich war jung und konnte starten. Es lief. Nicht so, wie ich es erträumte, nicht so, wie ich es wollte, nicht so, wie ich dachte, aber es lief – für mich.

Dort, wo ich wohnte in Berlin, gab es Straßen, in die ich nachts nicht ging. Bald gab es „national befreite Zonen" in ganz Ostdeutschland. Auch heute noch würde ich People of Colour nicht raten, in Ostdeutschland Urlaub zu machen, zu arbeiten, zu leben, zu wohnen.

Die alte ostdeutsche Machtpartei durchlief mehrere Häutungsprozesse. In den 1990er-Jahren war nicht zu erahnen, dass dabei einmal etwas herauskommt, das sich so deutlich vom Ursprung unterscheidet. Und es war auch nicht vorherzusehen, dass die Wurzeln immer noch so vital sind, in dieser gewendeten Partei.

Vieles veränderte sich, manches zu schnell, anderes viel zu langsam. Menschen können nur ein gewisses Maß an Änderungen in einer bestimmten Zeit ertragen und verkraften. Überforderung führt zu Entmutigung, Verzweiflung, Wut. Im Osten waren viele seit 1990 überfordert. Es waren die nicht-materiellen Dinge, die viele überforderten. Nicht der Verlust eines Arbeitsplatzes, einer beruflichen Position ist unersetzbar. Aber kulturelle Positionen zu verlieren, die unwiederbringlich verloren sind, erzeugt Phantomschmerzen. Diese können zu Wut und Frust führen. Warum aber wurden sozial-kulturelle Erfahrungen entwertet, verloren sie an Wert? Weil sie im Prozess des Othering als Normabweichung von der gesetzten Norm, als wertlos, hinderlich, blockierend erschienen. Ostdeutschland und Ostdeutsche wurden urplötzlich als homogene Blöcke wahrgenommen, die sie weder vor 1989 noch danach je waren. „Urplötzlich" war dies natürlich niemandem bewusst. Erst als Wut, Frust, Enttäuschungen sich nicht nur nicht legten, sondern auch auf die nächste Generation übertragen wurden und antidemokratische politische Einstellungen in die Mitte der ostdeutschen Gesellschaft vorrückten, wurde auch mir klar, das die überwunden geglaubte Vergangenheit gar nicht vergangen war, sondern höchst lebendig in allen Subtexten öffentlicher Diskurse waberte.

Der „Jahrhundertschritt" ist nicht vergangen. Wir leben in seinem Angesicht. Passen wir nicht auf, kommen wir unter den Stiefel. Oder sind selbst der Stiefel. Oder die Faust. Oder der Arm. Verhindern, gerade in Ostdeutschland, geht nur mit Köpfen, die sich bekennen.

Dr. Ilko-Sascha Kowalczuk, geboren 1967 in Ostberlin, Historiker, Autor zahlreicher Bücher zur Zeitgeschichte, 1995–98 sachverständiges Mitglied der Enquete-Kommission SED-Diktatur des Deutschen Bundestages, 2019/20 Mitglied der Regierungskommission „30 Jahre Friedliche Revolution und Deutsche Einheit".

Die Umerziehung der Vögel ist keine Option

Demokratische Gesinnung ist eine Frage praktischer Erfahrung

Peter Grabowski

Hans-Hendrik Grimmling: „Die Umerziehung der Vögel“, 1977, Öl auf Leinwand

„Wessis“ hier, „Ossis“ dort: Auch drei Jahrzehnte nach der Wende ist die deutsche Teilung weiter ganz real. An plakativen Beispielen und handfesten Belegen für diese These herrscht – leider – kein Mangel. Die ungleiche Verteilung der privaten Vermögen wie der Führungspositionen in Staat und Wirtschaft zu Ungunsten der Ostdeutschen sind nur zwei besonders prägnante. Gleichzeitig waren viele Kommunen in Westdeutschland wegen des industriellen Strukturwandels schon in den 1990er-Jahren in großer finanzieller Not. Für den Aufbau Ost mussten sie dann auch noch weitere Schulden machen. Marode Straßen und Schulen, unterbesetzte Verwaltungen und mangelhafte Sozialstrukturen sorgen deshalb heute für jede Menge Frust und auch Wut bei ihren Bürger*innen. Die stärksten emotionalen Reaktionen löst allerdings – hüben wie drüben – die unübersehbar verschiedene politische Kultur in beiden Teilen Deutschlands aus. In Ostdeutschland zeigt sie sich vor allem in höheren Wahlergebnissen der AfD und weiterer populistischer Gruppierungen, aber auch an den manchmal weit nach rechtsaußen tendierenden Protagonist*innen in CDU wie FDP dort – und an dem Rucksack autoritärer Historie, den die SED-Nach-Nachfolgepartei Die Linke weiter mit sich herumträgt.

Nach den Gründen dafür wird in vielen privaten und öffentlichen Debatten seit Langem geforscht. Oft wird dann eine Mischung aus DDR-Sozialisation und Nach-Wende-Erfahrung verantwortlich gemacht, und natürlich spielt das auch eine Rolle, aber es greift letztlich zu kurz. Neulich sagte der Ost-Beauftragte der Bundesregierung, der gebürtige Sachse Marco Wanderwitz (CDU), in einem vieldiskutierten Interview wörtlich: „Wir haben es mit Menschen zu tun, die teilweise in einer Form diktatursozialisiert sind, dass sie auch nach dreißig Jahren nicht in der Demokratie angekommen sind. Das ist traurig, aber leider wahr.“ Damit kam er der Wahrheit vermutlich schon deutlich näher, auch wenn der anschließende – und ziemlich erwartbare – Shitstorm vermeintlich anderes suggeriert.

Mentalitäten von Menschen und ihre Kultur(en) entstehen nämlich nicht durch noch so markante Einzelereignisse wie einen Mauerfall oder in so wenigen Jahren wie der Zeit unmittelbar nach der Wiedervereinigung. Die heutige Situation muss auch im Kontext der deutschen Demokratiegeschichte gesehen werden. Diese Geschichte währt aber schon deutlich länger als seit 1989 oder 1949, denn sie erfuhr bereits 1933 eine Teilung in Ost und West – dieser Umstand wird oft übersehen oder unterschätzt.

Die erste demokratische Willensbekundung mit breiter öffentlicher Resonanz fand bereits vor gut zweihundert Jahren statt: beim Wartburgfest am 18. Oktober 1817. Von dort war es ein langer, die deutsche Gesellschaft ebenso grundlegend verändernder wie prägender Weg. Trotz vieler Irrungen, Wirrungen und Rückschläge ist es ein langer Marsch der kleinen Fortschritte: Er führte über die Revolution von 1848, die Reichsgründung 1871 (mit dem Reichstag als ständigem Parlament) und die Ausrufung der ersten Republik 1918 bis in die frühen 1930er-Jahre. Als Kernelement dieser wie jeder demokratischen Gesellschaft gilt die wachsende Erfahrung ihrer Bürger*innen mit politischer Selbstwirksamkeit. Die wurde Zug um Zug auch in Deutschland auf allen staatlichen Ebenen Normalität: im Reich, in den Ländern und Kommunen. Erst die Präsidialkabinette der späten Weimarer Zeit ab 1930 schränkten sie wieder ein. Die Machtübernahme der Nationalsozialisten im Januar 1933 bedeutete dann ihr vorläufiges Ende. Die Entscheidungsgewalt über nahezu alle gesellschaftlichen Bereiche übernahm die den Staat beherrschende Partei. Dennoch blieb die Erinnerung an das Vorher lebendig, nicht nur in Kreisen des Widerstands.

Dem Bruch von 1933 folgte durch die Errichtung der vier Besatzungszonen mit Kriegsende 1945 dann gleich noch ein zweiter, der bis heute nachwirkt. Zwar nannte die Sowjetunion das im Osten etablierte Regime „sozialistisch" und „antifaschistisch", doch es handelte sich weiterhin um eine Diktatur, nur mit einem anderen Etikett. Anders in den Westzonen: Dort grenzten sich die neuen staatlichen Strukturen jedenfalls personell weniger stark als im Osten gegenüber den früheren NS-Eliten ab, knüpften aber gleichzeitig umso mehr an die demokratische Tradition und Verfasstheit der Zeit vor 1933 an. Mit anderen Worten: Hier erfuhr die demokratische Geschichte Deutschlands nach „nur" zwölf Jahren ihre Fortführung.

Das zeigte sich spätestens mit der ersten Wahl zum Deutschen Bundestag 1949 überdeutlich. Sie wird heute oft auf die damaligen Widersacher

Konrad Adenauer (CDU) und Kurt Schumacher (SPD) reduziert, doch ging es tatsächlich um die Entscheidung zwischen zwei Wirtschaftssystemen: Die Sozialdemokrat*innen wollten die Planwirtschaft einführen, die Konservativen stritten für eine „Soziale Marktwirtschaft". Am Ende hatte die Union knapp die Nase vorn. Für den weiteren Verlauf der BRD-Geschichte war diese Wieder-Erfahrung politischer Selbstbestimmung von nicht zu unterschätzender Wichtigkeit, denn damit war auch das demokratische Ur-Prinzip zurück: Auf die Auseinandersetzung in der Sache folgt eine (Wahl-)Entscheidung aller Bürger*innen, die anschließend in konkrete Regierungspolitik umgesetzt wird. Das wurde in den mehr als vier Jahrzehnten zwischen der Gründung der ersten Bundesländer 1946 und der Wiedervereinigung 1990 zum Kern der politischen DNA Westdeutschlands und seiner Bevölkerung.

Das meint – damit erst gar keine Missverständnisse aufkommen – trotzdem niemals wirklich alle Menschen, ausnahmslos: Ganz Rechte und ganz Linke, alte und neue Nazis wie Stalinist*innen gab und gibt es auch zwischen Flensburg und Passau. Der Unterschied zwischen Ost und West besteht heute jedoch in den Größenordnungen: Der Anteil politisch autoritär und extrem Denkender ist in allen östlichen Bundesländern außer Berlin durchgehend doppelt so hoch wie in der alten Bundesrepublik. Und das kann weder Zufall noch eine Frage regionaler Genetik sein.

Den Menschen in der DDR war die Möglichkeit der Westdeutschen, in Jahrzehnten politischer Selbstwirksamkeit ein demokratisches Selbstverständnis und -vertrauen zu entwickeln, faktisch bereits seit 1933 verwehrt. Das galt übrigens auch für Bereiche jenseits der unmittelbar politischen Sphäre, weil das Leben in beiden Diktaturen unter weitgehend staatlicher Kuratel stand: Ob Chöre oder Sportklubs, Wandergruppen oder Fototreffs, so gut wie alles wurde vom Staat selbst oder von staatsnahen Einrichtungen organisiert. In der DDR gab es weder eine nennenswerte Privatwirtschaft noch eine Zivilgesellschaft im eigentlichen Sinne – mit Ausnahme der allerdings enorm marginalisierten Kirchen. Eine weitverbreitete und stabile demokratische Gesinnung der Bevölkerung konnte sich so schon mangels Gelegenheit gar nicht entwickeln.

Das hat Marco Wanderwitz mit dem Begriff „diktatursozialisiert" völlig richtig beschrieben. Entgegen dem medial vermittelten Eindruck steckt darin keinerlei pauschale Beleidigung oder gar Verurteilung der Ostdeutschen. Es handelt sich um eine nüchterne, wohl auch persönlich stark ernüchterte Beschreibung der Realität.

Wie so oft hat die Kunst längst Bilder für etwas gefunden, das noch gar nicht passiert ist, aber schon lange in der Luft liegt. Hans-Hendrik Grimmlings „Die Umerziehung der Vögel" von 1977 steht exemplarisch für dieses Sensible und Seismografische, das Künstler*innen immer wieder zugeschrieben wird, durchaus mit Recht. Das großformatige Triptychon zeigt in drei expressionistischen Motiven den stets zum Scheitern verurteilten Versuch, die Natur – in Gestalt der Vögel – dauerhaft zwingen zu wollen. Und zur Natur des Menschen selbst gehört der Drang nach individueller Freiheit wie sozialer Gemeinschaft. Die Bedingungen, unter denen beides möglich wird beziehungsweise bleibt und sich im besten Falle sogar gegenseitig befördert, werden wir in diesem Staat immer wieder neu aushandeln müssen. Das kann gelingen, wenn wir unsere Geschichte(n) gegenseitig ernst nehmen – und sie endlich auch offen besprechen. Vielleicht können wir dann eines Tages genauso selbstverständlich Ost- und Westdeutsche sein, wie wir seit je Sächsinnen und Mecklenburger, Bayern und Rheinländerinnen sind: Nicht alle gleich, sondern gern verschieden in einem geeinten Land.

Peter Grabowski, geboren 1967 in Neviges, ist als „der kulturpolitische reporter" journalistisch tätig. Der Sohn eines ostpreußischen Vertriebenen arbeitet fürs Radio, schreibt für (Fach-)Zeitschriften und Magazine, betreibt einen Blog und moderiert Veranstaltungen zum Spannungsfeld von Kunst, Politik und Kultur(-Wirtschaft).

Grenz-erfahrungen

Wiedervereinigung und Identitätsfindung in binären Ordnungen

Karimé Maria Diallo

Peer Boehm: „ohne Titel“, 2020

28 Jahre, zwei Monate und 28 Tage – so lange stand die Berliner Mauer, die ab 1961 die Deutsche Demokratische Republik und die Bundesrepublik Deutschland sinnbildlich voneinander abgrenzte.

Die deutsch-deutsche Grenzerfahrung ist Teil der deutschen Erinnerungskultur und eines nationalen Staatsverständnisses.

Grenzen begegnen uns überall. Sie konstituieren und ordnen. Sie führen zu Abschottung und Begegnung.

Sie machen etwas mit uns.

Grenzen sind konstruiert und menschengemacht. Grenzerfahrungen begegnen uns bereits im Kindesalter, wenn die Eltern einem Schranken und Regeln setzen. Zu diesem Zeitpunkt lernen wir: das Überschreiten von Grenzen ist mit Konsequenzen und Sanktionen verbunden. „Bis hierhin und nicht weiter!" ist sowohl bei Grenzsoldaten als auch in der Kindererziehung ein häufig verwendeter Terminus. Und wir halten uns besser daran. Diese Erkenntnis zieht sich bis ins Jugendalter, wenn wir über Jahre hinweg unsere von Bildungseinrichtungen vorgeschriebene Regelkonformität perfektionieren können. Wer es nicht tut, gilt als „Problemkind" oder „schwierige*r Jugendliche*r" und fällt zumeist aus dem System.

Regeln und Normen schaffen Ordnung. Grenzen rahmen diese Ordnung und stabilisieren sie. Grenzübertritte dagegen destabilisieren diese. Der Bau der Mauer ist dafür ein sinnbildliches Beispiel. Die große Anzahl an Grenzüberschreitungen und Migrationsbewegungen von der DDR in die BRD gefährdete das politische System der DDR. Das Mittel zur ihrer Aufrechterhaltung war die Verstärkung und physische Manifestierung der Grenze durch die Errichtung einer Mauer. Ordnungssysteme und Grenzen determinieren sich also gegenseitig.

Die deutsch-deutsche Grenze enthielt für West und Ost unterschiedliche Bedeutungs- und Erfahrungswerte. Konnten Westdeutsche die Grenze noch relativ problemlos überschreiten und zum Beispiel Familienbesuche abstatten, war dies Ostdeutschen verwehrt. Selbst der Blick auf die Mauer gestaltete sich je nach Ausgangspunkt anders. Die Grenzerfahrung war so für die meisten einseitig.

Durch die Abgrenzung nach außen – also jenen Normen und Regelsystemen, die nicht der eigenen Ordnung entsprechen – entstehen überhaupt erst Identitäten. Durch die Festlegung territorialer Grenzen werden in einer WeltORDNUNG nach diesem Muster Identitäten konstruiert – Nationen entstehen. Innerhalb Deutschlands entstand so eine gedachte ost- und westdeutsche Identität.

Die innerdeutsche Grenzziehung erzeugte damit ein bis heute – Jahrzehnte nach der Wiedervereinigung – bestehendes Verständnis von zwei konträren Ordnungssystemen. In diesem Zusammenhang von Identitäten zu sprechen, verstärkt diesen Effekt noch. Denn Identität hat etwas Beständiges und Anhaltendes. Identitäten sind nichts Flüchtiges, Kurzfristiges, nichts, das abrupt veränderbar oder austauschbar ist.

Der Begriff der Identität wird heutzutage oftmals inflationär verwendet, ohne dem Kern von Identität gerecht zu werden. Die Polemik um Identitätspolitik dient dem konservativen Lager dazu, Anliegen und Kritik von Minderheiten und Bürgerrechtsbewegungen zu delegitimieren und somit klein zu halten.

Von Anfang an besitzt jedes Individuum seine ureigene Identität. Die Identität setzt sich aus verschiedenen Aspekten zusammen, unter anderem aus der Gesamtheit von Erfahrungen, Vorlieben, Ängsten, Zugehörigkeiten und Charaktereigenschaften. Die subjektive Identität ist das, was Menschsein ausmacht. Manche Menschen sind ihr ganzes Leben auf der Suche danach. Wer bin ich und was macht mich als Mensch und als Individuum aus? Diese Frage beschäftigt die Menschheit schon seit jeher. Bei der Herausbildung dieser Identität kommt es aber natürlich zu Prozessen der Abgrenzung. Ich weiß, was ich mag oder wer ich sein möchte, wenn ich weiß, was ich nicht mag oder wer ich nicht sein möchte. Grenzen und Abgrenzung schaffen in der Konsequenz also eine Dualität.

Das daraus resultierende binäre System, in dem Realität und Komplexität geordnet, kategorisiert und damit vereinfacht werden, ist gewalttätig, weil es auf Kosten individueller Freiheit geht. Menschliche Komplexität wird in einem geordneten System eingeschränkt und unterdrückt. Und so sind es eben genau jene, deren Identität keine Entfaltungsmöglichkeit in einem unterdrückenden

Ordnungssystem hat, die dieses herausfordern und ändern. Queerfeministische und antirassistische Initiativen wehren sich gegen binäre, patriarchale und rassistische Strukturen und Normen, die ihrer Individualität nicht nur keinen Platz in einer gesellschaftlichen Ordnung einräumen, sondern die eigene Identitätsfindung und Akzeptanz der eigenen Komplexität sogar noch erschweren.

Viele richten den Widerstand zunächst gegen sich selbst, bevor sie das gesellschaftliche Ordnungssystem angreifen. Wie könntest du auch anders, wird dir doch von allen Seiten vor Augen geführt, du seist nicht richtig, du seist nicht „normal“, also nicht so, wie dich die vorgegebene Ordnung haben möchte. Die Einsamkeit in der eigenen Erfahrung, die fehlende Repräsentation von Menschen, die so sind wie du selbst und das Nicht-gehört-werden, zwingen dich zur Anpassung an die Norm und die Unterdrückung deiner Selbst.

Wie kann ich mich selbst akzeptieren, meine eigene Identität finden und mich selbst entfalten, wenn meine Realität laut Ordnungssystem ein einziger Widerspruch in sich ist?

Kann ich west- UND ostdeutsch zugleich sein?

Kann ich Schwarz UND Weiß sein?

Kann ich mich WEDER als Frau noch als Mann fühlen?

Kann ich muslimisch UND christlich sein?

Wie kann ich diese gesellschaftlich oktroyierten Ambivalenzen in meiner eigenen Identität aufheben?

Die eigene innere Ordnung wird durch die vermeintlich im Widerspruch zueinanderstehenden Komponenten gestört. Die personale Identität wird instabil und das Bedürfnis, sich für die eine oder andere Seite zu entscheiden, wird größer. Beides gleichzeitig zu sein wäre unvorstellbar, und wenn ich beides wäre, was wäre ich dann? Weil ich nie jemanden gesehen hatte, der beides ist und beides lebt, und alltägliche Erfahrungen von Rassismus, Sexismus, Queerfeindlichkeit und Islamophobie zur Ablehnung oder Bevorzugung der einen oder anderen Zugehörigkeit führten, wurde die Überwindung und Aufhebung der durch Grenzen gebildeten Binarität zur Lebensaufgabe.

Grenzen sind paradox. In meiner eigenen Grenzerfahrung sind sie auf der einen Seite Ursprung gewaltvoller Erfahrungen, Nicht-Akzeptanz, Selbstverachtung und Unterdrückung. Auf der anderen Seite bietet genau diese Grenze eine Chance für etwas Neues, etwas Eigenes, für Freiheit, Selbstfindung und Entfaltung. In einem Verständnis, das Grenze als nichts Punktuelles, Statisches oder Niemandsland betrachtet, sondern als Fluidum anerkennt; indem er die aufeinanderprallenden binären Konzepte in sich vereint und sich gleichzeitig von ihnen löst, wird der GrenzRAUM zum Ursprung meiner Selbst.

Grenzen sind zweiseitig, doch bleibt die Multiperspektivität der Mehrheit aufgrund der Trennungsfunktion von Grenzen zumeist verwehrt. Die – zwar nicht mehr physisch existente, aber im gesellschaftlichen Bewusstsein omnipräsente – innerdeutsche Grenzlinie, gepaart mit der Langlebigkeit von Identitäten, führt bis heute zu einer Kontinuität eines mutmaßlich unüberwindbaren Ost-West-Konflikts in Deutschland. Die durch Grenzziehung konstruierten und im vermeintlichen Widerspruch zueinanderstehenden ost- und westdeutschen Zugehörigkeiten erzeugen eine von Bipolarität geprägte Staatsidentität. Die hohe Zustimmung für demokratiefeindliche politische Strömungen im Osten demonstriert die gesellschaftliche Zerrissenheit Deutschlands, das es drei Jahrzehnte verpasst hat, sich mit der kollektiven und zugleich sehr heterogenen Grenzerfahrung auseinanderzusetzen. Nur wenn diese als inhärenter Teil eines Gesamtsystems anerkannt wird, öffnen sich Grenzräume, in denen eine mehrperspektivische gesellschaftliche Auseinandersetzung stattfinden kann, wie das Bild von Peer Boehm aus seiner Ausstellung „Grenzerfahrung" hier andeutet. Zentrale Voraussetzung dabei ist der Einschluss aller Stimmen, auch jene sogenannter Vertragsarbeiter*innen und Gastarbeiter*innen und deren Nachkommen. Sodann besteht die Chance, ein neues und inklusives deutsches Staatsverständnis zu formen und letztendlich gesellschaftlichen Zusammenhalt zu erreichen.

Karimé Maria Diallo, geboren 1992 in Nürnberg, ist eine afrodeutsche Politologin (M.A.) und arbeitet als Politikmanagerin. Sie ist aktiv bei Black Lives Matter, Wir sind der Osten und Mitbegründerin von inter*kollektiv. Daneben ist sie freiberuflich als Beraterin, Dozentin, Trainerin und Speakerin tätig.

Hoffnung auf einen grenzenlosen Raum Europa

Reflexionen aus deutsch-französischer Perspektive

Claire Demesmay

Valérie Thuillier: „Chemin amusé amusant – Amüsierter, amüsierender Weg“, 1993,
Zeichnung: Karla Loéh Demesmay-Hahn, 2021

Unterwegs auf der saarländischen Straße der Skulpturen möchte ich meinen Töchtern eine Geschichte erzählen. Diese Geschichte, die das Europa der letzten dreißig Jahre geprägt hat, ist die eines Raumes, in dem die Grenzen nicht mehr existieren – innerhalb Deutschlands und quer durch die Europäische Union. Die beiden sind Deutsch-Französinnen, Europäerinnen und haben Großeltern, die einen wesentlichen Teil ihres Lebens in der DDR verbracht haben. Sie sind insofern das Ergebnis des Mauerfalls und der deutschen Wiedervereinigung, aber auch der deutsch-französischen Freundschaft und der europäischen Integration. Dass sie ohne Grenzkontrollen zwischen ihren beiden Ländern – und darüber hinaus – reisen können, ist für sie genauso selbstverständlich wie das Ausbleiben von Stacheldraht mitten in Berlin.

In den 1990er-Jahren hat die Erosion der Grenzen parallel innerhalb Deutschlands und im europäischen Raum stattgefunden – wie ein Spiegeleffekt. Die erstere löste sich schnell auf, während der Abbau der letzteren etwas mehr Zeit brauchte. Doch das Recht, sich innerhalb der EU frei zu bewegen, sich in einem seiner Mitgliedstaaten niederzulassen und unabhängig von der Staatsangehörigkeit die gleichen sozialen Rechte wie Inländer*innen zu genießen, ist inzwischen eine der greifbarsten Folgen der europäischen Integration. Dieses Recht der „europäischen Bürger*innen", das der Vertrag von Maastricht 1992 einführte und der Vertrag von Amsterdam 1997 ergänzte, ist die Folge eines starken politischen Willens. Damit einher geht ein Paradigmenwechsel in Bezug auf Mobilität und Zusammenleben. Dadurch wurde Europa zu Beginn des 21. Jahrhunderts ein Ort zum Erproben einer postnationalen Unionsbürgerschaft.

Doch mit der Coronakrise verlor diese Realität ihre Selbstverständlichkeit. Plötzlich wurden die Freizügigkeit innerhalb der Europäischen Union und das Zusammenleben in den Grenzregionen ausgesetzt. In Rekordzeit wurden die Grenzen zwischen den EU-Mitgliedstaaten wiedererrichtet, deren Abbau Jahrzehnte gedauert hatte. An der Grenze zwischen Deutschland und Frankreich, einer der am stärksten integrierten grenzübergreifenden Regionen Europas, hatten im Frühling 2020 nur wenige Zugang zum

Nachbarland. Familien wurden getrennt, französische Arbeitnehmer*innen hatten Schwierigkeiten, an ihren Arbeitsplatz in Deutschland zu gelangen, und Hunderte von Unternehmen mit Sitz im Grenzgebiet befürchteten ungeahnte wirtschaftliche Folgen.

Gewiss, die Coronakrise hat überall die Freiheit der Reisen auf Eis gelegt, und auch zwischen den Bundesländern wurde die Mobilität beeinträchtigt. Aber die faktische Schließung der innereuropäischen Grenzen wurde ohne Abstimmung mit den betroffenen Nachbarstaaten entschieden. Dies ist umso schockierender, wenn man bedenkt, dass Deutschland und Frankreich sich gerade erst verpflichtet hatten, ihrer Beziehung eine neue Dynamik zu verleihen. Im November 2019, genau sechs Monate davor, wurde der deutsch-französische Vertrag von Aachen ratifiziert. Eine seiner wichtigsten und wegweisenden Bestimmungen besteht in der Stärkung der grenzüberschreitenden Zusammenarbeit. Eurodistrikte und Gebietskörperschaften dieser Regionen werden laut Vertrag mit „angemessenen Kompetenzen, zweckgerichteten Mitteln und beschleunigten Verfahren" ausgestattet. Sie sollen gemeinsame Projekte, insbesondere in den Bereichen Soziales, Umwelt und Gesundheit, verwirklichen können. Falls nötig sind sogar deutsch-französische Ausnahmeregelungen geplant.

Mit dem Vertrag von Aachen, davon war und bin ich überzeugt, kann die europäische Integration durch eine intensivierte grenzüberschreitende Zusammenarbeit neuen Schwung erlangen. Damals habe ich gedacht, dass eine solche Kooperation in den Grenzregionen die Rolle der deutsch-französischen Zusammenarbeit als Labor europäischer Integration wiederbeleben würde. Dort, wo deutsche und französische Interessen eng verflochten sind, könnte ein innovatives Experimentierfeld für Europas Zukunft entstehen. Die Schaffung von Infrastrukturen, beispielsweise im Gesundheits- und Transportwesen, ist ein wichtiger Teil davon, aber lange nicht der einzige. Auch immaterielle Brücken sind nötig, um Unterschiede zwischen Wirtschafts-, Bildungs- und sogar Verwaltungskulturen zu überwinden und um Synergien zu schaffen.

Während der Coronakrise ist etwas Wichtiges passiert. Aber es ist nicht das, woran ich geglaubt hatte. Angesichts der Koalitionen von Neinsager*innen, die sich in den letzten Jahren innerhalb der Europäischen Union herausgebildet haben, könnten Integrationsschritte auf regionaler Ebene ein Hoffnungszeichen sein. Die Ergebnisse einer solchen Kooperation würden nicht nur den Bewohner*innen an der deutsch-französischen Grenze zugutekommen, sondern auch den 150 Millionen anderen EU-Bürger*innen, die in Grenzregionen leben und in Zukunft davon inspiriert werden könnten. Dies würde dazu beitragen, die innereuropäischen Blockaden zu überwinden, die die europäische Politik schon zu lange lähmen: Der Status quo wäre keine Fatalität mehr.

Stattdessen sind im Laufe der Coronakrise wieder nationale Rückzugsreflexe aufgekommen – und mit ihnen gegenseitige Beschuldigungen, von denen ich glaubte, sie gehörten der Vergangenheit an: Den Deutschen wurde Arroganz vorgeworfen, den Franzosen Überempfindlichkeit. In den lokalen Medien häuften sich die Stimmen von französischen Pendler*innen, die sich beim Grenzübergang oder Einkauf in Deutschland diskriminiert fühlten; die Kehler Zeitung sprach von einem „Franzosen-Bashing". Dort, wo neue europäische Experimente entstehen können, war nun Raum für wiederkehrende Ressentiments. Gleichzeitig hat die innereuropäische Grenze ihre schützende Rolle zurückgewonnen, die sie im Nationalstaat typischerweise einnimmt – und dies, obwohl Reisebeschränkungen an der Grenze wissenschaftlich nicht begründet wurden und also vor allem Symbolik waren.

In dieser angespannten Situation haben sich viele Menschen besonders bemüht, die deutsch-französische Freundschaft mit Leben zu füllen. Darunter sind viele Bürger*innen aus der Zivilgesellschaft, aber auch aus Unternehmen und Politik – wie der Vorstand der deutsch-französischen Parlamentarischen Versammlung, der eine sofortige Öffnung der Grenze forderte. Dass Saarland, Rheinland-Pfalz und Baden-Württemberg ebenso wie andere Bundesländer französische Intensivpatient*innen aufgenommen haben, war ein Zeichen der Solidarität. Und dennoch ist das Misstrauen gegenüber dem Nachbarn in kürzerer Zeit wieder aufgetaucht. In einer Region, in der Franzosen und Deutsche zusammenleben, konnte sich die Illusion durchsetzen, dass der nationale Rückzug Schutz bedeutet und dass der Nachbar ein Problem sei.

Die Grenzschließung war vorübergehend und gehört inzwischen wieder der Vergangenheit an. Deutsch-französische Gespräche haben auf höchster staatlicher Ebene stattgefunden, um Lösungen zu finden. Doch selbst wenn sich die Situation an der Grenze inzwischen wieder normalisiert hat, hinterlässt das gegenseitige Misstrauen aus der Krisenphase Spuren. Vor allem wirft es zwei Fragen auf. Zum einen: Was sagt uns die plötzliche Rückkehr von Ressentiments und alten Vorurteilen über den Stand der innereuropäischen Beziehungen? Zum anderen: Welchen Weg sollen wir einschlagen, um Grenzen zu Orten der Begegnung statt der Trennung zu machen? Die erste Frage fordert Ehrlichkeit, die zweite Kreativität.

Die Geschichte eines grenzenlosen Raums ist noch lange nicht zu Ende. So gern ich sie erzähle, lasse ich sie erstmal hier stehen. Wie viele junge Europäer*innen ihrer Generation hätten meine Töchter ein paar Ideen, wie sie weitergehen könnte – und sollte. Der „Chemin amusé amusant – Amüsierter, amüsierender Weg", den Valérie Thuillier für die Straße der Skulpturen 1993 entwarf, hat sie dabei inspiriert. In ihren Augen erscheinen die sechs aufeinanderfolgenden Stahlringe ganz natürlich als Durchgangs- und Begegnungsorte, an denen sich spielfreudige Kinder zum Spielen treffen. Während sie diese Ringe als Stationen eines gemeinsamen Weges durchlaufen, entdecken sie neue Perspektiven – und haben dabei eine Menge Spaß!

Dr. Claire Demesmay, 1975 in Dole (Frankreich) geboren, leitet das Programm Frankreich/deutsch-französische Beziehungen der Deutschen Gesellschaft für Auswärtige Politik (DGAP) und ist assoziierte Forscherin beim Centre Marc Bloch in Berlin.

Verlorene Freundschaften

Der koreanische Pavillon für die Einheit in Berlin

Eun-Jeung Lee

„Pavillon der Einheit Potsdamer Platz“, 2021, Fotografie: Kulturzentrum Korea

Es war am frühen Morgen des 15. Februar 2021. Nicht nur wegen COVID-19 waren die Straßen Berlins leer. Die kalte verschneite Stadt fühlte sich noch kälter an. Im Zentrum Berlins fand ein seltsames Spektakel statt: Der koreanische Pavillon wurde vom Potsdamer Platz auf das Gelände der südkoreanischen Botschaft am Tiergarten umgesetzt. Das war ein beeindruckender Akt. Der 38 Tonnen schwere Pavillon musste auf einen Tieflader gehievt werden, um dann drei Kilometer durch die breiten Straßen Berlins an seinen neuen Standort gebracht werden zu können.

Dieser traditionelle, dem *Sangryangjeon* des königlichen *Changdeokgung*-Palastes in Seoul nachempfundene Pavillon war 2015 auf dem Potsdamer Platz in Berlin errichtet worden. Kritische Stimmen sprachen davon, dass dieses traditionelle koreanische Gebäude ganz und gar nicht zu den Glitzerfassaden der Bürotürme um den Potsdamer Platz passte, denn dieser Platz sei seit 1990 in einen postmodernen Raum ohne kulturelle Identität verwandelt worden. Für viele Tourist*innen und Berliner*innen war dieser Pavillon ein chinesisches Haus.

Im Westen bezeichnet man Dinge, die irgendwie „ostasiatisch" aussehen, gerne einfach als „chinesisch", ungeachtet dessen, dass diese möglicherweise aus Japan, Korea, Vietnam oder anderen Ländern jener Region kommen. So konnte es seit Beginn der Corona-Pandemie immer wieder passieren, dass ostasiatisch aussehende Menschen als „chinesischer Virus" betitelt und sogar attackiert wurden.

Der Name des Pavillons lautet *Tongiljeong* (Pavillon der Einheit). Das südkoreanische Kulturzentrum in Berlin hatte ihn anlässlich des 25. Jahrestages der Deutschen Einheit auf dem Potsdamer Platz errichten lassen – an einem Ort, an dem ein Teil der Berliner Mauer verlaufen ist. Nach der Wiedervereinigung wurde das ehemalige Grenzgebiet zwischen Ost- und Westberlin zu einem lebendigen öffentlichen Platz in der Mitte der Stadt. Der Name des Pavillons sollte den innigen Wunsch einer Wiedervereinigung aller Koreaner*innen zum Ausdruck bringen.

Für Koreaner*innen ist der Potsdamer Platz daher ein symbolischer Ort, an dem man die Teilung und Wiedervereinigung Berlins spüren kann. Bei

Spaziergängen entlang der verschwundenen Mauer zwischen dem Potsdamer Platz und dem Brandenburger Tor denken sie an den Stacheldraht, der die koreanische Halbinsel immer noch in der Mitte zerschneidet. Weil sie die Schrecken und Schmerzen der Teilung bis heute ertragen müssen, ist Deutschland für sie ein besonderes Land.

Auch nach dreißig Jahren Deutscher Einheit bleibt diese ein wichtiges Thema in den politischen Debatten in Korea. Es gibt nur wenige koreanische Politiker*innen, Wissenschaftler*innen oder Journalist*innen, die sich noch nicht zu Fragen der deutschen und koreanischen Einheit geäußert hätten. In Südkorea lassen sich ganze Bibliotheken mit Studien zur Deutschen Einheit füllen. Berlin ist auch für die Regierungen ein so ein bedeutender Ort, dass schon zwei Staatspräsidenten ihre Nordkorea- und Friedenspolitik in Berlin verkündet haben. Auch dafür war der Pavillon der Einheit auf dem Potsdamer Platz von großer symbolischer Bedeutung.

Die erste Generation südkoreanischer Zugewanderter identifizierte diesen Pavillon mit der Zukunft ihres Heimatlandes. Sie hatten die Teilung und die Einigung Deutschlands direkt miterlebt. Für sie waren der Zusammenbruch der Berliner Mauer und die anschließende Aufhebung der Teilung keineswegs die Sache eines fremden Landes. Die Leiden der Teilung und die Freuden der Einigung teilten sie mit ihren deutschen Freund*innen. Sie weinten mit ihnen, als die Mauer fiel – und träumten umso mehr von der Überwindung der Teilung ihres Heimatlandes.

Dreißig Jahre sind seit der Deutschen Einheit vergangen. Die Teilung der koreanischen Halbinsel dauert an. Dennoch sehen die Berliner Koreaner*innen in der vereinigten Stadt Berlin die Zukunft des wiedervereinten Koreas. Der Pavillon der Einheit auf dem Potsdamer Platz verkörperte diesen Wunsch symbolisch; durch ihn verlor die Grenze zwischen Gegenwart und Zukunft ihre Bedeutung.

Die Entscheidung über die Entfernung des Pavillons mag für die Berliner Behörde nur ein simpler Verwaltungsakt gewesen sein. Für Koreaner*innen in Berlin und anderswo verbarg sich dahinter ein symbolischer Akt von großer Bedeutung. Für sie war unter anderem sichtbar geworden, wie bedeutungslos die Koreafrage für Deutschland inzwischen geworden ist. Dazu passt, dass die deutsche Außenpolitik mit ihrer einseitigen Sanktionspolitik gegenüber Nordkorea zu einem Hindernis für den Friedensprozess auf der koreanischen Halbinsel geworden ist. Lange hatten die Koreaner*innen Deutschland wie selbstverständlich für einen Verbündeten bei der Verwirklichung einer Friedensordnung auf der koreanischen Halbinsel und bei der Wiedervereinigung gehalten. In der realen Nordkorea-Politik Deutschlands spielt ihre Gemütslage natürlich keine Rolle, auch nicht bei der Entscheidung der Berliner Verwaltung. Gleichwohl ist ihre Enttäuschung angesichts dieser Entwicklungen groß. Es entstand das Gefühl, einen lang vertrauten Freund verloren zu haben.

Der Umzug des Pavillons der Einheit auf das Areal der koreanischen Botschaft ist ähnlich symbolbeladen wie der Ausbruch von Covid-19. Die Botschaft ist der letzte sichere Zufluchtsort für Koreaner*innen geworden, die auf den Straßen Berlins als „chinesische Viren" beschimpft und angegriffen wurden. Erst nachdem sie die Botschaft um Hilfe gebeten hatten, zeigte sich die Berliner Polizei bereit, Anzeigen aufzunehmen. Nicht einmal im Traum hatten sie sich verstellen können, dass einige ihrer deutschen Freund*innen selbst physische Attacken lediglich als abweichendes Verhalten abtun würden, selbst dann, wenn sie mit Desinfektionsmittel besprüht worden waren. Ihr Protest „Wir sind kein Virus" fand kaum Resonanz. Vielmehr machte man sich über sie lustig, weil sie konsequent Masken trugen.

Selbst die Tatsache, dass Südkorea sich auch international mit seiner recht erfolgreichen Corona-Politik ein hohes Ansehen erworben hatte, konnte Koreaner*innen in Berlin nicht vor Attacken und Verunglimpfungen schützen. Vielmehr bekamen sie oft zu hören, dass Deutschland wegen der kulturellen Unterschiede nichts von der koreanischen Erfahrung lernen könne. Zudem übten sich die deutschen Medien täglich in absurden Behauptungen über Südkorea und seine Corona-Politik, etwa dass ein totales Überwachungsregime herrsche, in dem alle Bürger*innen mittels Corona-App überwacht würden. Als hier lebende Koreaner*innen konnten sie die Ignoranz und Arroganz der Medienvertreter*innen kaum ertragen. Es blieb ihnen aber nichts anderes übrig.

Die Erinnerung an die Tage, als Koreaner*innen zusammen mit ihren deutschen Freund*innen die Deutsche Einheit feierten, ist verblasst. Dreißig Jahre danach scheinen die Koreaner*innen in Berlin ihre Freund*innen verloren zu haben, mit denen sie vom Frieden auf der wiedervereinten koreanischen Halbinsel träumen können. Sie werden ihren Traum von einem vereinten Korea nicht aufgeben. Im Pavillon der Einheit im Garten der Botschaft werden sie zusammenkommen und über ihre Träume reden. Auf dem Potsdamer Platz können sie das nicht mehr.

Prof. Dr. Eun-Jeung Lee, geboren 1963 in Daejeon (Südkorea). Professorin für Koreastudien an der Freien Universität Berlin. Sie ist Mitglied der Berlin-Brandenburgischen Akademie der Wissenschaften. Ihre Forschungsschwerpunkte sind interkulturelle politische Ideengeschichte, Politik und Gesellschaft Koreas.

Ein Sonderfall

Der Weg von der Herkunft ins Dazwischen

Pia Stendera

Petr Kratochvil: „Buckingham-Brunnen in Chicago nachts“, ohne Angabe, Fotografie

Diese Geschichte beginnt am Buckingham-Brunnen bei Nacht. Die Lichter von Chicagos Wolkenkratzern funkeln hinter der bunt beleuchteten Wasserfontäne. Sie überragt alles. Noch nie habe ich so eine überfreundliche Dunkelheit gesehen.

Das Bild hängt im schwarzen Plasterahmen über der königsblauen Ledercouch meiner Eltern. Es zeigt keine Urlaubserinnerung, sondern ihren Traum. Ich bin sieben Jahre alt und träume davon, Starfriseurin zu werden – dann verdiene ich mehr Geld als die Friseurinnen in unserer Stadt. An das andere Ende der Welt denke ich mich nicht; wir fahren jeden Sommer an die Ostsee.

Von unserer Industriestadt aus, einem zerfallenden DDR-Plan, sehe ich unserem Leben kein Defizit an. Im Gegensatz zu vielen anderen haben meine Eltern noch Träume – von Dingen, die ihnen in der DDR verwehrt blieben: Haus, Audi, Wegwerfwindeln. Später kommen Reisen hinzu und für meinen Bruder und mich der Wunsch, einmal zu studieren.

Erst außerhalb dieser Welt lerne ich, dass es Menschen gibt, in deren Elternwohnzimmern *Kunst* hängt. Menschen, die schon als Kinder nach Chicago fliegen. Menschen, die sich ganz andere Träume erlauben als ich.

Ich habe gute Noten und eine Klasse übersprungen. Nach dem Gymnasium gehe ich studieren: Soziologie in Dresden. Eigentlich wollte ich Hotelmanagement studieren, dual, denn das gibt Geld, Sicherheit und Reisen. Der Personalleiter des Luxushotels sagt, ich sei zu jung. Ich glaube, er stellt mich nicht ein, weil ich seine Frage, was für mich „Dienstleistungsbereitschaft" bedeute, nicht beantworten kann. Dabei kellnere ich seit meinem vierzehnten Lebensjahr.

In Dresden und in der Soziologie lande ich eher durch Zufall. Ich will nicht in den Westen und ich war in der Schule besonders gut in Politikwissenschaften und Geschichte. 15 Punkte im mündlichen Abitur zur Wohlfühldiktatur DDR. Über das, was danach kam, sprachen wir in der Schule wenig.

Im Jahr 1999 schlossen vornehmlich westdeutsche Wissenschaftler*innen das DFG-Schwerpunktprogramm DDR- und Ostdeutschlandforschung auf einem Kongress in Dresden ab. Ihr Resümee: Die Forschung habe ihre Ziele und historischen Aufgaben erreicht. Der Transfer des Institutionensystems sei abgeschlossen. Ostdeutsche sollten von nun an nicht mehr als

Sonderfall betrachtet werden.[1]

Von dieser Konferenz weiß ich zu dieser Zeit nichts, aber das Narrativ steht: Nun ist mal gut mit Ost und West. Als gesamtdeutsches Kind sollte ich problemlos klarkommen. Das erwarten beide Seiten.

Niemand hat mich darauf vorbereitet, dass ich in eine neue Welt hereintreten würde. Wie auch? Niemand aus meiner gewohnten Welt kennt sie. Diejenigen, die sie kennen, bewegten sich nicht durch meine gewohnte Welt.

Plötzlich ist alles, was mir zuvor beigebracht wurde, was ich beherrsche, nutzlos. Zu sagen, was ich denke, ist nicht mehr ehrlich, sondern deplatziert. Chicago bei Nacht ist Kitsch und Reisen zur Ostsee sind höchstens Wochenendunternehmungen – aber sicher nichts, was ganze Sommerurlaube füllte.

Ich verstehe die Universität nicht. Ihre Menschen, Worte und Regeln sind mir grundlegend fremd. In den ersten Wochen lese ich mir den Wikipedia-Artikel zu meinem Studienfach sicher ein Dutzend mal durch. Am Ende weiß ich dennoch nicht, worum es geht und erst recht nicht, was ich damit einmal werden könnte. Dabei ist das doch das Wichtigste am Studieren: mal etwas werden zu können.

Mir kommt die Uni wie ein einziges Theaterspiel vor, bei dem ich als einzige vorab kein Skript bekommen habe. Alle beherrschen ihre Rollen als eifrige Kommiliton*innen. Ich muss jedes Mal nachsehen, wie das Wort überhaupt geschrieben wird.

Ich kellnere drei Nächte pro Woche und verreise nach Namibia und Peru. An der Wand meines WG-Zimmers hänge ich Fotos der Reisen in weiße Holzrahmen. Mein Traum zu dieser Zeit: einen Text für die Uni durchlesen zu können – ohne dass mich die Angst, für all das nicht genug zu sein, zu Boden drückt.

In der Schule war ich herausragend gut, fast nervtötend aktiv, sicher. Nun traue ich mich nicht zu sprechen, häufig nicht einmal zu denken. Ich hänge blind in einem endlosen Loop aus sechs Worten: Ich habe hier nichts zu suchen.

Kein Wunder. Ab 1992/93 wurden die sozialwissenschaftlichen Institute Ostdeutschlands aktiv umgebaut oder gänzlich neu eingerichtet. Über 90 Prozent der berufenen Professor*innen und Dozent*innen waren westdeutscher

1 Vgl. Lothar Probst: ‚Wendekinder' schlagen ein neues Kapitel der DDR- und Ostdeutschlandforschung auf, in: Lettrari, Adriana/Nestler, Christian/Troi-Boeck, Nadja (Hg.), Die dritte Generation der Wendekinder. Elaboration eines Forschungsfeldes, Wiesbaden: VS Verlag für Sozialwissenschaften 2016, S. 31-36.

Herkunft.[2] Zu Beginn meines Studiums, zwanzig Jahre später, sind hundert Prozent der Professuren meines Instituts von Westdeutschen bekleidet.

Einzelfall? Mitnichten. Laut einer Studie des Deutschen Zentrums für Integrations- und Migrationsforschung (DeZIM) und der Universität Leipzig sind dreißig Jahre nach der Wende gerade einmal 10,1 Prozent der untersuchten Elitepositionen von Ostdeutschen besetzt. In der Wissenschaft liegt der Anteil bei 1,5 Prozent.[3] Gemessen an der Gesamtbevölkerung müssten dort jedoch 19,4 Prozent Ostdeutsche sein.

Was sagt es über meine Fähigkeiten als Soziologin aus, dass ich keine Ahnung von Kunst habe? Dass ein Jägerschnitzel für mich aus Jagdwurst besteht, ich meinen Brotkanten in Soße ditsche und ich lieber nach vorne heraus auf den Deckel kriege, als freundlich-distanziertes Taktieren zu dekodieren?

Solange es keine angemessene Repräsentation der Gesellschaft in Wissenschaft und Medien gibt, stellen sich Menschen diese oder ähnliche Fragen. Mit Glück findest du einen Mentor, der dir sagt: All das sagt nichts über deine Fähigkeiten aus – und doch wird es dein Leben bestimmen.

Eine Mentorin kann dir das Skript nachreichen – nicht aber die Garantie, dass du es verstehst. Du kannst das Skript auswendiglernen, es aber nicht in dich einschreiben. Es hilft bei der Anpassung, die du durchleben musst, wenn du als Minderheit mitspielen willst. Am Ende wirst du immer mehr Kraft als andere brauchen, nie so entspannt sein und dich doch im Ton vergreifen.

Ich schließe mein Bachelorstudium nach fünf Jahren mit einer Arbeit zum Habitus-Bruch Ostdeutscher Studierender im divers transformierten Bildungssystem ab. Den Begriff *Nachwendekinder* gibt es 2016 nicht und meine Professorin ist sich am Anfang meines Vorhabens höchst unsicher, „ob da etwas ist". Eine ostdeutsche Dozentin aus dem Mittelbau hat daran keinen Zweifel und lässt es mich wissen, wann immer es nötig erscheint.

---

2 Hartmut Elsenhans/Andreas Lange: Die Transformation der ostdeutschen Universität. Unvollständige Kolonisierung und Reformblockade am Beispiel der Universität Leipzig, in: die hochschule. journal für wissenschaft und bildung, 2/2004, S. 158–175 (162).

3 Lars Vogel/Sabrina Zajnak: Teilhabe ohne Teilnahme? Wie Ostdeutsche und Menschen mit Migrationshintergrund in der bundesdeutschen Elite vertreten sind. DeZIM Research Notes #DRN 4|20, 2020, https://dezim-institut.de/fileadmin/user_upload/Projekte/Eliten/ResearchNotes_04_201030_ansicht.pdf (Abruf: 1.8.2021).

Als ich bereits nach Berlin gezogen bin, wird meine Bachelorarbeit für einen Preis nominiert. Bei der Verleihung müssen mir alle westdeutschen Professor*innen zuhören. Ich zeige ihnen das Bild eines Baggers, der ein Plattenbauviertel abträgt. Ich frage sie, als Soziolog*innen, „ob da etwas ist". In den Reihen hinter ihnen sitzen ostdeutsche Dozierende aus dem Mittelbau und andere Nachwendekinder. Wir betrinken uns im Anschluss maßlos.

Die Forscher*innen vom DeZIM und der Uni Leipzig zeigen: Ost und West sind sich der Unterrepräsentation in Eliten bewusst. Sie schlussfolgern aus den erhobenen Daten einen Zusammenhang der Beteiligung und dem Gefühl kollektiver Benachteiligung Ostdeutscher.

Kollektive Benachteiligung und soziale Ungleichheit entstehen nicht nur durch aktives Ossi-Bashing. Sie entstehen in allen Räumen, für die Ostdeutsche kein Skript bekommen haben und erst recht nicht an den Textarbeiten beteiligt sind.

Heute fülle ich Zeitungsseiten und schreibe diesen Buchbeitrag. Doch die Unsicherheit bleibt – wenn ich in Redaktionssitzungen wieder nicht den vermeintlich richtigen Ton treffe oder diese Seiten auf einem Kunstwerk basieren sollen.

In solchen Momenten ist noch immer der erste Impuls, mich allein zu fühlen. Ich bin entwurzelt und nirgendwo angekommen. Blicke ich mich um, sind da noch andere im Spagat zwischen ihrer Herkunft und dem westdeutschen Bildungsbürgertum. Im Austausch mit ihnen bin ich voll da. Durch sie wird mein Stand fester. Wir überdenken gemeinsam, wie es weitergehen kann.

Die deutsche Gesellschaft bewegt sich – da wo wir hingehen, aber auch da wo wir herkommen. Letztes Jahr haben meine Eltern renoviert. Die Wand über der weinroten Stoffcouch ist leer. Ich frage meinen Papa, warum, und er sagt: „Chicago ist ein erfüllter Traum. Alles hat seine Zeit. Und für Neues ist jetzt Platz."

Pia Stendera ist 1994 in Schwedt/Oder geboren. Schwedt ist eine DDR-Planstadt, die als Vorbild für den „Rückbau Ost" gilt. Pia Stendera ist ein Nachwendekind. Sie versucht ihre Wurzeln und das, was daraus wächst, aufzuschlüsseln – früher im Studium in Dresden und Berlin, heute als freie Journalistin.

Volkseigener Rassismus

Die systemische Ungleichbehandlung in der DDR und ihre Nachwende-Folgen

Abini Zöllner

Joachim Rieß: „Postwertzeichen zum Internationalen Jahr gegen Rassismus mit Fotomontage von John Heartfield“, Erstausgabetag: 23. September 1971

Die DDR war die größte DDR der Welt, denn sie war die einzige der Welt. Und sie wäre gern noch mehr gewesen. Wenn sie konnte, versuchte sie an der Weltspitze mitzumischen, scheute keinen internationalen Vergleich – aber weltoffen? Weltoffen war sie nicht.

Viele DDR-Bürger und -Bürgerinnen kannten John Heartfields Fotomontage „Ob schwarz, ob weiß – im Kampf vereint!“: Zwei nach oben gestreckte Arme mit geballter Faust, von denen eine starke Entschlossenheit ausgeht. Jenes Antirassismus-Werk (von 1931) kam 1971 als DDR-Briefmarke heraus; erst drei Jahre nach Heartfields Tod. Beispielhaft spiegelt sich da das Dilemma der DDR: Der international anerkannte Künstler war zwar ein überzeugter Kommunist – aber auch ein scharfer Analytiker. Nach seiner Rückkehr 1950 aus dem britischen Exil wurde er als Westimmigrant von den DDR-Machthabern mit Argwohn betrachtet, vielleicht sogar gefürchtet. Denn er war autonom. Das genügte, um als suspekt zu gelten. Und das machte die DDR schließlich doch so klein.

Rassismus war in der DDR ideologisch nicht vorgesehen, doch es gab ihn: den latenten und manifesten, individuellen und strukturellen Rassismus. Das ist gut belegt (unter anderem von Patrice Poutrus, Peggy Piesche, Angelika Nguyen, Noa Ha, Urmila Goel, Lydia Lierke und Massimo Perinelli). Deshalb ging unsere kleine Bestandsaufnahme für den Rassismusmonitor[1] 2021 der Frage nach: Gab es einen typisch ostdeutschen Rassismus?

Nun, es gab einen „Volkseigenen Rassismus“. Ausgerechnet die staatliche Seite bereitete den Bodensatz dafür: Wenn Menschen aus dem Ausland nur als temporäre „Gäste“ gesehen oder als Vertragsarbeitende geworben wurden, ohne jede Absicht, sie jemals zu integrieren; wenn ihre Teilhabe am gesellschaftlichen Leben willkürlich von der Regierung gemaßregelt wurde – dann ist „volkseigen“, im Sinne von „zum Staat gehörend“, das treffende Synonym.

1 Ein Projekt vom DeZIM-Institut im Rahmen des Nationalen Diskriminierungs- und Rassismusmonitorings, für das elf biografische Interviews geführt wurden mit ostdeutschen People of Color (POCs) und handelnden Akteuren, die direkt oder indirekt mit Rassismus konfrontiert waren. Teammitglieder: Jeannette Gusko, Kristina Kämpfer, Thomas Prennig, Johanna Wetzel, Abini Zöllner.

Wenn Menschen aus der DDR für Beziehungen mit Menschen aus ferneren Ländern einen hohen Preis bezahlten, der zu staatlichem Misstrauen und Repressalien führte, wenn freie Meinungsbildung und Pluralismus der aus dem Ausland Gekommenen als Gefahr gesehen wurden, wenn Kontakte mit ihnen, das Zusammenleben oder Familiengründungen unerwünscht waren – dann waren Völkerfreundschaft und Solidarität kaum mehr als ein Lippenbekenntnis und Volkseigener Rassismus systemisch.

Kaum jemand in der DDR-Bevölkerung wusste, dass das Asylrecht der DDR lediglich ein Recht des Staates war, Asyl zu gewähren – und kein Recht eines anderen, Asyl zu beantragen. Kaum jemand kannte den Unterschied zwischen Vertragsarbeitenden, Studierenden und politisch Geflüchteten.

Struktureller Rassismus zeigte sich deutlich in den ungleichen Staatsabkommen, in denen Aufenthaltsstatus, Reisebefugnisse, Bildungs- und Arbeitsoptionen sowie zivile Rechte sehr unterschiedlich geregelt waren. Besonders betroffen vom strukturellen Rassismus waren die Vertragsarbeitenden: Zwar profitierte die DDR von ihnen, denn es gab Arbeitskräftemangel, aber sie zahlte deren Löhne nicht voll aus und brachte sie in separaten Wohnheimen mit strikten Sanktionen unter. Anders die politischen Geflüchteten, etwa aus Chile, die nach dem Putsch 1973 in die DDR emigrierten: Sie bekamen eigene Wohnungen, Stipendien und zinslose Kredite.

Die DDR, längst eine heterogene Gesellschaft, imaginierte sich dessen ungeachtet als homogen weiße Nation. Ihr Solidaritätsbegriff spaltete die Menschen – die einen empfanden ihn als verordnete Propaganda, die anderen waren aufrichtig engagiert – und entwarf überdies eine zivilisatorische Überlegenheit: Ausländer und Ausländerinnen wurden meist als Leute dargestellt, die Hilfe brauchten, die sich in Not befanden, die Opfer waren von irgendwas – aber nie als Bereicherung. Das machte in der Bevölkerung eine Begegnung auf Augenhöhe fast unmöglich. Latente Ressentiments und individueller Rassismus konnten so gedeihen. Und das Solidaritätskomitee der DDR? Verwaltete derweil brav die Gelder, verhielt sich aber nie zu rassistischen Vorkommnissen. Da gab es, anders bei der Liga für Völkerfreundschaft, auch nach 1989 kein Einsehen.

Und kam dann mit der Friedlichen Revolution die Weltoffenheit? Viele Vertragsarbeitende wurden kurzum in ihre Herkunftsländer zurückgeschickt, denn sie waren nicht Bestandteil des Einigungsvertrages. Nur einige blieben. Und es kamen Menschen aus anderen Ländern nach Ostdeutschland. Die wollten dort leben. Vielleicht für immer. Das war neu und zu viel. Rassismus wurde offen. Und der Osten hatte 1990 kein Konzept, jene Menschen wirksam zu integrieren. Woher auch?

Das erste „Unwort des Jahres" wurde 1991 gewählt: „ausländerfrei" – eine Parole der Ausschreitungen in Hoyerswerda. Jener Stadt, die zum Synonym des „hässlichen Deutschlands" wurde, weil dort Übergriffe auf ausländische Menschen teils mit dem Mandat der normalen Bevölkerung stattfanden. Die Polizei war handlungsunfähig oder -unwillig. Profis aus der Sozialarbeit konnten bei den ideologisch aufgeladenen Rassisten nichts ausrichten. Und gerade in Politik und Medien wurde Ostdeutschland als rechts stereotypisiert, obwohl gerade rechtsextreme Importe aus dem Westen Deutschlands das Klima instrumentalisierten. Ostdeutschland hatte nicht die Umstände im Griff. Die Umstände hatten Ostdeutschland im Griff. Selbst staatliche Institutionen schienen überfordert. In jener Zeit genoss es Kurt Biedenkopf, Sachsens Landesvater zu sein (1990 bis 2002), und ignorierte, dass sich im Freistaat Rollkommandos formierten und Rassismus alltäglich wurde. Für ihn war es lediglich „einfaches Ganoventum"[2]. Rassistische Übergriffe als „Rowdytum" heruntergespielt – das hat 1986 auch der DDR-Minister für Staatssicherheit, Erich Mielke ...

Rassismus in Ostdeutschland wurde durch strukturelle Kontinuitäten wirkmächtig geprägt; und seit den 1990er-Jahren gibt es für diesen Fremdenhass allerlei Erklärungsversuche: etwa der Unwille, sich auf Unbekanntes einzulassen und die Sehnsucht nach Autoritäten. Oder die westliche Deutungshoheit, der Verlust von Sicherheiten, neue Umverteilungskämpfe, Existenzängste, Entwertungserfahrungen und vieles mehr. Das ließe sich bequem

2 Zentrum Liberale Moderne, https://libmod.de/andreas-wassermann-vom-erfolgsmodell-zum-problem/ (Abruf: 1.8.2021).

als Kollektiverfahrung pauschalisieren, was jedoch den Menschen aus der DDR die Befähigung zum eigenen Denken absprechen würde – und rassistisches Verhalten nicht rechtfertigt! Rassismus ist kein Argument, sondern ein Delikt. Eine Interviewte unseres Projekts beschreibt die Ernüchterung nach dem Vereinigungstaumel so: „Wir waren die perfekten Sündenböcke. Das System war nicht fassbar – die Andersaussehenden schon."

Gab es im Osten keinen Funken demokratischen Handelns; keine Bereitschaft, Verantwortung zu übernehmen; überhaupt keine Engagierten? Natürlich, nur wurde über Zivilcourage aus der Mitte der Gesellschaft viel zu selten berichtet! Wer weiß schon von den Bürgern und Bürgerinnen in Fürstenwalde, die Angriffe auf ein Asylbewerberheim verhinderten, weil sie eine Telefonkette verabredeten? Oder jenen in Hoyerswerda, die das Stadtzentrum für ausländische Menschen zurückeroberten? Ja, es gibt typische Merkmale, wie Rassismus im Osten entstanden ist. Aber nein, Rassismus ist kein typisch ostdeutsches Problem.

Was also ist zu tun? Am Anfang ist immer das Wort. Obwohl eindeutig ist, was mit Rassismus gemeint ist, steht eine ein-eindeutige Definition von Rassismus noch aus. Viele arbeiten derzeit am Thema, aber Hand aufs Herz: Mit Begriffen wie *Framing*, *Narrative* oder *claimen* erreichen wir nicht die Mehrheit. Und reden wir über *transformatorisches Potenzial*, *Persistenz* oder *Othering* löschen wir noch keine geistigen Brandstiftungen. Verbindlich geklärt werden muss: Was ist Rassismus? Wo fängt Rassismus an? Und da braucht es neben präzisen Analysen auch: für jedermann verständliche Begrifflichkeiten. So nachvollziehbar, klar und deutlich wie zwei nach oben gestreckte Arme mit geballter Faust.

Abini Zöllner, Redakteurin und Autorin, wurde 1967 in Ostberlin als Tochter einer deutschen Jüdin und eines nigerianischen Journalisten geboren. Sie arbeitet derzeit am „Rassismusmonitor" des DeZIM-Instituts und für Disney+ an der ersten deutschen Streaming-Serie mit einer schwarzen Hauptrolle mit.

Mehr Respekt und Gleichheit

Das gesellschaftliche Engagement der Ostdeutschen im Spiegel der Generationen

Daniela Kolbe

Harald Hakenbeck: „Peter im Tierpark“, 1960, Öl auf Leinwand

Peter im Tierpark. So lautet der Titel eines der verbreitetsten und beliebtesten Werke der DDR-Malerei, gemalt von Harald Hakenbeck, im Westen mit Sicherheit kaum bekannt. Für mich beschwört dieses Bild alles herauf, was Kindheit in der DDR bedeutet hat, und auch vieles von dem, was vielen Menschen in Ostdeutschland heute fehlt. Ich habe in meiner Gymnasiumszeit, die Wiedervereinigung war da lange Geschichte, das Bild einmal im Kunstunterricht abgemalt und Peter dabei einige Stunden lang ins Gesicht geschaut. Diese Überschaubarkeit, die Klarheit, der Anspruch an das Kind und das System ringsum, aber auch das Piefige und leicht Passive, genauso war es. In meiner Kindheit war ich auch irgendwie Peter und es hat sich gut angefühlt. Natürlich habe ich auch die Schattenseiten wahrgenommen. Wie meine beste Freundin und Pfarrerstochter mit ihren Eltern kämpfen musste, um Jung-Pionierin werden zu dürfen, nicht weil das so toll war, sondern einfach, um nicht ausgegrenzt zu werden. Die – freundlich formuliert – ruppigen Methoden der Pädagog*innen, wenn sich jemand unerwünscht verhielt. Die Wurfbälle in Form von Handgranaten, die die Älteren im Sportunterricht warfen. Aber alles in allem spüre ich heute ein tiefes Gefühl der Geborgenheit, wenn ich an meine Kindheit in der DDR zurückdenke.

Und aus vielen hundert Gesprächen mit Bürger*innen in meinem Wahlkreis kenne ich die Geschichten, die dieses Gefühl der Geborgenheit beschreiben, das Gefühl, einen Platz gehabt zu haben, der einem zusteht und für den man auch anerkannt wird. Es sind die Geschichten über die Hausgemeinschaft, die es früher noch gab, die dort empfundene Hilfsbereitschaft oder über die Belegschaft, die aus dem Nichts eine Ingenieursmeisterleistung gezaubert hat. Diese kleinen Geschichten der Selbstermächtigung werden mir immer im Kontrast zu einer gegenwärtigen Realität erzählt, die kühl ist, sich ständig verändert und auf die man meint, wenig Einfluss zu haben.[1] Und eine Realität, die wenig Respekt verheißt.

1 Vgl. Steffen Mau: Lütten-Klein. Leben in der ostdeutschen Transformationsgesellschaft, Berlin 2019.

In den letzten Jahren kamen jedoch neue Erfahrungen hinzu. Die jüngeren Generationen, die nicht durch die Massenarbeitslosigkeit der 1990er-Jahre geprägt sind, treten selbstbewusster auf und wollen sich nicht mehr mit dem Gegebenen zufriedengeben.[2] In den Jahren nach der Wiedervereinigung hatten sich viele der älteren Ostdeutschen in einer passiven Opferrolle eingeigelt. Ich konnte das damals sehr gut verstehen. Man kämpfte für sich, war froh, wenn man überhaupt einen Arbeitsplatz hatte, und ertrug. Egal ob niedrige Löhne, längere Arbeitszeiten oder das wahrnehmbare Desinteresse aus Westdeutschland. Aber man war auch getroffen und stinksauer, wenn beispielsweise mit der Agenda 2010 Menschen, die ihr Leben lang gearbeitet hatten, auf eine Stufe gestellt wurden mit Menschen, die noch nie in die Sozialsysteme eingezahlt hatten.[3] Das, was diese Aufbaugeneration in der DDR geprägt hat, hat auch meine Generation geprägt: die sogenannte dritte Generation Ost. Wir waren zur Zeit des Mauerfalls noch Kinder. Unsere Eltern und Großeltern haben wir erst als Menschen erlebt, die friedlich eine Diktatur zum Einsturz gebracht haben, und dann wurden wir Zeugen, wie sie stolperten, zum Teil scheiterten und sich vollkommen neu erfinden mussten. Aus einer behüteten Kindheit heraus war das schon eine erschreckende Erfahrung, das eigene Nahfeld so unter Stress und Existenzangst zu erleben. Ich spüre bis heute einen großen Respekt vor dieser Generation und dafür, wie sie sich auf vollkommen neue Spielregeln eingestellt und zum Teil neu erfunden haben – und wie es ihnen dabei noch gelungen ist, ein Land wieder neu aufzubauen.

Auch deshalb freue ich mich besonders, dass sich in den letzten Jahren der Ton geändert hat, in dem die Menschen aus dieser Aufbaugeneration ihre Geschichte erzählen. Zunehmend schimmert mehr Selbstvertrauen durch. Die Älteren wissen um ihre Lebensleistung und können auch die Freiheiten und Annehmlichkeiten der Gegenwart genießen. Aber auf Ungerechtigkeiten und Zurücksetzungen reagieren sie allergisch. Veränderungen sind eher nicht

2 Vgl. Michael Behr: Das Ende des ostdeutschen Arbeitsspartaners, in: Berliner Republik 5/2014.

3 Vgl. Petra Köpping: Integriert doch erstmal uns, Berlin 2019.

willkommen. Zudem kommen zwei neue Generationen nach, die viele der bisher ertragenen Ungerechtigkeiten unerträglich finden. Die gleiche Löhne bei gleicher Arbeitszeit und gleicher Anerkennung für eine Selbstverständlichkeit halten. Ich freue mich auch, dass die Gewerkschaften in Ostdeutschland endlich wieder stärker werden. Mehr fordern und auch mehr durchsetzen. Zum Beispiel bei der Gewerkschaft Nahrung-Genuss-Gaststätten (NGG), wo endlich Lohnangleichungen durchgesetzt werden, aber auch bei der IG Metall, die endlich die gleiche Wochenarbeitszeit in Ost und West ganz oben auf ihre Agenda gesetzt hat – auch wenn sie noch nicht stark genug war, diese Forderung auch komplett umzusetzen. In den Gewerkschaften ist sehr deutlich spürbar: Die Jüngeren werden sich wehren, wenn wir hier nicht bald Gleichberechtigung erreichen. Gut so!

Mir erscheint es sinnvoll, bei den Jüngeren zwischen zwei Generationen zu differenzieren. Da sind zum einen die Jungen der dritten Generation Ost, also meine Generation, die die Nachwendezeit bewusst miterlebt hat und mittlerweile gar nicht mehr so jung ist. Diese Generation scheint zu einem großen Teil antizipiert zu haben, dass „ostdeutsch sein" etwas Prägendes für sie ist und dass gleiche Bedingungen in Ost und West nicht von selbst kommen, sondern erkämpft werden müssen. Diese Generation kommt inzwischen in den Führungsetagen Deutschlands an und treibt die Ost-West-Debatte maßgeblich voran. Meiner Ansicht nach trägt diese Generation auch die aktuellen Tarifauseinandersetzungen.

Zum anderen gibt es die ganz Jungen, bei denen ich gespannt bin, wie sie sich zur Frage Ost-West positionieren werden.[4] Mit ihrer eigenen Biografie hat die frühere Teilung des Landes gar nichts mehr zu tun. Gleichzeitig lässt sich nachweisen, dass viele Grundhaltungen auch zwischen den Generationen äußerst stabil sind und intergenerationell weitergegeben werden.[5] Was aber bereits sichtbar wird: Diese Generation weiß sehr genau, dass sie allein

4 Vgl. etwa August Modersohn: So schön sorgenfrei, in: Die Zeit, 1.10.2020.

5 Vgl. z.B. Sachsenmonitor 2018, S. 17, https://www.staatsregierung.sachsen.de/download/ergebnisbericht-sachsen-monitor-2018.pdf (Abruf: 26.5.2021).

durch ihre geringe Zahl etwas Besonderes ist. Es ist eine Generation, die beim Berufseintritt selbstbewusst Forderungen stellt und ein natürliches Selbstvertrauen hat. Das heißt allerdings nicht automatisch, dass es eine Generation ist, die sich organisiert beziehungsweise mit anderen zusammenschließt, um sich für ihre Ziele einzusetzen.

Es ist etwas in Bewegung gekommen im Osten. Eine neue Selbstermächtigung. Die Politik täte gut daran, das zu unterstützen – auch um der Demokratie willen.

Es liegt auf der Hand, was zu tun ist: Wir brauchen mehr sichtbare Ostdeutsche in Spitzenpositionen, damit klar ist, dass auch die ostdeutsche Perspektive Wert hat und anerkannt wird. Wir brauchen gleiche Löhne und Arbeitsbedingungen, weil die Realität der Ungleichheit schon seit Jahrzehnten vollkommen inakzeptabel ist. Wir brauchen aber auch einen Sozialstaat, der den Menschen partnerschaftlich und auf Augenhöhe begegnet, der in einer Welt, die uns noch einige gravierende Veränderungsprozesse bescheren wird, Sicherheit gibt, sowie einen Sozialstaat, der den Menschen und seine Lebensleistung berücksichtigt. All das ist notwendig, damit die Ostdeutschen mehr Respekt erfahren und die ihnen zustehenden Rechte erhalten. Damit ist die Chance verbunden, dass alle Ostdeutschen, die sich bisher im Passiven eingerichtet haben oder nur meckern, den Mut finden, sich stärker gesellschaftlich einzubringen. Das würde sicher auch Peter ein Lächeln ins Gesicht zaubern.

Daniela Kolbe, geboren 1980 in Schleiz, Diplomphysikerin, von 2009 bis 2021 Mitglied im Deutschen Bundestag. Eines ihrer Hauptthemen ist die soziale Lage in Ostdeutschland. Seit 2020 ist sie stellvertretende Vorsitzende der Friedrich-Ebert-Stiftung.

II

WOHIN MÖCHTEN WIR?

Sozio-ökonomische und ökologische Zeitenwende, soziale Gerechtigkeit und die Potenziale Ostdeutschlands

Deindustrialisierung als Trauma

Gemeinsamkeiten der Transformationsprozesse in Ost- und Westdeutschland

Robert Misik

A.R. Penck: „Knochengeld“, 1993, Papierscheine

In tiefen Strukturkrisen mit schwerer Arbeitslosigkeit gab es immer wieder Experimente mit eigenen lokalen „Währungen“, um den regionalen Wirtschaftskreislauf zu unterstützen. Das „Freigeld“ in Wörgl in Tirol während der Weltwirtschaftskrise 1930 ist so ein Beispiel. Der Schweizer Sozialreformer Silvio Gesell hat darum eine ganze Geldtheorie entwickelt. Halb ironisch, halb real knüpfte daran in einer Kunstaktion eine Parallelwährung an, die in den 1990er-Jahren am Prenzlauer Berg von der dortigen linken und anarchischen Künstlerszene etabliert wurde. „Der Knochen“, er wurde gegen D-Mark ausgegeben, verlor aber wöchentlich an Wert – das sollte das Horten der Geldscheine unattraktiv machen und damit den Geldumlauf intensivieren. Eine Galerie war die Zentralbank, angenommen wurden die Scheine in Kneipen und anderen Geschäften. Gestaltet wurden die Banknoten von Künstler*innen wie A. R. Penck und anderen. Später stellte sich heraus, dass der schwindende Wert direkt als „Gewinn“ in die Taschen der emittierenden Galerie floss, woran sich das Künstlerkollektiv zerstritt. Heute sind die Scheine am Kunstmarkt viel wert.

Die Kunstaktion mag den utopischen Anspruch gehabt haben, tatsächlich etwas gegen das Elend der Wendejahre zu unternehmen, oder den künstlerischen Anspruch, die rasende Transformation zu „kommentieren“, und war zugleich aber Teil der Transformation, nämlich der Gentrifizierung des Prenzlauer Bergs vom Underground- zum Kunstquartier und dann zum hippen Bezirk der Dienstleistungsökonomie.

Die Dinge sind also oft komplizierter, als es beim ersten Augenschein wirkt.

Das gilt womöglich auch für den Transformationsprozess im Allgemeinen.

Wenn wir über die politischen Geschehnisse vor etwas mehr als dreißig Jahren nachdenken, über den Beitritt der „neuen Bundesländer“ zur Bundesrepublik, dann richtet sich unser Fokus in aller Regel auf das Spezielle, die Ausnahme, das welthistorisch Exzeptionelle. Ende der Blockkonfrontation, Untergang des sowjetischen Orbits, Exit des Kommunismus, aber auch: brutale ökonomische Transformation, Massenarbeitslosigkeit, Deindustrialisierung, buchstäblich blutiger Strukturwandel. Kurzum: Wir gehen einfach intuitiv davon aus, dass das alles fundamental anders ablief als im Westen.

Das ist auch nicht völlig falsch. Diese Annahme verstellt aber auch den Blick für das, was eigentlich sehr ähnlich war. Die Frage ist: Waren die Prozesse in der ehemaligen DDR und in anderen osteuropäischen Ländern wirklich so fundamental anders als in westlichen Ländern, als in der Bundesrepublik, in Österreich, Frankreich, Großbritannien und den USA?

Grosso Modo waren in allen Industrienationen die Jahrzehnte nach 1945 geprägt durch den Aufbau von Wohlfahrtsstaaten, Aufwärtsmobilität der unteren, der „arbeitenden Klassen" und den Aufstieg der vormals bitterarmen Arbeiterklasse in eine Mittelklasse, die vom Wohlstand etwas abbekam. All das, was mit der Catch-Phrase „Fordismus" beschrieben wird. „Die Arbeiterklasse verwandelt sich von den Armen in das Volk", schreibt die britische Wirtschaftshistorikerin Selina Todd in ihrer großen Studie über die britische Arbeiterschaft.[1] Ihr Forschungskollege Justin Gest formuliert lapidar, die arbeitenden Klassen in den USA und Großbritannien hatten in dieser Zeit das Gefühl, vom Rand in das Zentrum ihrer Gesellschaften zu rücken.[2] Diese arbeitenden Klassen hatten ein bestimmtes Set an Werten, die durchaus konventionell, ja konservativ waren – in lebenskultureller Hinsicht –, sie waren stolz, durch harte Arbeit ihr Einkommen zu bestreiten, teilten die damit verbundenen Familienwerte, sie hatten auch eine bestimmte Arbeiterklassenkultur (Fish & Chips, Fußball beim lokalen Traditionsverein, das Grillen mit der Kollegenschaft usw.), aber sie hatten auch bestimmte progressive Werte, etwa die Kultur der Gleichheit, dass sich niemand als etwas Besseres vorkommen solle.

Das war in Michigan nicht so viel anders als in East London oder Manchester, in Gelsenkirchen nicht sehr viel anders als in den obersteirischen Industriegebieten, dem sozialdemokratischen „Roten Wien" oder Eisenhüttenstadt.

---

1 Selina Todd: The People. The Rise and Fall oft he Working Class 1910-2010, London: John Murray Publishers 2014.

2 Justin Gest: The New Minority. White Working Class Politics in an Age of Immigration and Inequality, New York: Oxford University Press 2016.

Der Ostberliner Kultursoziologe Wolfgang Engler hat vor 25 Jahren die DDR als „arbeiterliche Gesellschaft" beschrieben.[3] Die Arbeiterklasse war zwar nicht, wie von den Parteioberen behauptet, „herrschend", aber doch „hegemonial", schreibt Engler. Das Selbstbewusstsein der „geringen Leute" war nie größer, dementsprechend „herrschaftsfrei" der alltägliche Umgang. „Anschauungen, Meinungen, Konventionen, Kleidungs- und Konsumgewohnheiten und nicht zuletzt die Alltagssitten richteten sich nach den Normen und Idealen der arbeitenden Klasse."

Was die verschiedenen westlichen Gesellschaften – insbesondere in den USA und Europa – aber dann durchmachten, waren zwei Prozesse: gesellschaftliche Differenzierung der Lebenswelten, die Auffächerung des Konventionellen, und etwas zeitversetzt dann ein ökonomischer Strukturwandel, der eines revidierte: Das Sicherheitsgefühl der arbeitenden Klassen nahm ab, ihr Selbstbewusstsein wurde untergraben, sie erlebten sich als austauschbar. Industriezweige gingen unter. Die Stahlindustrie im Ruhrgebiet. Der Kohlebergbau in Mittelengland. Die Werftindustrie in Großbritannien und in den norddeutschen Küstenregionen. Die Autoindustrie in Detroit.

Ganze Städte wurden verheert. Wir kennen das alles, vor allem durch die hoffnungslosen Arbeitskämpfe – der Bergarbeiterstreik in Großbritannien, die berühmte Besetzung der Rheinbrücke in Nordrhein-Westfalen 1987. Das ist die allseits bekannte Geschichte der dramatischen „Strukturkrisen". Weniger im historischen Bewusstsein ist aber der brutale Strukturwandel, der praktisch alle Städte und Regionen traf, auch die, die keine industrielle Monokultur aufwiesen und daher nicht so sehr von einem Schlag getroffen wurden. Nürnberg ist nur ein Beispiel: Innerhalb weniger Jahre gingen Triumph-Adler, AEG, Quelle unter, wichtige Arbeitgeber, Teile des industriellen Rückgrats der Stadt.

Strukturwandel heißt: Menschen sind aus dem Berufsleben herausgefallen und nie wieder hineingekommen. Jobs im produzierenden Gewerbe

3 Wolfgang Engler: Die Ostdeutschen, Berlin: Aufbau-Verlag 1998.

sind verlorengegangen und höchstens durch Jobs in Dienstleistungsbranchen ersetzt worden, die oft weniger Sicherheit und weniger Einkommen bieten. Viele Städte haben, wie man dann gerne sagt, „den Strukturwandel geschafft", aber es blieb ein Trauma zurück. Wesentliche Teile der Bevölkerung machten eine Abstiegserfahrung, und diese Talfahrt ist nicht zu Ende. Und selbst die, die ihre Arbeitsplätze behielten, machten die Erfahrung, dass Jahr für Jahr neue „Rationalisierungsschritte" gesetzt werden, alle Abteilungen mit weniger Leuten auskommen. „Einige Jahre lang sind regelmäßig Hundertschaften an Beschäftigten entlassen worden", erzählt ein Arbeiter, der zwei Jahrzehnte Betriebsrat bei MAN in Steyr war. „Die Angst ist nie mehr weggegangen."

In der „arbeiterlichen Gesellschaft" der Ex-DDR verlief all das nicht so fundamental anders, sondern nur schlagartig, als „Schocktherapie" innerhalb weniger Jahre. Zum ökonomischen Absturz kommen bei den Betroffenen die seelischen Verwundungen dazu: Wer erlebt, austauschbar zu sein, dessen Selbstwert wird untergraben. Das wird dann mit Sätzen verbalisiert wie zum Beispiel, dass „die Lebensleistung entwertet wird", dass „die einfachen Leute nichts mehr zählen". Regionen mit ökonomischer Depression erleiden dann auch Abwanderung, und in den Regionen, die Abwanderung erleben, breitet sich eine depressive Atmosphäre aus, während in Regionen mit Zuwanderung eher eine optimistische Grundstimmung herrscht. Der Systemwandel in Ostdeutschland tauchte das alles nur in ein grelleres Licht.

Dreißig Jahre nach der Wende ist es angebracht, neben den Spezifika auch die Ähnlichkeiten der langfristigen gesellschaftlichen Tendenzen in Ost- und Westdeutschland zu sehen, die industriell geprägte Arbeiter- und Mittelklassegesellschaften in post-industrielle Gesellschaften verwandelten.

Robert Misik, geboren 1966 in Wien, ist Journalist und Sachbuchautor. 2018 erhielt er den Preis für Wirtschaftspublizistik der John Maynard Keynes Gesellschaft sowie 2019 den Bruno-Kreisky-Preis für das politische Buch (Anerkennungspreis) für „Die falschen Freunde der einfachen Leute".

Nicht alle Macht geht vom Volke aus, manch Kunstwerk schon

Über Wandel und kulturelle Selbstwirksamkeit

Alexander Koch

Daniel Knorr: „Ring of Engagement“ für die IGS Erwin Fischer, Greifswald/Schönwalde I, 2020, Visualisierung zum Vorentwurf

1987 entschied die Regierung, dem im Bundesdurchschnitt viel zu geringen Bildungsniveau in Bremen mit folgender Maßnahme zu begegnen: Man schickte zwei Drittel der Führungspersönlichkeiten an Schulen und Unis in Frührente und ersetzte sie durch Personal aus dem bildungsstarken Bayern, um bessere Standards einzuführen. Eine „Buschzulage", wie man umgangssprachlich sagte, sollte dafür Anreize schaffen, denn niemand wäre freiwillig aus Bayern nach Bremen gegangen. Alle fanden diese Maßnahme eine gute Idee.

Undenkbar, nicht wahr? Kein Mensch wäre in der Bundesrepublik jemals auf eine solche Idee gekommen. Und in Bremen hätte man das auch nicht gut gefunden, sondern einen Aufschrei durch die Welt geschickt, der in Medienmeldungen etwa so gelautet hätte: *Deutsche Regierung nimmt Bundesland Souveränität und richtet koloniale Verwaltungsstrukturen ein!*

Gewiss, die Ausgangslage in den neuen Bundesländern zu Beginn der Neunzigerjahre war völlig anders. Vieles war ganz neu um- und aufzubauen, auch Verwaltungsapparate. Und doch macht mein fiktives Beispiel klar, wie krass die Maßnahmen waren, die nach der Wende vom Westen im Osten durchgeführt wurden. Anstatt einen gemeinsamen Transformations- und Lernprozess zu beginnen und auf lokale Ressourcen und Kompetenzen sowie auf Engagement vor Ort aufzubauen, trug die Wiedervereinigung koloniale Züge. Sie haben sich tief in die Erfahrungswelt vieler Menschen eingeschrieben. Nicht nur im Osten.

* * *

Ich bin ein Wendekind. Aus dem Westen. Ich war sechzehn, als die Mauer fiel, und mein junges politisches Interesse kannte damals nichts Wichtigeres. Ich leitete die Schülerzeitschrift unseres Gymnasiums und täglich beobachteten wir in der Redaktion, was geschah. Den Tag der Wiedervereinigung erklärten wir symbolisch zum Volkstrauertag, hissten eine schwarze Fahne und hielten in der Fußgängerzone eine Mahnwache ab. Denn wir vermeinten einer Annexion beizuwohnen, bei der die Bürgerinnen und Bürger der Ex-DDR entmachtet und entmündigt wurden, von denen viele aufgebrochen waren, um gemeinsam darüber nachzudenken, wie man sich künftig als freie demokratische Gesellschaft neu verfassen wolle. Die progressiven politischen Impulse dieser Zeit waren beispiellos. Als kritischen jungen Leuten am Ende der Thatcher-Ära war uns ja klar, dass unser eigenes politisches und wirtschaftliches System keineswegs die beste aller Welten war. Wir hatten auch keine romantischen Gefühle dem Sozialismus gegenüber – aber wir hofften inständig, dass durch die neuen Akteure im Osten die Karten neu gemischt und etwas aufdecken würden, das besser wäre als das, was wir hüben und drüben bislang hatten. Die Kohl-Regierung riss dann die Karten an sich und legte das Blatt zu ihren Gunsten aus.

1992, mit achtzehn, ging ich in den Osten, machte Zivildienst und studierte in Dresden und Leipzig, lebte später in Ostberlin und in Brandenburg. Heute gehöre ich selbst zu jenen Führungspersönlichkeiten im Kulturbetrieb, die aus dem Westen kommen, ihren eigenen gelebten – privilegierten – Osthintergrund haben, ohne im Osten je wirklich dazugehört zu haben, während ich mich vom saturierten Westen entfremdet habe, dem ich bornierte Besitzstandswahrung vorwerfe, und also auch dort nicht mehr dazugehöre. Das ist meine private Transformationserfahrung der letzten dreißig Jahre. Wenn jemand sagt, unsere Gesellschaft sei gespalten, dann denke ich an manchen Tagen: Ja. In mir auch.

* * *

Und an anderen Tagen denke ich das nicht. Zusammen mit vielen Mitstreitenden habe ich seit 2007 in einigen Teilen Deutschlands (Ost und West) ein Programm mit aufgebaut, das als eine Plattform zur bürgerschaftlichen Selbstermächtigung gelten könnte. Als ein Umverteilungsmodell sozialer und kultureller Gestaltungsmöglichkeiten, das aus Privilegien, die nur wenige genießen, ein Handlungsangebot für viele macht.

Das Programm „Neue Auftraggeber" bietet Menschen aus allen Gesellschaftsschichten die Möglichkeit, Künstler*innen damit zu beauftragen, Projekte zu entwickeln, die mit großer Ambition vor Ort ein Stück der eigenen Lebensumwelt und Lebenswirklichkeit verändern sollen. Bürger*innengruppen in Dörfern und Stadtquartieren werden von Mediator*innen dabei begleitet, in einem offenen Prozess Verantwortung für Belange der Gemeinschaft zu übernehmen und in der Zusammenarbeit mit erfahrenen Kulturschaffenden Herausforderungen der Gegenwart auf neuen Wegen anzugehen.

Das Bild, das ich für diese Publikation ausgewählt habe, zeigt den Entwurf eines Kunstwerks des renommierten Künstlers Daniel Knorr. Er entstand 2021 im Auftrag von acht Lehrerinnen, die sich in der Greifswalder Plattenbausiedlung Schönwalde I an der Integrierten Gesamtschule IGS Erwin Fischer mit großem Engagement und auch Erfolg um die ihnen anvertrauten Kinder, Jugendlichen und auch Eltern kümmern. Trotz des positiven Klimas in der Schule gilt sie in den Augen der Stadtbevölkerung als Problemschule. Um dieses falsche Bild zu korrigieren, wünschten sich die Lehrerinnen ein Kunstwerk, das weithin sichtbar ein Zeichen dafür setzt, dass Integration und Zusammenhalt im Schulalltag gelingen können! Knorrs Entwurf mit dem Titel „Engagement" zeigt einen großen, goldenen, mit leuchtenden Juwelen überkrönten Verlobungsring, der auf einem Pavillon vor der Schule in die Höhe ragen soll: Als ein Zeichen der Verbindung, der Einheit und Gemeinsamkeit, auch des Versprechens, mit Optimismus einen Teil des kommenden Lebensweges zusammen zu gehen. Zugleich soll dem Stadtviertel durch eine einzigartige Großskulptur etwas geschenkt werden, das vielleicht Mut macht, Verbindungen neu zu denken.

* * *

Auftragswerke wie dieses markieren einen Wendepunkt in der Deutschen Kulturlandschaft. Im alten Westen waren es Kommunen und Institutionen, Unternehmen oder vermögende Einzelne, die Künstler*innen mit der Erfindung neuer Werke betrauen konnten. Im Osten war Auftragskunst weitgehend ein Instrument des Staates und unterlag Kontrolle und Reglementierung. In beiden Systemen gab es keine Möglichkeit, dass acht Lehrerinnen unabhängig von jeder äußeren Autorität als freie Bürgerinnen selbst ein Anliegen aufbringen und in direkter Zusammenarbeit mit einem bekannten Künstler ihrer Leistung und ihren Werten ein öffentliches Denkmal setzen.

Das wurde erst möglich, als man 1990 in Frankreich das Mediationsmodell der Neuen Auftraggeber erfand und die mit Auftraggeberschaft verbundene Macht und die nötigen Ressourcen für jeden zugänglich wurden.[1] Seither entstanden dank dieses Modells europaweit über 500 Projekte. Hinter ihnen stehen Tausende von Bürger*innen, die sich für das Gemeinwohl mobilisiert

1 Zur Funktionsweise des Mediationsmodells der Neuen Auftraggeber siehe neueauftraggeber.de.

haben. Aktuell entstehen in Deutschland zwanzig Projekte im Bürgerauftrag – der Bedarf in der Bevölkerung ist um ein Vielfaches größer. Menschen im Westen fällt es etwas leichter, als Auftraggeber*innen initiativ zu werden, im Osten scheinen historische Erfahrungen diesen Schritt mitunter zu erschweren. Aber hier wie dort zeigt sich der Wille, etwas zu bewegen, etwas zu tun, das zählt. Viele Menschen sind lange Zeit herumgeschubst, entmündigt und enttäuscht worden – in Ost wie in West. Und sie stehen in den Projekten der Neuen Auftraggeber auf und holen sich ein Stück ihrer Welt symbolisch zurück, eignen es sich an, geben ihm Gestalt, füllen es mit Gemeinsinn. Da sind schweigende Dorfgemeinschaften, die wieder zu reden beginnen. Da sind Konflikte, die man verdrängt hatte und nun angeht, weil es neue Perspektiven für ein gemeinsames Handeln in der Zukunft gibt. Da sind Fragen des Daseins, auf die niemand fertige Antworten hat, auch die Kunst nicht. Aber die Kunst versteht es, solchen Fragen nicht auszuweichen, sondern sie aufzugreifen und ins Licht zu halten, damit man sie besser sehen kann.

Im Programm der Neuen Auftraggeber bildet sich deutschland- und europaweit ein neues bürgerschaftliches Engagement heraus, das von der Kunst Gebrauch macht, damit die Bürger*innen Selbstwirksamkeit in dem erleben, was Transformation genannt wird und in einer Demokratie bedeuten sollte, dass diejenigen, die von Wandel betroffen sind, diesen Wandel mitgestalten. Manche negativen Auswirkungen des Wendeprozesses, wie die ungerechte Verteilung von Mitsprache und Entscheidungsgewalt, kann in Bürgerprojekten der Neuen Auftraggeber Stück für Stück korrigiert werden.

Alexander Koch ist seit 1998 als Kurator und Autor, Dozent und Berater tätig, seit 2007 als Galerist der Berliner Galerie KOW. Er war Gründungsvorstand des Neue Auftraggeber e. V. in Deutschland und ist seit 2017 Direktor der Gesellschaft der Neuen Auftraggeber.

Klimagerechtigkeit als Generationenaufgabe in Ost und West

Warum es nicht reicht, auf Demonstrationen „Climate Justice!“ zu rufen

Irma Hausdorf

Yanik Stark: „Brass Riot“, 2019, Fotografie

Das Trio aus zwei Saxophonen und einem Schlagzeug hämmerte drauf los, die Musik hat Rhythmik und Seele, ruhig stehenbleiben kann man beim Zuhören nicht. Seit Beginn der wöchentlichen Freitagsstreiks, die Fridays for Future im Berliner Invalidenpark veranstaltet, begleitet die Band Brass Riot die Demonstrationen musikalisch. Das katalysiert die Masse, die anfangs als Kundgebung begann. Auch wenn wir damals im Vergleich zu späteren Demonstrationen kleiner waren, wirkten wir groß. Die Musik steht für mich metaphorisch für unsere Klimabewegung oder das, was sie damals war: aufgeregt, fordernd und laut.

Ich besuchte zum ersten Mal eine Fridays-for-Future-Demonstration im März 2019. Bis dahin spürte ich, wenn von Waldbränden oder schmelzenden Polkappen die Rede war, eine Hilflosigkeit gegenüber diesen scheinbar kleinen Auswüchsen eines globalen Problems: der Klimakrise. Diesem Gefühl wurde nun lauter Protest entgegengesetzt, und der Streik wurde ein Mittel, um den Frust, den wir gegenüber der Regierung empfanden, auszudrücken. Gleichzeitig wurde eine Möglichkeit geschaffen, sich einzubringen, um eine Veränderung einzufordern. Es war der Moment, in dem sich im ganzen Land und weltweit zahlreiche junge Menschen politisierten. Und auch ich beschloss, ein fester Bestandteil der Bewegung zu werden.

Meine Familie konnte wenig mit meiner neu gewonnenen Aktivismuseuphorie anfangen. Vielleicht lag das an dem verzerrten Bild, das einige Journalist*innen in den ersten Streikmonaten über unsere Bewegung nach außen trugen: das Bild von faulen Schüler*innen, die nach Ausreden suchten, um freitags die Schule zu schwänzen. Das frustrierte mich und viele meiner Mitaktivist*innen, denn wir steckten viel Zeit und Kraft in die Planung der Streiks. Unser Ziel war es, dass endlich über die Klimakrise und über mögliche politische Entscheidungen gesprochen wurde.

In den darauffolgenden Monaten erreichten wir durch unsere Aktionen und Auftritte, Klimapolitik auf die Agenda vieler Entscheidungsträger*innen zu bringen, Debatten rund um unsere Forderungen anzustoßen und zu den globalen Klimastreiks Hunderttausende Menschen zu mobilisieren, um auf die Straße zu gehen. Brass Riot spielte mit zahlreichen Sympathisant*innen der Bewegung vor dem Brandenburger Tor, doch selbst die organische Wucht der Instrumente war zu klein geworden, um die komplette Masse zu erreichen – Verstärker elektrisierten den Klang ihrer Musik in die Ferne.

Die Corona-Pandemie stellte uns vor neue Herausforderungen, da wir nicht mehr in großen Ansammlungen auf die Straße gehen konnten. Uns war es wichtig, solidarisch zu bleiben und Risikopatient*innen zu schützen. Zudem bemerkten wir, dass die Wissenschaftler*innen eine große Bühne bekamen, was uns hoffnungsvoll stimmte. Denn das war, was auch wir forderten: dass die Politiker*innen in Sachen Klima auf Expert*innen hören und ihre Entscheidungen darauf aufbauen sollten.

Wenn ich heute mit meiner Familie über die Forderungen von Fridays for Future spreche, wird mir klar, dass einige von ihnen Vorbehalte gegen eine drastische Veränderung in der Politik haben. Meine Familie kommt aus dem ehemaligen Ost-Berlin und meine Großmutter erzählt mir oft von der Zeit in der DDR und erklärt, dass sie im Nachhinein nicht alles daran schlecht findet. Sie sagt, dass sie nicht nochmal in einem „Experiment" leben will. Zudem lebt sie in Brandenburg auf einem Dorf und ist unter anderem auf das Auto angewiesen, um sich fortzubewegen. Aber ich merke in unseren Gesprächen, dass wir uns in vielen Punkten einig sind. Beispielsweise sind wir beide der Meinung, dass der auf Ausbeutung und Wachstum aufgebaute Kapitalismus weder gerecht, sozial noch zukunftsfähig sein kann.

Ein Blick auf die Karte, die die deutschlandweiten Ortsgruppen anzeigt, reicht aus, um zu bemerken, dass deutlich mehr aktive Gruppen im Westen des Landes existieren. Auch erkannte ich im Laufe der Zeit, dass die zentralen Streiks und Treffen von Fridays for Future meistens in diesem Teil des Landes veranstaltet wurden: Presse-AG-Treffen in Hannover, Zentraler Streik in Aachen oder das große Vernetzungs-Camp in Dortmund.

Innerhalb der Berliner Ortsgruppe treffen wir uns wöchentlich zum Plenum, planen die neuesten Aktionen und diskutieren relevante Themen. Das Ost-West-Thema spielt dabei keine Rolle. Das mag daran liegen, dass unsere Bewegung aus jungen Schüler*innen und Studierenden besteht, die die deutsch-deutsche Geschichte nur aus Erzählungen kennen.

Meine Generation versteht sich als vereinigt und denkt das Thema nicht mit.

Einige umgehen es sogar aus Angst, alte und längst überholte Klischees zu reproduzieren. Im Übrigen ist das auch die Stärke von Fridays for Future: Wir sind eine globale Bewegung, in der sich jede*r für effiziente Klimapolitik einsetzen kann.

Gleichzeitig ist es mir wichtig, mich auch im Kontext meines politischen Engagements mit Mitaktivist*innen darüber auszutauschen. Dass meine Familie aus der DDR stammt und dort sozialisiert wurde, wirkt sich auf mich und meine Identität aus und prägt also auch meinen Aktivismus und meine Perspektive. Es geht dabei auch um das Gesamtbild: Noch immer existieren strukturelle Unterschiede und daraus resultierende Ungerechtigkeiten in den neuen Bundesländern. Wenn wir Klimagerechtigkeit fordern, müssen wir unseren Aktivismus reflektierter gestalten und Raum für Themen wie diese schaffen.

Allerdings gibt es auch Fridays-for-Future-Gruppen, in denen das Ost-West-Thema und damit verbundene Problematiken schon seit längerer Zeit eine Rolle spielen. Beispielsweise wurde der Fridays-for-Future-Aktivist Jakob Springfeld, der sich in der Zwickauer Ortsgruppe engagiert, für seinen Aktivismus in der Klimabewegung im Netz und in seinem Alltag von Rechten bedroht und beleidigt. Außerdem trafen die Zwickauer Aktivist*innen auch bei ihren Klimastreiks auf Widerstand von rechten Gruppen – diese störten die Aktionen, indem sie Demonstrant*innen filmten oder Lautsprecher ausschalteten.

Mein Empfinden ist, dass Klimaaktivismus im Osten des Landes öfter mit antifaschistischen Kämpfen gekoppelt ist und die soziale Frage mehr im Fokus steht. Doch dies ist lediglich meine Beobachtung, mit der ich Gefahr laufe, Stereotype zu reproduzieren. Es ist Fakt, dass Rechtsextremismus nicht nur in den neuen Bundesländern ein Problem darstellt; es gibt genauso im Westen Deutschlands Regionen, die strukturschwach sind. Trotzdem müssen wir über soziale Ungleichheiten in Bezug auf den Osten sprechen: Dort leben heute viele Menschen, die sich benachteiligt fühlen und es auch sind – ich spreche hierbei beispielsweise über die bereinigte Lohnlücke zwischen Beschäftigten in West- und Ostdeutschland, die auch heute noch bei 17 Prozent[1] liegt.

Zudem lebten viele Ostdeutsche vor drei Jahrzehnten in einem anderen System und erlebten, wie nach der Wende viele Menschen ihre Arbeitsplätze verloren und welche Auswirkungen das für zahlreiche Familien hatte.

Mir ist es wichtig, dass wir bei unserem Aktivismus diese Lebensrealitäten mitdenken und uns immer wieder vor Augen führen sollten, dass die Kosten der Klimakrise nicht von Einzelpersonen getragen werden, die aufgrund ausbaufähiger Bahnanbindungen oder fehlender Jobperspektiven unseren Forderungen kritisch gegenüberstehen.

Wir haben mit Fridays for Future den Anspruch, die Klimafrage im Zusammenhang mit anderen wichtigen Fragen zu beantworten. Die Berliner Gruppe vernetzt sich mit anderen Klimaaktivist*innen aus Brandenburg oder Sachsen, fährt zu ihren Streiks und baut Strukturen auf. Dies ist ein erster Schritt, das Thema zu bearbeiten und für Sichtbarkeit zu sorgen. Es reicht nicht aus, auf Demonstrationen „Climate Justice!“ zu rufen. Vielmehr ist eine Auseinandersetzung mit damit verkoppelten Themen wie sozialer Ungleichheit, aber auch Antirassismus und Feminismus gefragt. Denn Problematiken wie diese hängen unmittelbar mit der Klimakrise zusammen und lassen sich nur gemeinsam bewältigen, um unabdingbare Schritte in Richtung einer zukunftsorientierten und klimagerechten Welt einzuleiten.

Irma Hausdorf wurde 1999 in Berlin geboren und ist seit 2019 in der Berliner Gruppe von Fridays for Future aktiv. Dort plant sie unter anderem Aktionen und betreut die Social-Media-Kanäle. Sie studiert an der Universität der Künste Berlin im Fach Gesellschafts- und Wirtschaftskommunikation.

1 Christoph S. Weber/Philipp Dees: Anspruchslöhne: Immer noch Unterschiede zwischen Ost und West, WSI-Mitteilungen 8/2015, S. 593.

Wo Geschichte wild wuchert

Wie die Ausstellung „Ruhr Ding: Klima“ den Wandel der wichtigsten Industrieregion im Westen erfahrbar macht

Max Florian Kühlem

Hayden Fowler: „Death of Worlds“, Urbane Künste Ruhr_Ruhr Ding: Klima, 2021, Installation, Fotografie: Daniel Sadrowski

Das Schmalblättrige Wollgras, die Quirlblättrige Knorpelmiere oder der Gewöhnliche Wacholder – all diese Pflanzen waren einmal im Ruhrgebiet ansässig. Sie sind gewachsen in Wäldern und auf Wiesen, in einer Zeit, als im Ruhrgebiet noch niemand von Kohle und Stahl gesprochen und sich außerhalb regionaler Handelszentren auch kaum jemand dorthin verirrt hat. Dortmund und Duisburg hatten zwar schon rund 5.000 Einwohner*innen. Gelsenkirchen und Herne hingegen nur einige hundert. Ab dem 19. Jahrhundert wandelte sich die Region unter großem Getöse der Vortriebsmaschinen, Fördertürme oder Metallwalzen zum Kohleabbau- und Stahlproduktionsgebiet. Still und leise wichen die eingangs genannten Pflanzen in den vergangenen 130 Jahren der Industrie, die die Landschaft über Jahrzehnte zum „Kohlenpott" machte – ein Bild, das sich bis heute in vielen Köpfen festgesetzt hat: Von rauchenden Schloten dominierte Städte mit rußschwarzen Gebäuden und kaum Luft zum Atmen.

Es ergibt also durchaus Sinn, in diesem Gebiet eine große Ausstellung im öffentlichen Raum zum Thema „Klima" anzusiedeln. „Ruhr Ding: Klima" hieß sie, lud im Mai und Juni 2021 dazu ein, die Städte Gelsenkirchen, Herne, Recklinghausen und Haltern am See ganz neu zu entdecken – und setzte dabei auch der Knorpelmiere ein Denkmal.

Das „Ruhr Ding" als Ausstellungsformat hat sich Britta Peters ausgedacht. Sie übernahm 2018 das Ruder bei der Institution Urbane Künste Ruhr, die geschaffen wurde, um Kunst in den öffentlichen Raum des Ruhrgebiets zu bringen. Britta Peters hat davor unter anderem an der Seite von Kasper König die Skulpturprojekte Münster kuratiert. Sie weiß also, wie man mit ortsspezifischen Kunstwerken Irritationen und Diskussionen auslösen – und Schönes schaffen kann. Ein Teil dieser irritierenden Schönheit ist die Arbeit „Death of Worlds" des in Neuseeland geborenen Künstlers Hayden Fowler, der auf das Gelände der Recklinghausener Zeche General Blumenthal eine Biokuppel gebaut hat.

Die Zeche General Blumenthal ist nicht wie viele andere ehemalige Industriegebäude im Ruhrgebiet entweder abgerissen, zu schicken Loftwohnungen oder Hochkulturorten umfunktioniert worden. Sie war bis in die 1990er-Jahre in Betrieb. Bis in die Zeit also, als nur noch am nördlichen Rand des Ruhrgebiets Kohle gefördert wurde und als zur Debatte stand: Möchte man die Zeit, in der die Region vom metallischen Pulsschlag der Industrie bestimmt wurde und die Städte durch Massenzuzug von Arbeitskräften irrsinnig schnell wuchsen, einfach vergessen, die Megastrukturen abreißen und Gras über die Sache (also über oft schadstoffbelastete Böden) wachsen lassen? Oder möchte man das Industriezeitalter und seine oft architektonisch imposanten Gebäude in Ehren halten? Mit der Internationalen Bauausstellung Emscher Park fiel die Entscheidung für letztere Herangehensweise und das Ruhrgebiet schöpfte neues Selbstbewusstsein aus der Vergangenheit: „Wir können Wandel“, so denkt man dort seit den 1990er-Jahren – und heute werben Sozialdemokrat*innen im Pott mit diesem Spruch.

Die Zeche in Recklinghausen ist eine Seltenheit, weil sie jetzt, wo es im Ruhrgebiet keine aktive Zeche mehr gibt und sie kurz vor ihrer Umnutzung steht – unter anderem durch den Chaos Computer Club –, aber immer noch aussieht, als hätten die Bergleute sie gerade erst verlassen. Besucher*innen des Ruhr Dings atmen den Staub und sehen den Dreck, wandern vorbei an glanzlackigen Skulpturen, deren Haptik an Jeff Koons erinnert, die aber von Monira Al Qadiri sind und vergrößerte Bohrköpfe darstellen. Durch einen schmalen Tunnel geht es in die Biokuppel und zum ersten Mal so richtig auf Tuchfühlung mit dem Thema Klima.

In der Kuppel herrscht nämlich ein anderes Mikroklima: Es ist sehr feucht, was die Außentemperatur verstärkt, also Wärme oder Kälte stärker spüren lässt. Wasser fließt in Rinnsalen, formt die Anmutung eines Moorgebiets. Kleine Mücken schwirren durch die Luft, ein Pilz breitet sich überall aus („Der Künstler sagt, das wäre kein Problem“, informiert die besorgt wirkende Kuratorin Britta Peters) und irgendwo in den verschiedenen Schattierungen von grün zeigt sich auch zaghaft die Quirlblättrige Knorpelmiere. Der Künstler hat mit dem Botanischen Garten der Ruhr-Universität Bochum zusammengearbeitet, um die hier einst heimische Flora zu recherchieren – also mit einer der Institutionen, auf die die neue Identität des Ruhrgebiets fußt: Es versteht sich jetzt als Region des Wissens. Einige Samen fand er nur noch in Indien.

Es gibt weitere Arbeiten des Ruhr Dings, die sich direkt auf die Auswirkungen der Industrialisierung auf das Klima beziehen. Club Real zum Beispiel, die wie an anderen Orten zuvor am Gelsenkirchener Consol-Theater ein Parlament eingerichtet haben, in dem Menschen dort ansässige Mikroorganismen vertreten. Die Gruppe hat ausgerechnet: 800.000 Jahre würde es dauern, bis die Pflanzen auf dem ehemaligen Zechengelände den CO_2-Ausstoß der Industriezeit wieder ausgleichen würden. Beziehungsweise sind es im Ausstellungszeitraum „nur" noch 799.999 Jahre, denn das Ruhr Ding startete wegen Corona mit einem Jahr Verspätung und ein Fassadenkletterer hat die Zahl am Consol-Theater in einer spektakulären Aktion geändert.

Doch es gibt auch Werke, die sich dem Thema Klima ganz anders nähern. Besonders spannend in Herne: Da hat die Dortmunderin Silke Schönfeld (die Kooperation mit Künstler*innen und Institutionen vor Ort ist Britta Peters wichtig) eine alte McDonalds-Filiale in einem eher heruntergekommenen Teil der Fußgängerzone Bahnhofstraße erfahrbar gemacht. „Family Business" heißt ihre Rauminstallation, in der drei Filme laufen, die die Geschichte der Besitzerfamilie, des Fast-Food-Franchisenehmers und von Mitarbeitenden dokumentieren. Mobiliar und Großküche sind noch original vorhanden – und so erzählt diese Station auf mehreren Ebenen vom Klima: davon, was der Klimawandel mit unserer Ernährungsweise zu tun hat; davon, wie unsere Ernährungsweise mit unserer Art zu leben und zu arbeiten zu tun hat; davon, was der Lebensstil in einer Region wie dem Ruhrgebiet mit Wohlstand und Strukturwandel zu tun hat.

Voll mit diesen Gedanken betritt man den Aufzug eines der brutalistischen Hochhäuser an der Herner Kreuzkirche, deren Architektur ganz ohne künstlerische Intervention vom krassen urbanen Wandel erzählen, die die Innenstadt in der Zeit ihrer rasenden Expansion durchgemacht hat. Im zehnten Stock hat die Netzkunst-Pionierin Natalie Bookchin die Rauminstallation „Geisterspiele" geschaffen, die sich auf eine ganze verlassene Wohnung erstreckt. Sie hat darin klug und sensibel Film- und Tonmaterial aus der Welt im Lockdown aufeinander abgestimmt, in einer Zeit, als die Geräusche von Haus und Wohnung und Blicke aus dem Fenster wichtiger waren als sonst und der Planet kurz Pause hatte von diesem zerstörerischen Virus, das er sich eingefangen hat: dem Menschen.

Sowieso ein skurriler Ort des Wandels ist der Silbersee II in Haltern. Einst war er Quarzsand-Abbaugebiet, heute ist er schönster Baggersee der Region mit breitem Strand – quasi Ruhrgebiets-Riviera. Wo die Menschen aus Recklinghausen, Herne oder Gelsenkirchen heute kurze Strandurlaubs-Nachmittage einlegen, bestand ein paar Schichten Geschichte tiefer auch schon ein Gefangenenlager – im Ersten Weltkrieg nämlich. An die Geschichte, die unter der Wasseroberfläche verborgen liegt und gärt, erinnern Jeewi Lees dicke Luftblasen, die ab und zu an die Oberfläche schießen. Diese Blasen sind ein kunstvolles Bild für die Erfahrung, die man fast überall im Ruhrgebiet machen kann: Geschichte des Wandels gärt, quillt aus allen Ecken, wuchert in verschiedenen Schichten über alten Gebäudestrukturen. Und vielleicht wuchern bald die alten Pflanzen wieder mit, die die Industrie einst verdrängt hat.

Max Florian Kühlem, geboren 1979 in Bergneustadt, studierte Neuere Deutsche Literaturwissenschaft, Soziologie und Politikwissenschaft in Bochum und ist schwerpunktmäßig in NRW als freier Kulturjournalist, Autor, Moderator und Songwriter aktiv. Er schreibt unter anderem für die taz, Rheinische Post oder Nachtkritik.de.

Problemzone Demokratie

Rechtsextremismus als gesamtdeutsches Phänomen

Gero Neugebauer

Klaus Staeck: „Freizeitpark Deutschland", 1993, Plakat

Die Erwartung von Willy Brandt, dass nun „zusammenwächst, was zusammengehört", richtete sich auf das Ganze: Deutschland als Nation zu vereinen. Es bedeutete, zwei Gesellschaften zusammenzuführen, die mehr als vierzig Jahre nebeneinander in zwei unterschiedlichen politischen, ökonomischen und sozialen Systemen existiert, die miteinander konkurriert und sich jeweils als das bessere verstanden hatten – und die ein gemeinsames Erbe besaßen: den Nationalsozialismus. Damit gingen beide Staaten sehr unterschiedlich um. Die SED verordnete der DDR-Gesellschaft die Doktrin des Antifaschismus, übernahm dennoch Dekorationselemente der Nazi-Zeit wie Aufmärsche einer uniformierten Jugend. Manche DDR-Bürgerinnen und -bürger mit Nazi-Vergangenheit gaben ihre völkisch-nationalen Einstellungen in familiären und anderen Strukturen weiter; ein Widerstand ohne persönliche Konsequenzen, wenn auch mit Folgen. Wer nicht systemkonform sein wollte, flüchtete entweder bis 1961 oder blieb und übte ohne Überzeugung Loyalität. Ursachen des sich in der DDR seit dem Beginn der 1980er-Jahre entwickelnden Rechtsextremismus wurden nicht erkannt; Rechtsextremismus konnte es nur im kapitalistischen System geben. Rechtsextremistische Aktivitäten von Einzelpersonen oder Gruppen wurden als „Rowdytum" klassifiziert und juristisch verfolgt, jedoch nicht als rechtsextremistisch definiert.

Die BRD dagegen übte lange Zeit Nachsicht und Rücksicht und verweigerte sich einer konsequenten kritischen Aufarbeitung des Nationalsozialismus. So wurden viele belastete Personen vor juristischen Konsequenzen bewahrt und etliche setzten berufliche Karrieren fort oder begannen neue. Der 1965 mit dem Auschwitzprozess eingeleitete Prozess der Aufarbeitung wurde durch studentische Proteste und eine kritischer gewordene Öffentlichkeit intensiviert und von der sozialliberalen Koalition nach 1969 als staatliche Aufgabe definiert. Das beförderte eine bis heute nicht abgeschlossene Aufarbeitung des Nationalsozialismus durch die Justiz, durch Wissenschaft und politische Bildung sowie durch die Etablierung einer vielfältigen Kultur der Erinnerung. Willy Brandt wird es nicht in den Sinn gekommen sein, dass Personen und Gruppen in beiden Gesellschaften, die sich entweder aus unterschiedlichen Gründen aus dem ideologischen Erbe der Nazizeit bedient hatten oder deren rechtsextremistische Einstellungen und Verhaltensweisen von aktuellen Ereignissen und politischen Entscheidungen geprägt worden waren, nach 1989 zu einem Potenzial zusammenwachsen würden.

Die Friedliche Revolution im Herbst 1989 führte nicht zu einem neuen politischen System, sondern zur Einheit Deutschlands. Im Prozess der Transformation wurden die Institutionen der parlamentarischen Demokratie sowie die Regeln der sozialen Marktwirtschaft übernommen. Die Hoffnung, dass die von Helmut Kohl angekündigten „blühenden Landschaften" ähnlich wie nach 1949 das „Wirtschaftswunder" eine positive Akzeptanz der Demokratie fördern würden, erfüllte sich ebenso wenig wie Erwartungen in weiten Teilen der ostdeutschen Bevölkerung auf einen ökonomischen Aufschwung. Der Grafikdesigner, Karikaturist und Plakatkünstler Klaus Staeck hat diese Problematik in diesem hier abgebildeten Plakat „Freizeitpark Deutschland" mit seiner ihm eigenen Bildsprache kritisch reflektiert.

Warnungen der demokratischen DDR-Opposition vor negativen Konsequenzen aus der Übernahme des politischen Systems wie der sozialen Marktwirtschaft blieben weitgehend wirkungslos wie auch ihre auf Kenntnisse von Treffen ost- und westdeutscher Rechtsextremist*innen basierenden Hinweise auf mögliche Aktivitäten der rechtsextremistischen Szene gegen die neue Ordnung. Westdeutsche Neonazis reisten in die DDR, ließen sich über die diversen rechtsextremistischen Aktivitäten berichten und zollten den rechten Aktivist*innen Anerkennung. Faktisch begann damit bereits vor 1989/1990 ein Zusammenwachsen. Die gewalttätigen Attacken gegen geduldete Ausländer*innen 1990 in Rostock und 1992 gegen Zufluchtsuchende in Mölln machten Fremdenfeindlichkeit und Wohlstandschauvinismus sichtbar. Beides führte zum Hass auf Menschen, auch weil sie angeblich staatliche Leistungen erhielten, die Deutschen, die sich für bedürftig hielten, verweigert wurden. Die Reaktionen von Verfassungsschutz und Polizei in West und Ost – dort stammte das Leitungspersonal oft aus dem Westen – waren indifferent. Auch spätere von Deutschen verübte rechtsextremistisch motivierte Gewalttaten wie die durch Einzeltäter in Halle oder in Hanau oder die Terrorgruppe „Nationalsozialistischer Untergrund", die im gesamten Bundesgebiet mordete und von mehr als hundert Unterstützer*innen gedeckt wurde, folgten keinem „West-Ost"-Schema. Die Aufdeckung war für die Mehrheit der deutschen Gesellschaft ein „ Erweckungserlebnis": Rechtsextremismus ist nicht ost- oder west-, sondern gesamtdeutsch.

Oft entstehen Kritik und Zweifel an der Demokratie, wenn wohlfahrtsstaatliche und andere Leistungen nicht individuellen Erwartungen entsprechen. In Ostdeutschland kam nach 1990 Kritik häufig von Menschen, die, ermuntert durch einen anfänglich verbreiteten Optimismus, vielfältige materielle und soziale Erwartungen an das neue System geknüpft hatten, das dieses aber nicht wie erhofft erfüllte. Beklagt wurden Arbeitsplatzverluste, soziale Nachteile wie Statusverlust oder die Aberkennung von Kompetenzen („Besserwossi"); während oft nicht besser qualifizierte Westdeutsche die Jobs erhielten. Die Erkenntnis, dass ein Staat, der über ausreichend Ressourcen verfügt, einem Notstand abzuhelfen, es dennoch nicht tut,[1] verstärkte die Kritik. Die „Bankenrettung 2008/2009" hat wohl diese Erfahrung reanimiert und damit Zweifel an der Demokratie wiederbelebt, die später zum Erfolg der AfD beigetragen haben.

Aus heutiger Sicht scheint der Systemtransfer gelungen, die demokratische Integration weniger. Erkenntnisse über die Folgen fortbestehender Mängel und über die Zufriedenheit mit der Demokratie in Deutschland zeigen: Die Mehrheit will sie nicht abschaffen, die Akzeptanz ist unterschiedlich. 2018 waren nach einer Umfrage im Westen 40 Prozent, im Osten 22 Prozent mit ihr sehr oder ziemlich zufrieden; teils, teils waren es 44 Prozent (West) und 49 Prozent (Ost); ziemlich oder sogar sehr unzufrieden im Westen 15 Prozent (fünf sehr) und im Osten 28 Prozent (zwölf sehr).[2] Zurückhaltung, Misstrauen und Skepsis finden sich am stärksten bei AfD-Anhänger*innen. Gesamtdeutsch ist die rechtsextremistisch geprägte AfD allemal: In ihrer Einstellungsstruktur unterscheiden sich die AfD-Anhänger*innen in den alten

1 Vgl. Wolfgang Engler: Die Ostdeutschen als Avantgarde, Berlin 2002, S. 144.

2 Konrad-Adenauer-Stiftung (2019): Niemand möchte die Demokratie abschaffen – Einstellungen zu Demokratie, Sozialstaat und Institutionen, Analysen& Argumente, Nr. 351, Juni 2019, Berlin.

Ländern nur marginal von denen in den neuen Ländern.[3] Anders sieht es in der deutschen Gesellschaft mit der Zustimmung zu einer Diktatur als Alternative zur Demokratie aus. In den alten Ländern mit ihrem deutlich höheren Bevölkerungsanteil in Gesamtdeutschland ist ein abnehmender Trend festzustellen, jedoch sind die in den letzten Jahren ebenfalls niedrigen Werte in den neuen Ländern wieder gestiegen: „Mit 8,8 % befürworten 2020 fast ebenso viele ostdeutsche Befragte wie 2002 (8,9%) eine rechtsautoritäre Diktatur und damit signifikant mehr, als dies unter Westdeutschen der Fall ist (mit 1,8% im Jahr 2020)."

Würde die Politik sich stärker bemühen, in ganz Deutschland gleichwertige Lebensverhältnisse und nicht nur gleiche Mobilfunkempfangsverhältnisse herzustellen, könnte sich das auf Dauer positiv auf die Zustimmung zur Demokratie auswirken. Schaffen wir das?

Dr. Gero Neugebauer, geboren 1941 in Zirke/Sierakow, Politikwissenschaftler, forschte und lehrte an der Freien Universität Berlin bis 2006 in den Bereichen DDR-Forschung und deutsches Parteiensystem (Schwerpunkte SPD und PDS) und ist seitdem publizistisch, politisch beratend und in der politischen Bildungsarbeit tätig.

3 Vgl. Knut Bergmann/Matthias Diermeier/Judith Niehues: Ein komplexes Gebilde. Eine sozio-ökonomische Analyse des Ergebnisses der AfD bei der Bundestagswahl 2017, in: ZParl, 2/2018, S. 243-264, zit. ebd.

Nun wirklich: Aufbruch Ost

Fünf Wege zur Selbstermächtigung des Ostens

Martin Dulig

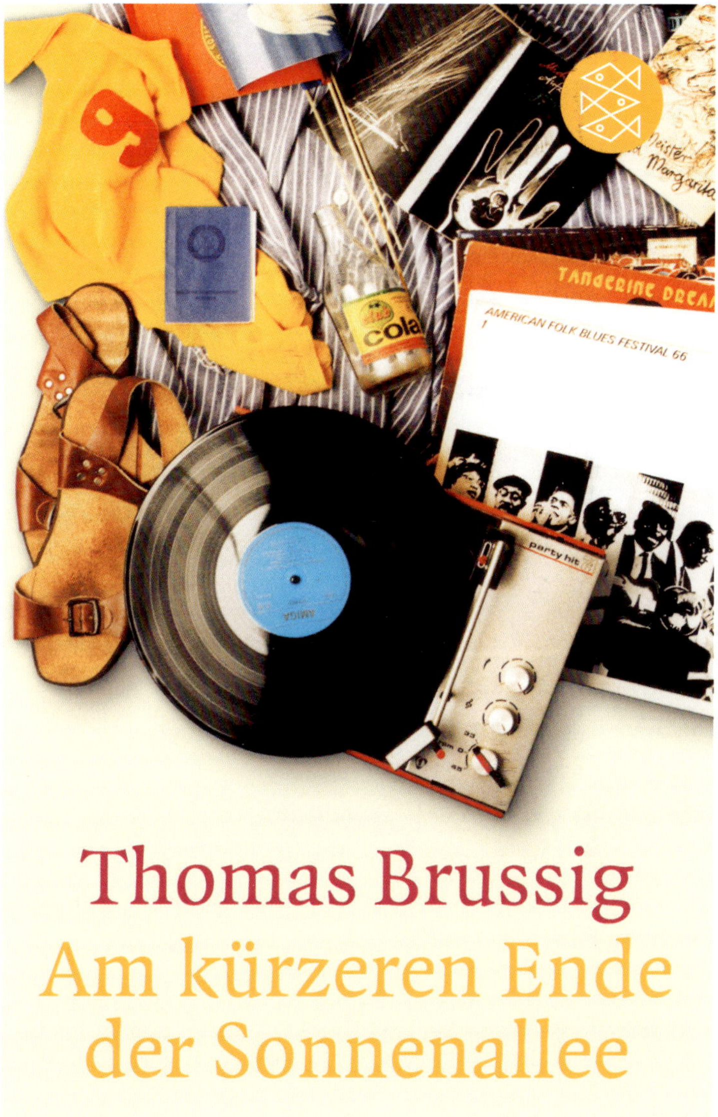

Thomas Brussig: „Am kürzeren Ende der Sonnenallee“, 1999, Roman (Cover)

Meine Lieblingsbücher über die Wiedervereinigung sind immer noch jene von Thomas Brussig. Lustig, aber mit Tiefe und Ernst erzählt. Manchmal glaube ich, wir bräuchten mehr von dieser Leichtigkeit im Osten. Manche haben verlernt, mal über sich selbst zu lachen. Ein Satz aus Brussigs Buch „Am kürzeren Ende der Sonnenallee" ist mir immer in Erinnerung geblieben. Und ich zitiere ihn oft: „Das war die DDR. In der haben wir gelebt und geliebt." Es hat mich immer gestört, dass über den Osten in der öffentlichen Debatte fast nur mit negativer Konnotation gesprochen wird. Der Osten wurde meist reduziert auf Treuhand, Stasi und Unrechtsstaat (und heute auf den „braunen Osten"). Aber es geht um Menschen. Und dieser Satz aus dem Buch beziehungsweise Film spricht genau das laut aus: Es geht um unsere Leben, unsere Erfahrungen und den Respekt, den Menschen verdient haben.

Wenn wir darüber nachdenken, wie wir zukünftigen Entwicklungen begegnen möchten, brauchen wir diese Erfahrungen und Respekt. In den jetzt beginnenden „zwanziger Jahren" wird sich vieles für Ostdeutschland entscheiden. Digitalisierung und Klimawandel sind in vollem Gange. Die politische Polarisierung in Ostdeutschland hat sich schon vor Corona zugespitzt. Durch die Pandemie haben sich soziale und gesellschaftliche Gräben weiter vertieft. Weniger offensichtlich werden im Schatten von Corona ganze Wirtschafts- und Industriezweige neu geordnet.

Der Aufbruch Ost – kommt er jetzt wirklich?

Der Aufbruch Ost wurde schon oft verkündet. Doch vielleicht kommt jetzt erst eine Generation ans Ruder, der dieser Aufbruch gelingen könnte. Die sogenannte Dritte Generation besetzt mittlerweile Führungspositionen. Sie hat eine generationsübergreifende Schlüsselfunktion: Sie kennt noch Aufbruchsgeist, Unsicherheiten und Kränkungserfahrungen der Eltern, ihr Blick selbst richtet sich aber in die Zukunft. Gleichzeitig kann sie den Jüngeren erklären, die sich etwa gerade bei Fridays for Future engagieren, warum manche Zukunftsvision auf die Erfahrungen der Älteren im Osten Rücksicht nehmen muss. Die letzten fünfzig Jahre haben die Generationen unterschiedlich geprägt. Der Soziologe Steffen Mau schreibt, viele der Spannungen in

Ostdeutschland hätten ihren Ursprung in der DDR-Zeit und seien durch Wiedervereinigung und Nachwendezeit nicht aufgehoben worden. Vielmehr hätten sie sich zu gesellschaftlichen Brüchen verschärft und prägten unser Land bis heute.[1] Die extreme Rechte instrumentalisiert dies mit der Forderung nach ostdeutscher Selbstermächtigung im Sinne „Vollende die Wende".

Es muss Schluss sein mit der marktradikalen Selbstermächtigungsbotschaft „Jeder ist seines Glückes Schmied", nach dem Motto: Viele im Osten haben es geschafft, dann können es alle schaffen! Der Rest wurde dann immer als Wendeverlierer und Jammer-Ossis gesehen. Genau diesen Blick hat Olaf Scholz mit seiner scharfen Kritik am Prinzip der Meritokratie kritisiert: Der eigene Status in der Gesellschaft werde so ausschließlich zum „Ergebnis individueller Anstrengung"[2]. Es gibt dann auch nur Anerkennung für jene, die es „ganz nach oben" geschafft haben. Wir brauchen heute etwas anderes: eine positive Selbstermächtigung als Osten.

Fünf Wege zur Selbstermächtigung des Ostens

Hier sehe ich fünf erfolgversprechende Wege.

Erstens müssen wir die aktuellen technischen und wirtschaftlichen Umbrüche nutzen, um selbstbewusst einen Vorsprung Ost zu fordern. Kein DAX-Unternehmen hat bislang seinen Sitz im Osten. Die meisten Entwicklungs- und Innovationsabteilungen befinden sich im Westen. Doch jetzt ändert sich das Spiel: Weil alle bei Künstlicher Intelligenz (KI), Elektromobilität oder Wasserstoff bei fast „Null" beginnen, haben wir das erste Mal die Chance, pfadabhängig in wachsenden Industriebereichen und Technologien eine Führungsposition in Wirtschaftsbereichen zu bekommen, vor allem auch beim Klimaschutz. Wir haben die Chance auf einen Vorsprung Ost.

Zweitens brauchen wir einen „Willy Brandt"-Moment für den Osten. Es ist kein Zufall, dass die Notwendigkeit und der Druck unsere Demokratie zu

1 Vgl. Steffen Mau: Lütten Klein. Leben in der ostdeutschen Transformationsgesellschaft, Berlin 2019.

2 Olaf Scholz: Plädoyer für eine Gesellschaft des Respekts, in: FAZ, 10.3.2021.

reformieren, in den letzten Jahren zugenommen hat, inzwischen sind dreißig Jahre nach der Wiedervereinigung vergangen. Auch in der Bundesrepublik ist „mehr Demokratie" nicht vom Himmel gefallen. Nach 1945 waren nicht alle Westdeutschen auf einmal überzeugte Demokraten und Demokratinnen. Es war Willy Brandt, der damals „mehr Demokratie wagte" und entscheidend dazu beigetragen hat, die westdeutsche Gesellschaft zu demokratisieren. Wir müssen die Demokratie in ihrer Breite und die Beteiligungsmöglichkeiten im Osten stärken. Die Initialerfahrung demokratischer Teilhabe der 1989er-Generation war allein der Straßenprotest: um sich Gehör zu verschaffen und „Obere" zu Zugeständnissen zu zwingen (Steffen Mau). Pluralistische Interessenvertretung hat es hingegen schwer. Wir brauchen eine derartige Neuerfindung der Demokratie.

Ich denke darüber unter dem Stichwort mehr „Macht teilen" nach.[3] Inhalte eines solchen Demokratieaufbruchs müssen unter anderem die Senkung des Wahlalters auf 16 sein, um die Mitsprache der jungen Generation im Osten zu stärken. Die Macht muss zurück an die Bürgerinnen und Bürger vor Ort: Mit Bürgerbudgets in jedem Ort sowie dem notwendigen Geld für Gemeinde- und Stadträt*innen, um am Ende auch Zukunftsentscheidungen treffen zu können. Es geht um mehr Mitbestimmung in Betrieben, Schulen oder Universtäten, wie sie im Westen normal sind, im Osten aber nach 1990 nie richtig Fuß gefasst haben. Eine neue Bewegung für Demokratisierung muss gewährleisten, die Menschen mit kleineren Einkommen und kleineren Bildungsabschlüssen stärker zu repräsentieren. Möglich wäre dies auch über die Idee der Bürgerräte. Das Ganze muss mit einer grundsätzlichen Erzählung und Demokratiebewegung verbunden werden.

Drittens setze ich die Hoffnung auf eine neue Arbeiterbewegung im Osten. Daniela Kolbe hat hierzu einen tollen Text in diesem Buch geschrieben (vgl. Kapitel 1). Das ist kein rein tarifrechtliches, sondern ein gesellschaftspolitisches Thema! Mit der Massenarbeitslosigkeit und der damit einhergehenden einseitigen Macht aufseiten der Unternehmen hat man den Beschäftigten im Osten den Zahn gezogen. Und den Stolz genommen. Die Ohnmacht, für

3 Siehe hier u.a. https://www.spd-sachsen.de/macht-teilen/ (Abruf: 1.8.2021).

die eigene harte Arbeitsleistung keine angemessene Vergütung und später Rente zu erhalten, hat zur Wut auf *die* Politik beigetragen. Eine neue Arbeiterbewegung fängt nun an, den ostdeutschen Beschäftigten Macht und Stolz zurückzugeben, indem sie deren Rechte und bessere Löhne durchsetzt.

Zur Absicherung dieser Selbstermächtigung brauchen wir *viertens* einen Umbau des Sozialstaats, der Ungerechtigkeiten der Vergangenheit repariert und mehr Sicherheit gibt: In Ostdeutschland dominiert weiter Arbeit als gesellschaftlicher Bezugspunkt. Die Bedeutung von Arbeitsmoral ist besonders wichtig, anders als in Gesellschaften, in denen mehr Vermögen existiert und vererbt wird. Im Zentrum muss „Respekt" stehen. Eine Politik des Respekts achtet die Würde jeder Arbeit und jede Lebensleistung. Etwa mit einem Mindestlohn von zwölf Euro und der Stärkung des Tarifsystems.

Fünftens schließlich brauchen wir eine selbstbewusste Selbstbehauptung Ostdeutschlands: Petra Köpping hat die Debatte begonnen.[4] Heute muss sogar die CDU anerkennen, dass wir eine differenzierte und kritische Aufarbeitung der letzten Jahrzehnte brauchen. Matthias Platzeck hat diese Debatte in der Kommission „30 Jahre Friedliche Revolution und Deutsche Einheit" aufgenommen. Das Ergebnis: Wir wollen ein „Zukunftszentrum für Europäische Transformation und Deutsche Einheit" bauen. An diesem Ort sollen die unterschiedlichsten ost- und gesamtdeutschen Erfahrungen einbezogen werden. Er soll die Lebensleistungen und Erfahrungen der Menschen in den neuen Ländern sichtbarer machen. „Ein Ort, wo über den deutschen Tellerrand hinausgeschaut werden soll." (Platzeck) Ich stelle mir ein architektonisch herausragendes Gebäude vor, das in Zukunft auf der Liste der Orte in Deutschland steht, die man gesehen haben muss und das Verständnis zwischen Ost und West entscheidend weiterbringt.

Martin Dulig wurde 1974 in Plauen geboren und wohnt heute in Moritzburg bei Dresden. Er ist Vorsitzender der SPD Sachsen, seit 2014 Staatsminister für Wirtschaft, Arbeit und Verkehr in Sachsen. Er ist Ostbeauftragter der Bundes-SPD. Über ostdeutsche Zukunftsfragen spricht er in seinem Podcast „Nachdenken über …".

4 Vgl. Petra Köpping: Integriert doch erst mal uns, Berlin 2018.

Von abgehängten Landschaften zur Region der Innovation?

Wie eine positive Wirtschaftsentwicklung in Ostdeutschland befördert werden kann

Ronny Freier

Marco Brzozowski: „Malerei am EEW-Kraftwerk Premnitz“, 2021

Meine Heimat im Westhavelland hat in der Nachwendezeit viel durchgemacht. Einst bestimmten in Rathenow die Optischen Werke und in Premnitz das Chemiefaserwerk das gesamte Leben. Über 10.000 Menschen hatten hier ihre Arbeitsstellen, ihre Kolleg*innen, ihre sozialen Bindungen. Nach der Wende wurden die Fabrikhallen nach und nach geschlossen. Die Produktion war im direkten Vergleich mit den westlichen Märkten meist nicht konkurrenzfähig.

Die Veränderungen forderten den Menschen viel ab. Tausende von Facharbeiter*innen standen plötzlich auf der Straße, waren jahrelang arbeitslos, verloren ihren sozialen Halt. Wer konnte, ging in den Westen oder versuchte sein Heil in Umschulungen und Maßnahmen. Die Jugend zog es nach Potsdam oder Berlin. Rathenow verlor 27 Prozent und Premnitz 25 Prozent seiner Einwohner*innen. Der Wegzug hinterließ viele Lücken. Lücken im sozialen Zusammenhalt und Lücken im Stadtbild, weil ganze Häuserblöcke erst leerstanden und später gesprengt wurden. Auf mich wirkten diese Lücken in den Häuserreihen der Innenstadt immer wie klaffende Wunden einer verletzten Stadt.

Die versprochenen „blühenden Landschaften" blieben lange aus. Erst 2015 kamen die Blumen ins Westhavelland – in Form der Bundesgartenschau (BUGA). Von Brandenburg an der Havel über Premnitz durch Rathenow bis nach Havelberg sollte eine ganze Region erstrahlen und über einer Million Besucher*innen Einblicke in die Schönheit der Natur bieten.

Die Bundesgartenschau brachte auch die Kunst von Marco Brzozowski nach Rathenow, vier riesige Häuserwände wurden künstlerisch verwandelt. Hier ein historischer Giebel, dort eine Darstellung des örtlichen Wahrzeichens und hier wieder eine Referenz an Rathenow als Wiege der optischen Industrie. Die klaffenden Wunden der Häuserreihe hatten ein Pflaster bekommen. Zunächst dachte ich, dass dadurch die Probleme überpinselt statt gelöst werden. Aber jeder Gang durchs Stadtzentrum ließ diesen Eindruck weiter in den Hintergrund treten. Die toll gemachten Bilder hatten der Stadt ein Stück Würde zurückgegeben.

Im Jahr 2020 tauchte dann ein weiteres Bild des Fassadenkünstlers Marco Brzozowski in der Region auf. Auf über 2.000 Quadratmetern wurde das Bild mit dem Titel „Havelspaziergang" weithin sichtbar an der Fassade eines

Industriegebäudes auf dem Gelände des ehemaligen Chemiefaserwerks in Premnitz angebracht. Dort, wo zu DDR-Zeiten eine der dreckigsten Industrien beheimatet war, prangt heute eine Naturdarstellung im XXL-Format.

Beeindruckend ist das Kunstwerk nicht nur aufgrund seiner Größe und Farben. Das Bild versinnbildlicht und entwirft auch eine Programmatik für die Entwicklung der Region im Allgemeinen und des Werksgeländes in Premnitz im Speziellen: Industrie im Einklang mit der Natur. Wo früher mit enormem Ressourcenverbrauch künstliche Fasern hergestellt wurden, sind heute vierzig Unternehmen ansässig, von denen viele ihr Geld mit erneuerbarer Energie und der Wiederverwertung von Müll verdienen. Zukünftig hofft die Stadt Premnitz, dass auf dem Werksgelände auch eine umweltfreundliche Produktion von Wasserstoff möglich ist.

Auch in Rathenow zeigen sich vielversprechende Ansätze. Neben dem Marktführer Fielmann kann die Stadt mit weiteren kleinen und mittleren Unternehmen in der optischen Industrie punkten. Hier wurden die langjährige Tradition und Expertise in der Optik genutzt, um beispielsweise beim Bau von Mikroskopen oder dem Schliff von handgefertigten Sonderlinsen wieder auf dem Weltmarkt konkurrenzfähig zu sein. Dass dieser Erfolg nachhaltig bleibt, wird durch eine strategische Kooperation des optischen Clusters mit der Technischen Hochschule Brandenburg garantiert. Hier werden seit 2016 Studierende im Fach Augenoptik/Optischer Gerätebau ausgebildet.

Seit der BUGA 2015 ist das Westhavelland auch als touristischer Anlaufpunkt attraktiv. Die Region bedient hier interessante Nischen für Fahrradfahrer*innen auf dem Havelradweg, Wassertourist*innen auf der Havel und den Havelseen, den Vogelkundler*innen am Gülper See oder Sternengucker*innen im Sternenpark Westhavelland.

Die Beispiele von Rathenow und Premnitz stehen stellvertretend für viele Regionen Ostdeutschlands: die Stahlindustrie in Eisenhüttenstadt ganz im Osten, das Nähmaschinenwerk in Wittenberge im Westen, die Werften in Wismar im Norden, der Fahrzeug- und Rüstungsbau in Suhl ganz im Süden. Die Geschichten gleichen sich. Fast immer konnten große Industriestandorte im westlichen Markt nicht gehalten werden. Überall war die Wende für die

Einwohner*innen dieser Städte mit großen Veränderungen und Enttäuschungen verbunden. Meist gibt es fast dreißig Jahre nach der Wiedervereinigung in diesen Orten hoffnungsvolle Keimlinge einer neuen Industriekultur.

Insgesamt gibt es gute Gründe für Zuversicht. Ostdeutschland hat die Flächen, die Arbeitskräfte und die Infrastruktur. Die Lage Ostdeutschlands im Herzen Europas bietet den Vertriebs- und Personalabteilungen von Unternehmen zudem alle Möglichkeiten. Große Firmen wie Amazon, Zalando und Tesla haben diese Potenziale erkannt, diese Neuansiedlungen werden zu Recht politisch gefeiert. Es braucht für den Erfolg in der Fläche aber viele der kleinen und mittleren Firmen wie die Optik in Rathenow und die Chemie in Premnitz.

Drei Aspekte sollten aus meiner Sicht für die Politik maßgeblich sein, um eine positive Wirtschaftsentwicklung zu befördern. An erster Stelle steht die Bildung. Die Grundlage der deutschen Wirtschaftsleistung sind gut ausgebildete und hoch motivierte Arbeitskräfte. Die ostdeutschen Länder sind im Bildungsbereich gut aufgestellt, aber die Anstrengungen dürfen nicht nachlassen. Neben mehr Qualität im Kitabereich und großen Bedarfen bei ausgebildeten Lehrer*innen in Schulen, liegen die Herausforderungen im Bildungsbereich bei den Hochschulen. Die Hochschullandschaft in Ostdeutschland ist in der breiten Basis solide aufgestellt, die Ausstattung ist gut und die Anzahl erfolgreich ausgebildeter Studierender hoch. Die Förderlandschaft der Exzellenzstrategie zeigt aber, dass der Osten (insbesondere außerhalb Berlins) in der Spitze dramatisch unterrepräsentiert ist. Eine gut finanzierte „Exzellenzinitiative Ost“ wäre eine Möglichkeit, um einen mittelfristigen Qualitätssprung zu erreichen.

Die zweite Säule ist eine aktive Wohnungsbaupolitik. Es sind (noch) die günstigen Mieten, die die Städte in Ostdeutschland so attraktiv machen und die Lebensqualität im Osten erhöhen. Dies ist ein entscheidender Standortvorteil, der nicht verloren gehen darf. In welcher Form der Wohnungsbau sich realisiert (Kommunaler Wohnungsbau, Förderung privater Bautätigkeit, Freigabe von Flächen), ist am Ende gleich. Was zählt ist, dass mehr gebaut wird. Mietpreisbremse und Mietendeckel setzen nur an den Symptomen, nicht aber an den Ursachen des Problems an.

Zu guter Letzt bedarf es größerer Anstrengungen, die Infrastruktur in den ländlichen Regionen zu stärken. Für viele ländliche Regionen im Osten sind die demografischen Prognosen weiterhin negativ. Der Staat muss hier investieren, um sicherzustellen, dass weiterhin eine Arztpraxis, eine Einkaufsmöglichkeit, eine Schule und eine Kita in der Nachbarschaft zur Verfügung stehen. Über die Verbesserung der Verkehrsverbindung zwischen Stadt und Land muss es gelingen, den ländlichen Raum an der Wirtschaftsentwicklung der Städte teilhaben zu lassen. Durch eine flächendeckende Versorgung mit Breitbandanschlüssen kann der Schritt zu einer digitalen Gesellschaft gelingen.

Werden diese Aspekte berücksichtigt, kann es auch gelingen, die traumatisierten, vormals „abgehängten Landschaften" in traumhafte Regionen der Innovation zu verwandeln. Die Potenziale sind da und ein erster Anfang ist gemacht. Die Politik muss weiter handeln und die Rahmenbedingungen für einen solchen Erfolg schaffen. Gerade in Zeiten einer Pandemie und Wirtschaftskrise braucht es Entscheidungsträger*innen, die die Keimlinge der ostdeutschen Industrie unterstützen und mit mutigen Investitionen in Bildung, Wohnungsbau und (soziale) Infrastruktur langfristige Perspektiven eröffnen.

Prof. Ronny Freier, PhD, ist Professor für öffentliche Finanzen an der Technischen Hochschule Wildau. Er ist 1979 in Potsdam geboren und in Rathenow aufgewachsen. Nach internationalen Stationen lebt und arbeitet er wieder in Brandenburg. Er lehrt VWL und erforscht unter anderem die Entwicklung von Regionen.

In die eigene Kraft vertrauend

Eine alternative Erzählung vom Strukturwandel in der Lausitz

Johannes Staemmler

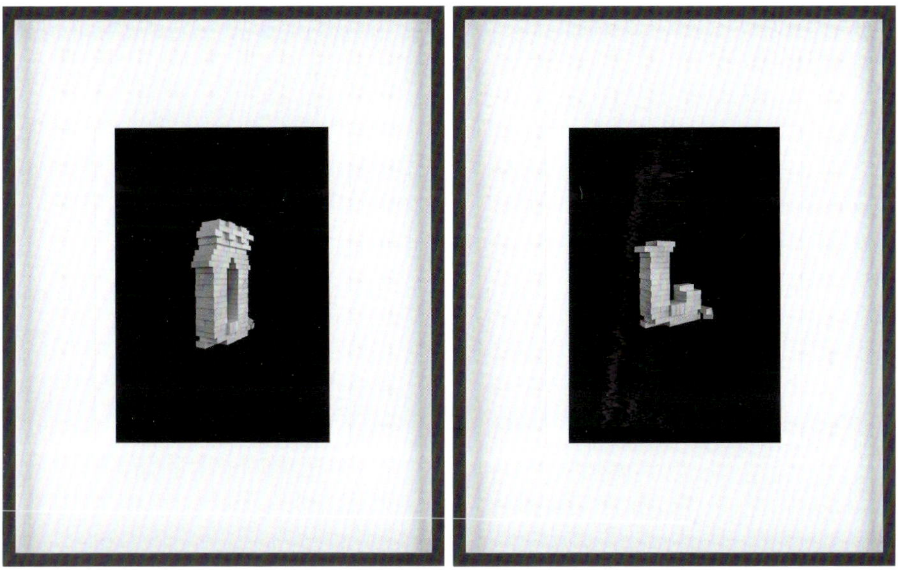

Sven Gatter: „Fragment I/II (a.d.S. ECHO TEKTUR. Ruinen und Modelle)“, 2021, Pigmentprints auf Karton

Seit 2018 begleite ich die Lausitz im neu einsetzenden Strukturwandel. Es hat sich inzwischen bis zu den Bergarbeiter*innen herumgesprochen, dass es mit der Kohle zu Ende gehen muss, sonst haben wir keine Chance, den Klimawandel halbwegs in den Griff zu bekommen. Wie kann aber der Strukturwandel in der Lausitz gelingen? Wie kann nicht nur ein erneutes Zerbrechen wirtschaftlicher und gesellschaftlicher Beziehungen verhindert, sondern eine neue und nachhaltige Regionalentwicklung angestoßen werden? Wer wird diesen Strukturwandel gestalten? Die Antworten auf diese Fragen sind vielfältig. Zu ungewiss gestalten sich die mannigfaltigen Interdependenzen zwischen Politiken, Programmen und Parolen. In einem sind sich 2021 jedoch alle einig: Keiner kann den Wandel allein gestalten und noch wissen wir nicht, ob die von Bund, Ländern, Kommunen, Unternehmen und zivilgesellschaftlichen Akteuren begonnenen Vorhaben erfolgreich sein werden.

„Strukturwandel" hat in der Lausitz – wie in vielen anderen Landstrichen im Osten – eine schwierige Geschichte. Er macht Angst, weil er durch die Umbruchserfahrungen der 1990er-Jahre negativ konnotiert ist. Es schwingen zahllose Verlust- und Entbehrungserfahrungen mit, die es schwer machen, ihm etwas Positives abzugewinnen. Diese Strukturwandelerzählung in der Lausitz geht ungefähr so: Jahrzehnte wurde die Landschaft zerstört, um Energie erst für die DDR und später für ganz Deutschland bereitzustellen. Bergbau war aber auch eine Quelle des Stolzes. Seit einigen Jahren ist diese Arbeit im Verruf, das Klima und damit die Zukunft der Menschheit zu zerstören. Mit dem Kohleausstieg wird nun in die Identität, Arbeit, Gemeinschaft und auch die kollektive Geschichte vieler Lausitzer*innen eingegriffen. Schon einmal, nämlich 1990 und den darauffolgenden Jahren, hieß es, dass nun alles besser werden würde. Aber es stimmte erst einmal nicht, denn zuerst verloren Tausende ihre Arbeit, die industrielle Vielfalt in der Lausitz verschwand und dann wanderten Unzählige aus der Region ab. Heute wird zusammen mit Tourist*innen in den Seen gebadet, die einst Tagebaue waren. Aber die biografischen Wunden des Strukturwandels der 1990er-Jahre, der eigentlich ein Bruch war, bleiben.

Aus diesen Erfahrungen haben sich Haltungen entwickelt, die für den Wandel nicht besonders förderlich sind. Aber man kann es niemandem verdenken, wenn er oder sie zuerst die eigenen Geschicke im Blick hat und skeptisch gegenüber den Regelungs- und Steuerungsideen aus Berlin, Dresden oder Potsdam ist. Man hat gelernt, die Wehen der Geschichte auszuhalten und in ihnen zu überdauern. Eine reservierte Grundhaltung gegenüber Neuem und vor allem Anderen ist ebenso verbreitet wie die Sorge, bevormundet zu werden. Von außen kommt nichts Gutes, deswegen machen wir da nicht mit, sagen die einen. Aber da von innen nicht genug kommt, müssen Ideen und Geld von außen hereingetragen werden, sagen die anderen. Es entsteht ein Dilemma, das in einer selbsterfüllenden Prophezeiung enden kann. Weil alle dreißig bis vierzig Jahre eine große Welle der Veränderung von außen über die Region rollt (1940er: Krieg, Grenzziehung, Reparationen, Zuwanderung; 1990er: Wiedervereinigung, De-Industrialisierung, Abwanderung; 2020er: Kohleausstieg), bleiben als Grundwerte das Ausharren, das Selbermachen beziehungsweise das Überleben im Umbruch.[1]

Diese Überzeichnung ist ungerecht und übersieht die vielen Aktiven, die nicht zuletzt in den letzten dreißig Jahren den Wandel in der Lausitz bewältigt und vieles neu gestaltet haben.[2] Es ist vieles entstanden und im Entstehen begriffen. Es sind Erfahrungen gewachsen, dass in der eigenen Kreativität und im Zusammenspiel mit anderen der Anfang für Neues liegt. Eine alternative Erzählung des Strukturwandels beginnt bei dem, was ist und nicht bei dem, was fehlt. Sie beginnt in der Lausitz und nicht in Berlin. Und sie beginnt nicht bei der Kohle, denn die war schon immer mehr Fluch als Segen für diese Region. Fangen wir mit zwei Frauen an, die auf ihre ganz unterschiedliche Art im Zentrum einer anderen Idee von Wandel stehen könnten.

Jadwiga Mahling ist die Pfarrerin von Schleife an der Brandenburgisch-Sächsischen Grenze. Der Tagebau Nochten, ein Truppenübungsplatz und der Industriepark Schwarze Pumpe sind nicht weit. Sie ist Sorbin und predigt in einer wunderschönen Dorfkirche aus dem 14. Jahrhundert zu einer kleinen

1 Vgl. Heinz Bude/Thomas Medicus/Andreas Willisch: ÜberLeben im Umbruch. Am Beispiel Wittenberge: Ansichten einer fragmentierten Gesellschaft, Hamburg: Hamburger Edition 2011.

2 Johannes Staemmler: Wir machen das schon. Lausitz im Wandel, Berlin: Ch. Links 2021.

Gemeinde. Der DDR-Sozialismus war ausgesprochen erfolgreich, das Sorbische und das Christliche gegenüber der Arbeiteridentität abzuwerten. Geblieben ist eine gewisse metaphysische Unbehaustheit, gerade jetzt, wo Industrien viel weniger präsent sind. Frau Mahling tauft, traut und beerdigt und steht mit beiden Beinen in der Lausitz. Ihre Aufgabe ist viel mehr als die so dringend gebrauchte Seelsorge, es ist die Lebensbegleitung von Anfang bis zum Ende und das Stiften von Gemeinschaft. Silke Butzlaff steuert seit bald vier Jahrzehnten einen Bagger im Tagebau und weiß, dass es für sie keine Nachfolger*innen geben wird. Sie ist aktiv in der Initiative zur Erhaltung der deutschen Bergbaureviere und kämpft um ein positives Ansehen ihrer Arbeit. Silke Butzlaff hat, wenn man es zuspitzt, die Dörfer derjenigen abgebaggert, die bei Jadwiga Mahling Halt suchen.

Beide teilen eine tiefe Verbundenheit mit der Region sowie eine Leidenschaft im tatsächlichen Wortsinn, in ihr zu handeln. Sie haben die Vergangenheit erlebt und gestalten die Gegenwart mit. In ihren Haltungen und Tätigkeiten spiegeln sich nicht nur gelebte Zeit, sondern auch Verantwortung für den Umgang mit ihr sowie für die sozialen Beziehungen, die daraus entstanden sind. Sie sind Erzählerinnen und Gestalterinnen der Lausitz. Damit der Strukturwandel sie nicht nur betrifft, müssen Räume entstehen, in denen auch sie ihn tatsächlich mitgestalten können. Das ist manchmal klein und lokal, aber es ist lebensnah und wirklich. Sie können ihre Erfahrungen einbringen, Beispiel für andere sein und einer reflexhaften Abwehr aktives Handeln entgegensetzen. Als Selbstwirksamkeit wird es sichtbar und die ist glücklicherweise ansteckend.

Die Bundesregierung hat in Abstimmung mit den Bundesländern das Strukturstärkungsgesetz auf den Weg gebracht. Umfangreiche Mittel stehen bis 2038 bereit, um Stück für Stück den Wandel zu flankieren. Im Ringen um die nächsten Schritte und den richtigen Weg müssten die Bundes- und die Landesregierungen noch mehr auf regionale Akteure zugehen, damit neben den großen auch die regional verankerten Projekte wachsen. Die ersteren bringen Jobs und kosten viel, die letzteren sind klein und können eine Kultur der gemeinschaftlichen Verantwortung stiften, damit das Ausharren nicht mehr die wichtigste Qualität ist.

Sich vorzustellen, was sein könnte, wird zur alltäglichen Praxis vieler. „Die Ruine ist ein utopischer Ort, in dem Vergangenheit und Zukunft in eins fallen."[3] Sven Gatters Bilderstrecke *Echo Tektur*, eine Werkreihe ruinöser Architekturen in der Lausitz, die er seit 2020 fotografiert und in Modellen abstrahiert hat, wird zur Projektionsfläche für das, was sein könnte und zur Metapher für all die offenen Fragen, die den Wandel von Gemeinschaften und ihren Strukturen begleiten.[4] In den Ruinen ist Gewesenes zu erahnen, doch die Zusammenhänge verflüchtigen sich. Echos der Vergangenheit, die als architektonische Fragmente im entleerten Bildraum sichtbar werden, sind ihm Inspiration und gleichzeitig Bausteine für Neues. Bereits bestehende Elemente werden so anschlussfähig für Zukünftiges. Die Vergangenheit steckt in diesen Arbeiten ebenso wie in den Lausitzer*innen, aber sie determiniert nicht ihre Zukunft. Erwartungen, Träume und Traumata lassen sich besser bearbeiten, wenn die Echos hörbar bleiben und doch neue Formen gefunden werden.

Dr. Johannes Staemmler, 1982 in Dresden geboren, ist Politikwissenschaftler. Er forscht und berät im Strukturwandel in der Lausitz zu der Frage, wie der Wandel gerecht und demokratisch geschehen kann. Zuletzt erschienen: „Wir machen das schon" (Ch. Links) und „Wissenschaft im Strukturwandel" (OEKOM).

3 Judith Schalansky: Verzeichnis einiger Verluste. Berlin: Suhrkamp 2018, S. 20.

4 Sven Gatter: Echo Tektur, https://svengatter.de/echotektur-2/ (Abruf: 17.6.2021).

Politisch umkämpfter Raum

Engagement für eine wertschätzende und kollaborative Stadtpolitik

Theresa Keilhacker

„Kreative Köpfe für den Palast der Republik", 2005, Fotomontage,
Konzeption: plattformnachwuchsarchitekten, Portraitfotografie: Bettina Keller

Als Migrantin aus Bayern lebe ich inzwischen dreißig Jahre in Berlin. Geboren in England, habe ich in Nordrhein-Westfalen und in Sydney Architektur studiert. Das Thema Ost-West war für mich lange Zeit etwas theoretisch Bekanntes, lag aber außerhalb meiner persönlichen Erfahrung. Das änderte sich schlagartig 1991 mit meinem Umzug nach Berlin, das von aufregendem Um- und Aufbruch geprägt war. Kurz nach der Wiedervereinigung bot sich hier eine spannende Situation: Berlin war eine Stadt im Wandel, die räumlich wieder zusammenwuchs und das Erbe zweier Welten vereinigte – alles schien offen. Der Hauptstadtbeschluss 1991 setzte ein Zeichen: statt Bonn wurde Berlin zur gemeinsamen Hauptstadt von West- und Ostdeutschen.

Als junge Architektin wollte ich dazu beitragen, im Stadtbild neuer Architektur Raum zu geben und zugleich Ost- und Westgeschichte sichtbar zu erhalten. Sehr bald wurde jedoch für mich und viele meiner Architekturkolleg*innen aus dem In- und Ausland klar, dass unsere Überzeugungen und Ideen vom Konzept der „kritischen Rekonstruktion" ausgebremst wurden – ein Ansatz, den der 1991 berufene Senatsbaudirektor Hans Stimmann rigoros durchsetzte: eine dogmatische Idealisierung des Städtebaus aus dem 19. Jahrhundert, der in Blöcken mit gleichen Traufhöhen den Straßenfluchten folgen und architektonisch mit steinernen Rasterfassaden umgesetzt werden sollte. Dies galt nicht nur für Baulücken, sondern erforderte auch die weitgehende Beseitigung des Städtebaus der DDR.

Der Umgang mit DDR-Städtebau und -Architektur wurde zu einem zentralen symbolischen Baustein der Berliner Stadtgestaltung nach 1991: Obwohl sich beispielsweise weite Teile der Öffentlichkeit und Fachwelt – wie die Architektenkammer Berlin – im Jahr 2000 für den Erhalt des denkmalgeschützten „Ahornblatts" von Ulrich Müther aussprachen, wurde dieses herausragende Bauwerk und Symbol für moderne DDR-Architektur dennoch abgerissen. Das ehemals öffentliche Grundstück sowie der öffentliche Straßenraum wurden privatisiert, die von der DDR-Stadtplanung großzügig angelegte Leipziger Straße verunstaltet.

Die besonderen Beispiele der Ostmoderne als Zeitzeugen der DDR-Stadtgestaltung werden bis heute kaum wertgeschätzt, im „besten" Fall nicht gepflegt, oft deformiert, im schlimmsten Fall abgerissen.

Mein Widerstandsgeist war geweckt. Ich engagierte mich im deutschen Vereinigungsprozess gegen den herrschenden Dogmatismus und gegen den Abriss unliebsamer Zeitzeugnisse sowie für Toleranz, Vielfalt und Teilhabe in der West-dominierten Welt des Bauens.

Dazu gehörte auch der Kampf gegen den Abriss des Palastes der Republik. Das Gebäude in der Mitte Ostberlins war 1976 eröffnet worden und bis zur Vereinigung ein wichtiger kultureller Treffpunkt für DDR-Bürger*innen. Auch das DDR-Parlament – die Volkskammer – hatte dort seinen großen Sitzungssaal und beschloss an diesem Ort den Beitritt zur Bundesrepublik.

In einer Gruppe gleichgesinnter Architekt*innen mit Ost- und West-Vergangenheit kämpften wir für den Erhalt und eine öffentliche Nutzung des Palastes der Republik. Im Dezember 2005 hielten wir bei einer Demonstration auf einem riesigen Plakat unsere Vision für den Erhalt des Palastes der Republik in die Höhe: Kreative Köpfe aus West und Ost sollten an der Fassade für erhaltenswerte Bausubstanz werben. Statt zwanzig Millionen Euro für den Abriss auszugeben, wollten wir den Palast mit diesem Kredit in eine Metamorphose schicken. Nach der notwendigen Asbestsanierung sollte – statt Rückbau und Abriss – eine behutsame Bestandserhaltung und kreative Weiterentwicklung als Kulturstandort ermöglicht werden. Die Mitstreiter*innen aus Kultur und Architektur, die von der ausdrucksstarken Fotografin Bettina Keller abgelichtet wurden, sollten Botschafter*innen für einen symbolischen Aufbruch in eine gemeinsame Zukunft von Ost und West werden, in der auch das historische Erbe der DDR seinen Platz hat.

Aber nur die international agierende Architektur-Galerie AEDES hatte den Weitblick, diese Vision auszustellen und zu veröffentlichen.[1] Ansonsten gingen in der öffentlichen Wahrnehmung diese – wie auch viele andere Ideen

1 Kristin Feireiss/Hans-Jürgen Commerell (Hg.): Find the Gap. Neue Köpfe und Wege in der Architektur, Berlin: AEDES 2005.

zur Weiternutzung des Palastes der Republik – weitgehend unbemerkt unter. Zu stark dominierte in den Debatten der 1990er-Jahre die Ost-West-Kluft und die Vorherrschaft der westdeutschen Interpretation, Symbole der untergegangenen Diktatur zu entfernen. Nach dem Mauerfall war die Debatte um dieses Bauwerk enorm politisch aufgeladen. Der Palast war dort gebaut worden, wo die DDR-Führung 1950 das Stadtschloss sprengen ließ. Nun sollte eine Replik des Hohenzollern-Schlosses an dieser Stelle entstehen – auf Initiative eines Hamburger Kaufmanns.

Bis heute schmerzt es zu sehen, dass das historisierende Fake-Schloss (heute als „Humboldt-Forum" genutzt) nicht verhindert werden konnte und dass Berlin diese riesige Chance verpasst hat, mitten in der Stadt einen authentischen Kulturort der Wiedervereinigung zu schaffen. Die Porträts der Engagierten in der Fotomontage des Palastes der Republik zeigen jedoch, wie unverzichtbar es ist, dass sich die Stadtgesellschaft für den Erhalt von bedeutenden Zeitzeugnissen einsetzt. In einer so vielfältigen Stadt wie Berlin ist es besonders wichtig, dass Politik von ihren Bewohner*innen mitbestimmt wird – wo nötig auch im Widerspruch zur Mehrheit der gewählten Volksvertreter*innen: Ein frühes Beispiel ist die Ruine der Kaiser-Wilhelm-Gedächtniskirche, die von der Politik schon zum Abriss freigegeben war, und erst nach Bürger*innenprotest als Mahnmal für die Wunden des Zweiten Weltkrieges erhalten blieb, dann wunderbar ergänzt durch die blau schimmernden Neubauten von Egon Eiermann. Aber auch das Dialogverfahren zur Stadtmitte rund um den Fernsehturm mit Marx-Engels-Forum und Rathausforum als aktuelles Beispiel zeigt, wie erfolgreich Bürger*innen sein können, die hartnäckig und diskussionsfreudig ihre Bedenken dagegen kundtun, wenn öffentlicher Raum „von oben" umgedeutet, geglättet oder privatisiert werden soll.

Dass heute ernsthaft über einen Weltkulturerbeantrag zur Nachkriegsmoderne OST WEST OST diskutiert wird, der die Karl-Marx-Allee im Osten und im Westen das Ensemble der Interbau von 1957 im Hansaviertel zum gemeinsamen Gegenstand macht, stellt eine hoffnungsvolle Entwicklung dar.

Dennoch ist immer wieder offen, ob historisch wichtige Orte in Berlin gegen die unheilige Allianz von „kritischer Rekonstruktion" und ökonomischer

Logik des Grundstücksmarktes verteidigt werden können: zum Beispiel, ob die „Topografie der Leere" an der ehemaligen Grenzübergangsstelle Friedrichstraße, Checkpoint Charlie, als Erinnerungsort weitgehend unbebaut erhalten bleibt, wofür Thomas Flierl, Christoph Sommer und ich uns stark gemacht haben,[2] oder ob das Jugendzentrum in Moabit von NGP Architekten, für dessen Erhalt sich die Initiative WEM GEHÖRT BERLIN[3] einsetzt, gerettet werden kann. Der Erfolg wird weitestgehend davon abhängen, ob Berlins Politik seine geschichtliche Verantwortung begreift und trotz schwacher Finanzkraft seine städtebauliche Planungshoheit verteidigt. Entscheidend wird aber auch sein, ob sich die Stadtbürger*innen in Ost und West für ihre Stadt engagieren und die Stadt in all ihren Facetten wertgeschätzt wird.[4]

Berlin besteht aus vielfältigen Schichten und Teilen, Brüchen und Widersprüchen, die Stadt befindet sich in ständigem Wandel und steht deshalb als Hauptstadt für ein Land, das Diversität und Partizipation als Kräfte von Entwicklung begreift. „Bürger*innen der Stadt – zuckt nicht nur mit den Schultern, sondern mischt euch ein!"

Theresa Keilhacker, geboren in Oxford, aufgewachsen in München, Studium in Detmold und Sydney, seit 1998 Bürogemeinschaft für Urban Design und Architektur mit Boris Kazanski in Berlin, wurde 2014 in die Kommission Nachhaltiges Bauen am Umweltbundesamt berufen und ist seit Mai 2021 Präsidentin der Architektenkammer Berlin.

2 Vgl. Gabriela Keller: Grenzwertig, in: Berliner Zeitung, 9. Juli 2018, https://www.dumont.de/fileadmin/dumont/bilder/awards/DuMont_Journalistenpreis_2018/Checkpoint_Charlie_Teil_1.pdf (Abruf: 22.8.2021).

3 Vgl. https://wem-gehoert.berlin (Abruf: 22.8.2021).

4 StadtWertSchätzen heißt auch eine Veranstaltungsreihe der Architekt*innen-Initiative AfA, vgl. http://www.aktivfuerarchitektur.de (Abruf: 22.8.2021).

Ich und das Dorf

Über die Suche nach einem Ort, an dem man leben möchte

Olga Grjasnowa

Marc Chagall: „I and the Village“, 1911, Öl auf Leinwand

Ich bin in einer Kleinstadt in der Wetterau, nördlich von Frankfurt am Main aufgewachsen und träumte bis zum Abitur nur davon, diesen Landstrich so schnell wie möglich zu verlassen. Fast einen Tag nach der Abschlussfeier bin ich weggezogen und habe mir geschworen, niemals mehr in einer Kleinstadt zu wohnen. Fünfzehn Jahre lang stellte dies kein Problem dar. Ich litt regelrecht an einer Kleinstadt-Phobie und zog in immer kürzeren Abständen in immer größere Städte, von Göttingen nach Leipzig, nach Warschau, Tel Aviv, Moskau, Istanbul und schließlich landete ich wie so viele in Berlin. Aber das war noch die gute alte Zeit, in der Berlin günstig und aufregend gewesen war.

Ein Jahrzehnt lang konnte ich mir nicht vorstellen, in die Provinz, vor allem in die hessische, zurückzukehren – und nun träume ich davon, wenn auch heimlich. In meiner Fantasie, die wohl nie zur Realität werden wird, wirkt dieser Landstrich wie manche Gemälde von Chagall. Vertraut und verträumt. Obwohl die beiden Gegenden – die Wetterau und Witebsk, wo Chagall vor seiner Übersiedlung nach Paris wohnte –, nicht unterschiedlicher hätten sein können. Es ist nicht alles schön in der Wetterau, aber sicherlich auch nicht in Witebsk.

Chagall erzählt von einer untergegangenen Welt, der Welt des Schtettls, des jüdischen Ansiedlungsrayons im Osten beziehungsweise im Westen des Russischen Reiches. Chagall konservierte diese Welt wie kein anderer, vielleicht von Isaak Babel abgesehen. Doch die ungefilterte Sehnsucht, der auch Chagall nicht verfallen war, ist nicht nur naiv – sie kann auch gefährlich sein, denn sie vergisst die Enge des Schtettls und die ständige Angst vor dem nächsten Pogrom. Chagall zeigt auch diese. Er hatte keine Illusionen, aber wusste genau, wie man diese aufrechterhält: Chagall hat sich die meiste Zeit seines Lebens an das Schtettl nur erinnert und sich womöglich nach seinem Witebsk gesehnt.

Ich fürchte, der Grund für meine Sehnsucht ist der Garten der Nachbarn meiner Eltern: Es ist kein schöner Garten, in ihm wachsen keine Bäume, keine Sträucher, noch nicht einmal Blumen. Landschaftsarchitekt*innen würde er sicher entsetzen, außer ein wenig Rasen und vielen Quadratmetern hat er eigentlich kaum etwas zu bieten. Aber er ist, vor allem aus der Perspektive einer Berlinerin, sehr, sehr groß. Die Nachbarskinder können in einem Pool nach Belieben planschen und auf einem Trampolin springen. Hätte ich einen Garten, hätte ich mich sicherlich für einen anderen Pool und ein anderes Trampolin entschieden und dennoch habe ich meine Gefühle nicht mehr im Griff. Eifersucht und Neid sind eben keine rationalen Gefühle. Sie sind unberechenbar und vielleicht deswegen so mächtig. Auf der anderen Seite weiß ich, dass ein Schloss oder eine Villa definitiv außerhalb meiner Möglichkeiten liegen, aber ein kleiner Pool womöglich nicht und das ist das, wo der Neid anfängt zu keimen. Dabei hat auf meinem Balkon noch keine einzige Pflanze den Sommer überlebt. Ein Garten ohne Gartenarbeit müsste der Traum lauten.

Wenn ich ganz ehrlich zu mir selbst bin, dann muss ich auch zugeben, dass es noch nicht mal der Neid ist, sondern das Alter. Manchmal frage ich mich, ob ich die richtigen Entscheidungen gefällt habe, ob alles so bleiben soll, wie es ist. Aber ohnehin bleibt nichts so, wie es ist – zumindest dies haben die letzten beiden Pandemie-Jahre eindrucksvoll bewiesen. Zadie Smith schrieb in ihrem Essay „Why we need to celebrate the inevitable"[1], dass das Alter für Frauen weniger überraschend kommt als für Männer, da sie von ihren Körpern eher unmissverständliche Signale bekommen. Das stimmt, wie fast alles, das Zadie Smith schreibt. In der letzten Zeit lese ich immer mehr von Frauen geschriebene Autofiktion, so auch das fantastische Buch „Real Estate" von Deborah Levy. Darin gibt es eine Passage, in der Françoise Sagan zitiert wird, die wohl schrieb, dass Frauen, die ihre Häuser oder Wohnungen einrichten, nicht ihr gegenwärtiges Zuhause meinen, sondern das zukünftige, das Traumhaus – und deswegen seien ihre Häuser so vollgestopft mit unbelebten

1 Vgl. Zadie Smith: Why we Need to Celebrate the Inevitable, in: Elle, 21.5.2018, https://elle.in/article/zadie-smith-swing-time-interview-elle-cover (Abruf: 31.7.2021).

Träumen. Zumindest so meine verkürzte und eigenwillige Zitierweise. Ich habe es leider nicht geschafft, den besagten Essay im Original zu finden. Doch Sagan beschreibt mein Lebensgefühl. Allerdings weiß ich nicht, ob Hessen der Ausgangs- oder der Endpunkt ist. Deborah Levy selbst beschreibt das Haus, das sie gerne hätte, sich aber nicht leisten kann. Ihre Vorstellung von einem Haus ähnelt sehr meiner Vorstellung. Auch mein Traumhaus hat einen Garten, viele Zimmer und alte Obstbäume.

Die Frage nach der Zukunft des Wohnens und vor allem nach erschwinglichem Wohnraum stellt sich gerade nicht nur mir, sondern sehr vielen Menschen in Deutschland. Ohne ein Erbe ist es fast unmöglich, eine Wohnung oder ein Haus zu kaufen. Politische Lösungen sind bisher genauso Mangelware wie bezahlbarer Wohnraum. Stattdessen führen wir immer wieder Scheindebatten über „Heimat“. Das Heimatministerium ist aber nicht umsonst auch das Ministerium für Bau. Daniel Schreiber schreibt in seinem Essay „Zuhause“ über das Verhältnis zu einer eigenen Wohnung und die Suche nach einem Ort, an dem man leben möchte. Dieses Buch hat mich sehr lange begleitet, denn es behandelt die ganz großen Fragen des Lebens, ohne dabei bevormundend zu sein. Indessen habe ich im letzten Jahr für mich ein neues Spiel entdeckt – ich google die Immobilienpreise in jeder Stadt, in die ich reise. Je nach dem Mietpreisspiegel fühle ich mich entweder wohl oder als Touristin. Aber auch das ist wahrscheinlich die nächste Eskalationsstufe der Annahme Sagans über Frauen und ihre Wohnungen. Selbst die Sehnsucht ist eben ökonomischen Überlegungen unterworfen.

Olga Grjasnowa, 1984 in Baku geboren, veröffentlichte 2012 ihren vielbeachteten Debütroman „Der Russe ist einer, der Birken liebt“, gefolgt von den Romanen „Die juristische Unschärfe einer Ehe“, „Gott ist nicht schüchtern“ und „Der Verlorene Sohn“. 2021 folgte ihr erstes Sachbuch „Die Macht der Mehrsprachigkeit“.

Vom Übrigbleiben

Nur eine Ostgeschichte?

Katja Barthold

Edward Hopper: „Sunlight in a Cafeteria“, 1958, Öl auf Leinwand

Ich war zwölf, als ich das erste Mal davon hörte, dass jemand „Zecken klatschen“ geht. Und schon bald erfuhr ich, was das hieß. Ein falscher Blick, ein falsches Wort oder einfach nur der falsche Ort – und du warst die Zecke. Was für die Erwachsenen ein Konflikt zwischen rechten und linken Jugendlichen war, war für uns Gewalt, Angst und immer das Gefühl, dass uns niemand schützen wird, außer wir uns selbst.

Nur die Mutigen wählten die Gegenwehr, für die meisten hießen die 1990er-Jahre in Chemnitz oft auf der Hut sein, immer die Umgebung abscannen und im Notfall rennen. Normal war, eine Haltestelle vor dem Hauptbahnhof auszusteigen, um dort nicht „empfangen“ zu werden, normal war, dass es niemanden interessierte, was normal war. Das hat uns zusammengeschweißt und doch fehlte oft das Gefühl, dass wir als ganze Generation die Probleme teilen, weil nicht darüber gesprochen wurde, was Angst macht.

Kinderbücher haben mich noch gelehrt, dass alles dem Volk gehört und wir nur Hand in Hand gemeinsam leben können, dass der Müllmann genauso viel wert ist wie die Lehrerin. Doch wenn ich an meine Kindheit und Jugend denke, dann kommen vor allem Abbruchhäuser darin vor, leere Fabriken und der Putz, der von der Schulwand bröckelt. Ich war ein sechsjähriges Kind im Block in Karl-Marx-Stadt. Während für mich mit dem Schuleintritt alles begann, endete für meine Eltern alles. Die Gesellschaft, die sie kannten, war vorbei, und damit ihre Berufe, die Hausgemeinschaft und die gemeinschaftlichen samstäglichen Arbeitseinsätze im Block. Die Menschen blieben, doch die Gemeinschaft löste sich auf. Und die, die gingen, über die wurde nur selten gesprochen. Die Treuhand transformierte die Arbeitswelt, 8.000 volkseigene Betriebe wurden privatisiert, das kostete fast drei Millionen Menschen der ehemaligen DDR den Arbeitsplatz. 85 Prozent der Betriebe gingen an Westdeutsche, die diese entweder schlossen, um Konkurrenz zu verringern, oder sie wurden in den Unternehmen zu Chefs, die den Beschäftigten sagten, „wie man richtig arbeitet“. Veränderung hieß Verlust. Verlust des Berufs, aber vor allem Verlust der Anerkennung. Was einst als richtig galt, war nichts mehr wert.

Mir wurde von dieser Lawine, die meine Eltern und ihre Freunde und Freundinnen überrollte, nicht viel erzählt. Ich war lediglich traurig, dass ich nach der Einschulung keine Jungpionierin wurde, wie es mir jahrelang versprochen worden war. Mir war nicht klar, was um mich herum und vor allem auch in meiner Familie passierte. Denn wie immer bei großen gesellschaftlichen Umbrüchen, die bis in den privatesten Bereich hineinreichen, wird nicht darüber gesprochen. Stattdessen hörte ich immer öfter das Wort Umschulung, ehemalige irgendwas ... Fabrik, Kollegen, Freunde ... alles war irgendwie weg und doch waren wir noch da, wo wir immer waren.

Mit zwölf habe ich verstanden, was auf Verlust folgt: Zecken wurden „geklatscht" und Abbruchhäuser die neuen Jugendzentren. Während leere Fabrikhallen für unsere Eltern das Symbol des Verlierens waren, wurden sie für uns zu Orten neuer Freiheit. Wir wollten nicht hinnehmen, dass alles nur vorbei war, wollten die Straßen nicht den Nazis überlassen. In leeren Fabrikhallen schufen wir Musik, Kunst, antifaschistischen Widerstand. Sie gehörten jetzt wieder uns, wie sie einst unseren Eltern gehört hatten.

Niemanden hat interessiert, was wir dort taten, aber niemanden hat leider auch interessiert, was die Neonazis taten. Denn während unsere Eltern um ihr berufliches Überleben kämpften, kämpften wir um unser Überleben auf der Straße. Wir waren nicht nur übrig, wir waren allein. Denn weder wussten unsere Eltern, wie sie in einer kapitalistischen Wirtschaft überleben sollen, die nicht auf Gemeinschaft ausgerichtet ist, noch wie man sich vor Leuten schützt, die sie aus ihrer Jugend nicht kannten.

Nichts von all dem hat sich für uns besonders angefühlt, nichts von all dem fühlte sich nach Veränderung, schon gar nicht nach einer Transformation an. Wir kannten nicht das Vorher und wir ahnten nicht das Danach. Was sich jedoch verankert hat, ist der immer gleiche Satz, den wir alle von unseren Familienfeiern kannten: „Früher war alles gut, jetzt wird alles nur schlimmer und jetzt nehmen uns diese Wessis alles weg." Dabei meinten sie mit „Wessis" Investor*innen, die sich am Ausverkauf im Osten bereicherten. Andere Westdeutsche kannten viele nicht. Dabei ging es nach der Wende nicht allen schlechter, aber es ging eben nicht mehr allen ähnlich. Während dem einen sogar der Ausbildungstitel genommen wurde, wurde der andere auf einmal Teamleiter. Im Block wohnen war auf einmal nicht mehr Luxus, sondern „unten".

Ich wollte immer weg, und das ging auch. Und doch bin ich wieder da, wo meine Eltern schon waren: in den Fabrikhallen. Nur, dass ich dort das tue, was meine Eltern nicht taten: die Menschen organisieren und Verluste nicht mehr hinnehmen. In den Produktionshallen traf ich auf viele, die 1991 gekämpft haben und jetzt genau das waren, wie ich mich lang gefühlt habe: übrig. Übrig als einer der wenigen Betriebe in Thüringen, übrig als einer der wenigen einer großen Belegschaft. Nicht mehr bereit zu kämpfen. Das übernehmen jetzt ihre Kinder. Die, die dort nicht mehr sind, kamen zum gewerkschaftlichen Erwerbslosenkreis, resigniert, arm, einsam und in der Vergangenheit lebend.

Und doch habe ich immer gefühlt, es ist kein Ostding, keine Frage der Generation, es ist eine Klassenfrage. Um mir selbst zu beweisen, dass der Kampf nicht Ost gegen West ist, sondern Kapital gegen Arbeit, bin ich jetzt Gewerkschaftssekretärin in Mannheim, um nur eines zu merken: Investor*innen, die nicht investieren, nehmen den Arbeiterinnen und Arbeitern nicht nur die Jobs, sondern die Identität und damit einer ganzen Stadt die Geschichte. Übrigbleiben ist kein Phänomen der Geschichte, sondern passiert dort, wo Arbeitsplätze flächendeckend abgebaut werden.

Wenn viele Menschen gleichzeitig verlieren, geben viele Menschen gleichzeitig auf. Sie geben auf, dass sie etwas wert sind, sie geben auf, dass es ihren Kindern besser gehen kann und sie geben die Straße auf, für die, die sie missbrauchen. Das zu verhindern hat mein Leben geprägt. Meine Hoffnung setze ich nun in das Zusammenschließen, den Widerstand und das Mitstreiten über die wichtigen Fragen der Zukunft.

Als Gewerkschafterin glaube ich daran, dass Organisierung unsere einzige Waffe ist, um eben nicht übrigzubleiben. Nicht, um Vergangenes in Stein zu meißeln, sondern um gemeinsam aus diesem etwas Neues zu schaffen. Denn wenn wir nicht gemeinsam Veränderungen bestreiten, dann wird Zukunft wieder das sein, was uns passiert – und nicht das, was wir erschaffen. Dabei brauchen wir gar nicht viel mehr als uns selbst und die Erkenntnis, dass wir nicht allein sind und dass wir alle Menschen sehen müssen, auch die, die verlieren oder verloren haben.

Der Gegner ist nicht der Verlust, nicht die Transformation, sondern die Ohnmacht und das Gefühl, nichts wert sein. Sich zu fühlen, als könnte man etwas verändern, ist zu einem Privileg geworden, für die, die nicht von da kommen, wo ich herkomme. Aus dem Block, aus der Arbeiterfamilie, aus dem Osten oder von dort, wo man übrig ist oder vielleicht bald sein wird.

„Übrigbleiben" – es ist ein individuelles Gefühl und doch prägt es eine ganze Region und mehrere Generationen. Niemand hält in seinen Bildern dieses Gefühl besser fest als Edward Hopper. Die Einsamkeit und Leere, die entsteht, wenn Menschen nicht mehr teilhaben und mithalten können. Während man selbst gleich bleibt, ändert sich die Außenwelt komplett. Und alles, was man tun kann, ist zuzuschauen und es zu überstehen. Das Bild „Sonnenlicht in einem Café" aus dem Jahr 1958 spiegelt für mich dieses Gefühl sehr genau wider. Gleichzeitig ist das Sonnenlicht sehr wichtig, weil es einen positiven Ausblick gibt: Wir können unsere Erfahrungen dazu nutzen, eine Gesellschaft zu erschaffen, in der alle zählen und partizipieren können. Denn das ist klar: Das Gefühl des Übrigbleibens ist kein „Ostding", übrigbleiben kann jeder, der abhängig ist: abhängig vom Job, abhängig von einer bezahlbaren Miete, abhängig von einer solidarischen Gesellschaft, in der nicht allein das Kapital über gesellschaftliche Veränderung bestimmt. Hopper porträtiert eine Melancholie der Hoffnung, die wir brauchen, um uns von unserer Geschichte zu emanzipieren und unsere Zukunft selbst zu gestalten.

Katja Barthold, geboren 1983 in Karl-Marx-Stadt, studierte nach einem Au-pair-Jahr in den USA und journalistischen Praktika Medien-, Politikwissenschaften und Soziologie (M.A.) in Jena, war als Gewerkschaftssekretärin in Ostthüringen und jetzt in Mannheim tätig. Gestaltet in ihrer Freizeit mit ihrem Kollegen Stefan Reiner den Podcast „Klassenfrage".

Unser aller Eigentum

Kollektive Andacht zu einem wohlgehüteten Geheimnis[1]

Peggy Mädler

1 Titel und Text beziehen sich auf die Inszenierung „ORATORIUM – Eine kollektive Andacht zu einem wohlgehüteten Geheimnis“ des Berliner Performancekollektivs She She Pop. Die Zitate stammen aus der Textfassung von ORATORIUM. Vgl. https://sheshepop.de/oratorium/ (Abruf: 1.8.2021).

Künstlerkollektiv She She Pop: „ORATORIUM“, 2018, Performance,
Fotografie: Benjamin Krieg

Zu sehen ist eine leere Bühne. Und viele Zuschauer*innen, die miteinander tuscheln, Jacken und Taschen noch schnell unter den Sitzen drapieren, Handys lautlos stellen oder bereits erwartungsvoll in Richtung Bühne schauen. Dann geht das Licht im Saal aus. Es wird still. Auf der Rückwand der Bühne erscheint der erste Text:

Jemand aus dem Publikum liest vor:
Was hier geschrieben steht,
soll vorgelesen werden.
Teilweise alleine,
teilweise im Chor.
Wer sprechen soll,
wird vorher angezeigt.

Alle:
Wir haben verstanden.
Los geht's.
Was sollen wir sagen?

Mit diesen Worten beginnt ORATORIUM, eine Inszenierung des Performancekollektivs She She Pop, die von Brechts Lehrstücktheorie inspiriert ist. Ich habe die Aufführung vor der Pandemie oft gesehen oder als Performerin mit auf der Bühne gestanden. Es verblüfft mich jedes Mal, wie schnell das Publikum das Angebot des projizierten Textes annimmt. Innerhalb von wenigen Sekunden findet sich eine Person, die bereit ist, die ersten Zeilen den anderen vorzulesen. Mit einer lauten, selbstbewussten Stimme oder manchmal auch leiser, suchender, als höre sie dem Klang der eigenen Stimme hinterher. Und dann sprechen plötzlich alle zusammen im Chor. Es ist ein akustisches Signal, das mir durch den ganzen Körper fährt. Vielleicht sprechen noch nicht alle mit, aber viele. Einige Zuschauer*innen lachen, einige sprechen schneller oder langsamer als andere, einige versuchen, einen Rhythmus mit ihren Nachbar*innen zu finden. Später werden manche auch versuchen, bewusst gegen den gemeinsamen Rhythmus anzusprechen.

Worüber sprechen wir? In ORATORIUM wird ein wohlgehütetes Geheimnis gemeinsam verhandelt, auf die Bühne gestellt und von allen angeschaut. Das

Eigentum. Nicht irgendein Eigentum, sondern unser aller Privateigentum – in Form von Sparguthaben, Erbe, Immobilien, Gütern. Es geht um die privaten Besitzverhältnisse aller Anwesenden im Raum, die sich im Verlauf des Abends verschiedenen Chören zuordnen und damit einander in ihren Zugehörigkeiten und Unterschieden zeigen. Es gibt den Chor der jungen Männer ohne festes Einkommen, die Mütter mit prekärer Altersabsicherung, die gut oder schlecht situierten Rentner*innen, die Selbstständigen, die Ost- oder Westdeutschen, die Steuerzahler*innen. Es gibt den Chor der Wohlhabenden und den Chor der Erb*innen. Den Chor der Mieter*innen und den Chor der Wohnungseigentümer*innen. Es gibt die zweifelnden, die pragmatischen, die kämpferischen Stimmen. Viele Zuschauer*innen verorten sich im Verlauf des Abends in mehreren Sprechchören, sie sind vielleicht jung und ohne festes Einkommen, wohnen zur Miete und gehören zugleich zu den Erb*innen. In manchen Momenten sind sie skeptisch oder radikal, in anderen Momenten fühlen sie sich eher mutlos.

Auch ich kann mich in vielen möglichen Chören verorten. Ich bin ostdeutsch sozialisiert und von Geburt an Mieterin. Ich bin studiert und promoviert und gehöre zu jenen Akademiker*innen, die über ein hohes symbolisches und zugleich eher geringes ökonomisches Kapital verfügen, was meine aktuelle Rentenerwartung in Höhe von etwa 600 Euro bezeugt. Ich bin Mutter einer Tochter und Teil einer Patchworkfamilie. Ich besitze mit meinem Mann zusammen eine Datsche auf dem Land. Ich bin selbstständig, Steuerzahlerin und werde mit meinem Bruder ein Reihenhaus in einer ostdeutschen Kleinstadt erben. Ich gehöre mental mehr zu den nimmermüden Zweifler*innen und weniger zu den energ(et)ischen Klassenkämpfer*innen, obwohl ich manchmal wünschte, es wäre umgekehrt. Ich habe meine idealistischen und meine pragmatischen Seiten. Aber gehöre ich auch zum Chor der Wohlhabenden? Es ist meine Entscheidung, ob ich mitspreche oder nicht. Es gibt genügend Gründe dafür, diese Position (und Perspektive) einzunehmen, und es gibt genügend Gründe dafür, genau das nicht zu tun, und all diese Gründe haben mit Vergleichen zu tun.

Im globalen Vergleich ist Deutschland ein enorm reiches Land. Zugleich sind Einkommen und Vermögen innerhalb von Deutschland sehr ungleich verteilt. Das reichste 1 Prozent der Bevölkerung in Deutschland besitzt einen Anteil von 35 Prozent am Gesamtvermögen. Das ist in etwa so viel, wie die unteren 90 Prozent zusammen haben. Aber auch innerhalb dieser 90 Prozent gibt es sehr große Unterschiede: zwischen Ost und West, zwischen Mieter*innen und Eigentümer*innen, mit Blick auf Geschlecht, Hautfarbe, Migrationshintergrund. Die unteren 50 Prozent der Bevölkerung besitzen zusammen einen Anteil am Gesamtvermögen von lediglich 1,3 Prozent.[2]

Ein Drittel der Menschen in Deutschland hat gar kein Vermögen, schreibt Julia Friedrichs in ihrem neuen Buch „Working Class". In Umfragen geben sie an, keine unerwarteten Ausgaben von 1.000 Euro stemmen zu können.[3] Sie gehören mehrheitlich zum Chor der Mieter*innen, deren finanzielle Belastung seit Jahren stetig steigt, sowie zum Chor der working class, der, wie Julia Friedrichs vorschlägt, all jene umfasst, die vom Lohn ihrer Arbeit leben müssen und damit auch von dieser Arbeit abhängig und in Bezug auf Krisensituationen sehr verletzlich sind. Mit Krisen waren in Deutschland bis März 2020 Arbeitslosigkeit, Krankheit, Scheidung gemeint, aber noch keine gesellschaftlichen Krisen wie eine Pandemie. Mit Blick auf globale Armutsverhältnisse sind damit schon lange auch gesellschaftliche und ökologische Krisen gemeint.

Das gemeinsame öffentliche Sprechen über Eigentum und über die Verteilung von Besitz und Erbe ist in ORATORIUM ein Akt des Widerstands gegen die verinnerlichte Norm, nach der das Privateigentum reine Privatangelegenheit sei, über die man nicht spricht und in die man auch nicht seine Nase steckt. Dieser Akt des Widerstands ist meines Erachtens ebenfalls notwendig, wenn es um eine gelingende Verknüpfung von sozialen und ökologischen Fragen in der Gegenwart und Zukunft geht. Wir sollten (wieder) lernen, nicht nur über den Staatshaushalt, sondern auch über das Privateigentum und entsprechende Verteilungsfragen zu sprechen, damit wir diskutieren und verhandeln können, welches Maß an Ungleichheit eine Gesellschaft, aber auch welches Maß an Reichtum von Einzelnen und Wohlstand für alle das Ökosystem unserer Erde verträgt. Das Privateigentum hat nicht nur eine private, sondern auch eine politische Dimension und das gilt umgekehrt genauso für das öffentliche Eigentum. Wenn wir beides im Blick behalten und öffentlich benennen, dann können wir besser die Regeln und

2 Alle Zahlen aus: Markus M. Grabka/Johannes König/Carsten Schröder: Personelle Vermögensverteilung in Deutschland, Bundeszentrale für politische Bildung, 2.10.2020, https://www.bpb.de/apuz/316456/personelle-vermoegensverteilung-in-deutschland (Abruf: 5.5.2021).

3 Julia Friedrichs: Working Class. Warum wir Arbeit brauchen, von der wir leben können, München: Piper-Verlag 2021, S. 72.

Anreize diskutieren, in welche der globale Güter- und Finanzmarkt aktuell eingebettet ist – und in Zukunft eingebettet werden soll. Dann können wir besser über Mindeststandards und (Ober)Grenzen streiten – in Bezug auf Wachstum, den Verbrauch von Ressourcen und öffentlichen Gütern, in Bezug auf Mieten, Gehälter und Renditen. Dann können wir darüber verhandeln, an welcher Stelle weniger das Privat- oder Staatseigentum, sondern eher ein Gemeineigentum gefördert und ausgebaut werden sollte und wie wir die Teilhabe daran regeln, damit es ebenso sorgsam behandelt wird wie das Privateigentum. Wir können uns mehr darin üben, wechselnde Positionen und Perspektiven einzunehmen, um uns als Chor der Wohlhabenden in einem globalen Maßstab wie auch als Verschiedene unter vermeintlich Gleichen wahrnehmen zu können.

Manchmal ist es auch die Stille, die bei ORATORIUM zu hören ist. Etwa, wenn die schlecht situierten Rentner*innen sprechen sollen, und die Stille ringsum signalisiert, dass sie nicht anwesend sind. Auch viele andere Bevölkerungsgruppen sind im Theater nicht oder kaum anwesend. Es ist letztlich nur ein Ausschnitt, eine winzige Teilmenge der Gesellschaft, die hier sitzt, sich in ihren ökonomischen Unterschieden zeigt und einige der Verwerfungen benennt, die damit einhergehen. Und zugleich gehören sie zu den 90, 50 oder 30 Prozent. Für manche von ihnen ist das Sprechen über Eigentum bereits ein großer Schritt, für andere der erste Schritt, ein Anfang. Das ist eine Probe, sagt der Chor der Theaterwissenschaftler*innen am Ende von ORATORIUM –

eine Einübung.
Für später.

Alle anderen:
Also gut.
Wir werden den Text erinnern.

Dr. Peggy Mädler, 1976 in Dresden geboren, arbeitet als freie Autorin und Dramaturgin mit verschiedenen (Performance-)Künstler*innen zusammen. 2011 erschien ihr erster Roman „Legende vom Glück des Menschen". Für ihren zweiten Roman „Wohin wir gehen" (2019) erhielt sie den Fontane-Literaturpreis.

III

WIE WOLLEN WIR MIT-EINANDER LEBEN?

Gesellschaft in Toleranz und Vielfalt, partizipative Demokratie und Identitäten

Es sich nicht gemütlich machen

Ein Plädoyer für Empathie und Fehler-toleranz

Kerstin Brückweh

Henrike Naumann: „Das Reich“, 2017, Rauminstallation

Das Fell ist gemütlich, der Fernseher verführerisch und mein Schrecken groß. Wir befinden uns im Jahr 2017 in der Rauminstallation „Das Reich", in der Henrike Naumann die absurden Forderungen der Reichsbürgerbewegung künstlerisch verarbeitet. Der Ausstellungsort könnte passender kaum sein: Es ist das Kronprinzenpalais Unter den Linden in Berlin, wo 27 Jahre zuvor der Einigungsvertrag unterzeichnet wurde. Mein Sohn und ich sind quasi die Darstellenden in der Installation und, während der Sechsjährige es sich auf dem Fellsessel gemütlich macht und sich auf einen raren Moment des Fernsehens freut, bin ich erschrocken darüber, wie wenig es braucht, um ihn anzuziehen. Wie erkläre ich einem Kind, dass dieses Stonehenge aus Möbeln mit den Insignien rechter Ideologie ein dystopischer Ort für mich ist?

Auf diese Herausforderungen der Vermittlung bin ich in den letzten Jahren immer wieder gestoßen, als ich zur langen Geschichte der „Wende" und damit zur Frage, wie sich der Systemwechsel in der Lebenswelt Ostdeutscher vor, während und nach 1989 manifestiert hat, geforscht habe. Kennzeichnend und verstörend fand ich als Historikerin und als politischer Mensch gerade die ambivalente Mischung aus Angezogen- und Abgestoßensein, Interesse und Abneigung, die Henrike Naumann in ihrer Installation so perfekt herausarbeitet; auf der einen Seite offene Türen und auf der anderen Seite durch verschlossene Fenster offensichtlich feindliche Beobachtung. Einige dieser Situationen, die ich damit assoziiere, will ich hier schildern.

Rheinland, Abiturball, Juni 2017. Es war als nettes Zusammentreffen der ost- und westdeutschen Verwandtschaft gedacht. Schon mehrfach haben wir uns im Rheinland getroffen oder waren zu Besuch im Erzgebirge, haben die große Gastfreundschaft genossen und uns über die DDR unterhalten, aber jetzt kommt die Politik dazwischen. Es ist das erste Mal, dass ich von Menschen, die ich schätze, die geballte Ladung an Anti-Greta-Thunberg, „wir haben schon einmal den Untergang eines politischen Systems erlebt und erkennen, was hier gerade passiert" et cetera abbekomme. Wir diskutieren zwischen Abi-Rede, Essen und Ball. Abschluss der Runde: Wir bleiben im Gespräch, schon deswegen, weil die geäußerte Meinung noch als die moderateste im heimischen Umfeld eingeschätzt wird.

Brandenburg, Dorf, Januar 2020. Wir sind auf Veranstaltungsreise und wollen unsere Forschungsergebnisse vor Ort diskutieren. Am Telefon: „Mein Name ist Kerstin Brückweh. Ich arbeite am Zentrum für Zeithistorische Forschung in Potsdam und möchte Sie einladen …". Aufgelegt. Neuer Versuch. Wieder aufgelegt.

Potsdam, Januar 2020. Für die im nahegelegenen Kleinmachnow geplante Veranstaltung bietet sich ein ehemaliger Wissenschaftler der Universität Potsdam als Podiumsgast an. Ich erkläre, dass wir bewusst einen Gast aus Schwerin und eine jüngere Frau aus Kleinmachnow für das Podium eingeladen haben, damit wir die in Kleinmachnow vorherrschenden Erzählungen der 1990er-Jahre durch andere Erfahrungen erweitern können, aber er sei natürlich herzlich zur Veranstaltung eingeladen. Schon während der ersten Minuten des Podiumsgesprächs recken sich die ersten Arme im Publikum, die ihre Version der Geschichte erzählen wollen. Nach der Veranstaltung kommt der erwähnte Wissenschaftler und bemerkt abfällig, dass das kein Dialog sei, was wir da veranstalten.

Kleinmachnow bei Berlin, Februar 2020. Nach der Veranstaltung erhalte ich eine E-Mail von einem Naturwissenschaftler, der in der DDR und auch danach erfolgreich beruflich tätig war. Er sagt, dass er gerne an der Veranstaltung teilgenommen hätte, aber aus zeitlichen Gründen verhindert gewesen sei. Darauf biete ich ihm an, in dem geplanten Buch[1] einen Kommentar zu unseren Forschungsergebnissen aus seiner Perspektive zu verfassen – so wie das auch andere Mitlebende gemacht haben. Gerne sei er dazu bereit und er würde sofort mit dem Text beginnen. Nur: Ich hatte ihm die Forschungsergebnisse, die er aus seiner Perspektive kommentieren sollte, doch noch gar nicht geschickt.

Kommunikation, 2016 bis 2021. Mehrfach habe ich erlebt, dass ich, wenn ich auf Kollegen*innen zugehe, die sich in ihren Veröffentlichungen darüber beschweren, dass Westdeutsche sich nicht für den Osten interessieren, keine

1 Kerstin Brückweh/Clemens Villinger/Kathrin Zöller (Hg.): Die lange Geschichte der „Wende". Geschichtswissenschaft im Dialog, Berlin 2020.

Reaktionen auf meine expliziten Gesprächsangebote erhalte – manchmal bekomme ich nicht einmal eine Antwort auf meine Nachfrage per E-Mail. Oder ich sehe erst in der Druckfahne, wie auf mich reagiert wird. Das Sprechen übereinander, aber nicht miteinander – auch unter Wissenschaftler*innen – finde ich schwierig.

Aus meiner Perspektive stehen die geschilderten Situationen für Gesprächsangebote, die nicht oder nur bedingt angenommen werden. Was ist da los?

Zunächst, finde ich, gilt auch hier der Grundsatz: Im Zweifel für den Angeklagten. Ich kenne kaum engagierte Kollegen und Kolleginnen, die nicht in Bergen von E-Mails versinken und fast bis zur Erschöpfung arbeiten. Das Nicht-Beantworten einer E-Mail an sich ist noch kein Beleg dafür, dass kein Gesprächsinteresse besteht. Daraus ergibt sich mein erster Wunsch: Ich würde mich freuen, wenn es mehr Fehlertoleranz auf allen Seiten geben würde. Vielleicht hat die Dorfbewohnerin auch deshalb aufgelegt, weil die Telefonverbindung zu schlecht war und sie meinen Namen gar nicht verstanden hat? Auf jeden Fall hat eine Kollegin mit ihr ein Oral-History-Interview geführt, in dem ich viel über das beeindruckende Leben der Dorfbewohnerin vor, während und nach 1989 erfahren habe. Im Nachhinein wäre ich wohl auch anders an die Einladung herangegangen, hätte früher das persönliche Gespräch im Dorf gesucht und so weiter. Der Zeitdruck, unter dem ich damals als noch befristet angestellte Wissenschaftlerin stand, hat sein Übriges dazugetan. Fehler machen zu dürfen und anderen Fehler zuzugestehen, erscheint mir als ein wichtiger Schritt auf dem Weg zum gemeinsamen Gespräch.

Unterschiedliche Erwartungshaltungen stellen für mich einen zweiten zentralen Grund für einen fehlenden gelungenen Dialog dar. Bei ungleichen Machtverhältnissen – und sei es nur zwischen Podium und Saal bei öffentlichen Veranstaltungen – trotzdem die Hoheit über die eigene Lebensgeschichte und ihre Deutung behalten zu wollen, scheint mir ein wichtiges Anliegen in den beiden Kleinmachnower Begegnungen gewesen zu sein. Wer würde das nicht wollen? Trotzdem wäre es respektvoll gewesen, sich zumindest auf das Anliegen und das Konzept unseres Citizen-Science-Projektes und des daraus entstandenen Buches einzulassen, ohne von Anfang an nur die eigene Geschichte erzählen und keine anderen hören zu wollen. Das sind für mich die schwierigsten Situationen, wenn – ganz stereotyp – mir die „alten weißen Männer“ die Welt erklären wollen, auch wenn das in der Pauschalität natürlich nicht stimmt, da es ja auch die alten weisen Männer und Frauen gibt, denen ich gerne zuhöre.

Als mein kurzer Text für dieses Buch in der ersten Version steht und ich mich frage, ob ich nicht lieber die positiven Begegnungen hätte schildern sollen, mache ich eine kleine Runde im Kiez und treffe zufällig einen meiner Oral-History-Gesprächspartner. Ich bewundere diesen Mann. Er hat einen ganz anderen Lebensweg als ich und die „Wende“ hätte ihn besser behandeln können, aber er hat sich das Optimistische und das Sich-Selbst-Nicht-So-Ernstnehmen bewahrt. Das sind die eigentlichen Held*innen der letzten Jahre für mich. Das sind die Menschen und Geschichten, für die ich meine Arbeit gerne mache. Und zum Beispiel für die Studentin, die in der DDR nicht studieren konnte, das aber heute nachholt und sich nun mit ihrer Vergangenheit in der DDR in meiner Veranstaltung an der Hochschule auseinandersetzt.

Als Fazit bleibt für mich: Vielleicht ist es meine falsche Erwartungshaltung, ein Gespräch zu wollen. Aber forschen, zuhören, schreiben, reden – mehr kann ich nicht. Das muss reichen und es zu tun, ist meine Aufgabe, auch wenn es manchmal ungemütlich ist.

Prof. Dr. Kerstin Brückweh, geboren in Hannover, ist Professorin für Wirtschafts- und Sozialgeschichte an der Berliner Hochschule für Technik. Sie war unter anderem in Bielefeld, London, Tübingen, Potsdam und Erfurt inner- und außerhalb der Wissenschaft tätig und forscht derzeit vor allem zur Geschichte des Eigentums und Ostdeutschlands.

Die Bitteren

Als die Welt aus den Fugen geriet

Hanka Kliese

Johannes Friedrich Rogge: „Büste von Maxim Gorki", vor 1953, Bronze

In der Polytechnischen Oberschule, die ich seit 1988 in Karl-Marx-Stadt besuchte, roch es nach alten Wischlappen und Scheuermilch. Im Foyer thronte auf einem Sockel die Büste des Namensgebers: Maxim Gorki. Wir wussten wenig über ihn. Unsere Lehrerin erklärte bedeutungsvoll, er sei sehr arm gewesen und Gorki hieße auf Deutsch „Der Bittere". Sie wiederholte das so oft, dass sie selbst schon ganz bitter aussah. Grundsätzlich ging es in meiner Grundschulzeit sehr oft um Menschen, die Hunger litten, Revolutionen anstrebten und für ihre guten Ideen viel erleiden mussten. Bereits vor der Einschulung bastelte ich einen Brief für Nelson Mandela, mit neun Jahren las ich „Erinnerungen an meinen Vater" von Irma Thälmann, bis ich nachts schlecht träumte. Die Heldinnen und Helden meiner Kindheit waren klar definiert, ihre Lebensläufe wie nach einer Schablone gezeichnet. Alle bereiteten mir eine Art schlechtes Gewissen wegen meines sorglosen Daseins, weckten in mir aber auch den Wunsch, sich im Kleinen ähnlich heldenhaft zu verhalten. Ganz getreu der Losung: Ernst Thälmann – wir erfüllen sein Vermächtnis. Über den Westen und den Kapitalismus wusste ich nur so viel, dass es dort viele Obdachlose gab und armen Menschen nicht geholfen wurde. Zugegebenermaßen wusste ich auch, dass aus mir unerfindlichen Gründen dort die Klamotten bunter aussahen und das Fernsehprogramm deutlich interessanter war, aber darüber sprach man nicht.

Diese klar strukturierte Welt geriet 1989 nach den Sommerferien aus den Fugen. Am 1. Schultag, der mit einem Fahnenappell begann, war die Klasse nicht vollzählig angetreten. Zwei Jungen mit Westverwandtschaft und ein Mädchen, das wegen seines ungarischen Vaters jeden Sommer am Balaton verbrachte, fehlten unentschuldigt. Nach der Schule folgten wir der Aufforderung unserer Klassenlehrerin und sahen nach, ob an ihren Fenstern die Gardinen noch hingen. Sie hingen nicht mehr. Eines Tages weinte meine Lehrerin und Pionierleiterin vor uns, weil sie entlassen wurde. Auch meine Eltern wussten nicht, wo sie demnächst arbeiten würden. So wurde neben denen, die sich zu Recht über die neue Freiheit freuten und sie genießen konnten, auch eine Generation von Bitteren geschaffen, was bis heute nachwirkt. Die längst erwachsenen Kinder der Bitteren erlebe ich oftmals als sehr starke, leistungsfähige, aber auch fragile Persönlichkeiten. Die 1990er-Jahre waren für sie geprägt von einer großen Unabhängigkeit. Das Gefühl, die eigenen Eltern nicht mit seinen Problemen des Heranwachsens belasten zu wollen – schließlich hatten sie ja mit Umschulung oder Aufbau einer Selbstständigkeit schon genug Sorgen –, war sehr gegenwärtig. Die Wahl des richtigen Schultyps, eines passenden Ausbildungsbetriebes oder einer Universität wird heute zumeist selbstverständlich gemeinsam mit den Eltern getroffen. Damals mussten viele von uns sich zwangsläufig selbst überlassen werden. Denn die gesamte Bildungslandschaft, in der es sich zu orientieren galt, war der Elterngeneration nicht vertraut. Wohl vertraut war ihnen hingegen ein Sicherheitsbedürfnis, das sich aus den Erfahrungen nach 1989 speiste. Nicht wenige meiner Mitschüler*innen blieben auf ihrem Bildungsweg weit unter ihren Möglichkeiten, aus Unsicherheit und mangelndem Selbstbewusstsein. Diejenigen, die sich dennoch für ein Studium an einer Hochschule entschieden, staunten dort über die sicheren Auftritte ihrer westdeutschen Kommiliton*innen. Die Repräsentanz junger Ostdeutscher in Führungspositionen mag sich ein wenig aus diesen Zusammenhängen erklären, dennoch sind meine hier geschilderten Erfahrungen nicht repräsentativ, sondern persönlich. Neben dem Hang zur Zurückhaltung sehe ich die stark westliche Ausrichtung der Behörden in Bezug auf ihre Anforderungsprofile als Hürde, die aber kleiner wird. Allein die Fremdsprachentests stellten junge Menschen, die als erste Fremdsprache Russisch und als zweite Englisch (zumeist von frisch umgeschulten Lehrkräften) lernten, vor große Herausforderungen.

Ein weiteres Phänomen der Zeit nach der Wiedervereinigung sorgt immer wieder für Kontroversen: Es beginnt in Rostock-Lichtenhagen, zieht sich durch die Plattenbausiedlungen Jenas und Karl-Marx-Stadts und mündet heute in eine hohe Ablehnung unserer demokratischen Verfasstheit.

Die Frage, ob Ostdeutsche eine höhere Affinität zu Rassismus und Rechtsextremismus besitzen, erhitzt immer wieder die Gemüter. Gerade die Partei Die Linke empört sich reflexartig darüber, wenn an der DDR eine Teilschuld bezüglich rassistischer Tendenzen haften bleibt. Dabei eignete sich die SED-Diktatur sehr gut, Rassismus aufkeimen zu lassen. Ein Blick in

Arbeitsverträge angolanischer Vertragsarbeiter*innen oder die Lebenswelt vietnamesischer Familien kann hier helfen. Während Solidarität als Schlagwort stets hoch gewichtet wurde, sah die Lebensrealität von Migrant*innen in der DDR anders aus. Eine Integration in das Leben der DDR-Bürger*innen wurde weder gewünscht noch gefördert. Die fröhlichen Kinder aller Länder, welche im Kreis stehen und sich an den Händen fassen, habe ich zwar gezeichnet, aber nie gesehen. In meiner Klasse gab es tatsächlich kein einziges Kind aus einem anderen Land. Die mangelnde Begegnung verschiedener Kulturen sehe ich durchaus als eine Ursache für Angst und Ablehnung gegenüber Fremden. Hinzu kommt der Hang zum Beschweigen von Problemen, den ich als ganz typisch für die DDR betrachte. Natürlich gab es Gruppen von Skinheads und Neonazis, rassistische Beleidigungen und Ausgrenzung. Es wurde nur nicht thematisiert. Das sind gute Wachstumsbedingungen für unentdeckte Strukturen. Als ich 25 Jahre nach der Wiedervereinigung mit dem in der Szene überregional bekannten Hooligan Thomas H. in einen öffentlichen Konflikt geriet, erhielt ich einen anonymen Brief seines einstigen Arbeitskollegen: „Herr H. hat schon 1983 in unserem Fleischereibetrieb den Hitlergruß gezeigt, war schon immer ein Nazi“, hieß es darin.

Internationale Solidarität, Gleichstellung, Gesundheitssystem – es gibt sehr viele Lebensbereiche, in denen die Lebensrealität in der DDR stark von dem abwich, was damals propagiert wurde und heute verklärt wird. Im Rahmen meines Freiwilligen Sozialen Jahres sah ich in einer Einrichtung für Menschen mit psychischen Erkrankungen und Behinderungen auf Fotos, wie diese zu DDR-Zeiten „gehalten“ wurden. Leider lässt es sich in dem konkreten Fall nicht anders beschreiben. Was mich an Aufnahmen aus rumänischen Kinderheimen erinnerte, hatte sich in meiner Stadt abgespielt. Natürlich gibt es auch heute Defizite im Bereich Pflege, und es gab auch damals ein paar wenige Vorzeigeobjekte für Menschen mit Behinderung. Dennoch ist es mir in der Debatte um Aufarbeitung wichtig aufzuzeigen, welch geringen, auch finanziellen Beitrag die DDR für Menschen mit Behinderung leistete.

Den defizitorientierten Fokus auf die DDR möchte ich zum Abschluss meiner Betrachtungen gern verschieben. Nicht, weil „nicht alles schlecht“ war.

Diese sehr simple Erkenntnis lässt sich auf jede Form der Diktatur übertragen und genau darin liegt ihre Schwäche. Ich glaube tatsächlich, dass die 1990er-Jahre für uns, die Kinder der Revolutionär*innen oder eben der Bitteren, der Unsicheren oder Orientierungslosen, Gutes brachten. Da waren zunächst die Anfangsjahre, in denen alles möglich schien, niemand ganz genau hinschaute, die Welt offen vor uns lag, auch wenn uns manchmal die Sicherheit fehlte, sie zu erschließen. Die Freiheit, welche die Eltern ihren Kindern damals ließen oder lassen mussten, unter der wir wachsen und sehr rasch selbstständig werden konnten. Die uns vorgelebte Erfahrung, auch im Alter von fünfzig Jahren noch einmal etwas Neues lernen zu können. Aber auch das gesunde Misstrauen gegenüber Personenkult und absoluten Wahrheiten. Was ich mir für Ost- und Westdeutsche wünsche: Freude an Kontroversen. Diskussionen nicht als Bedrohung, sondern Bereicherung betrachten. Oder wie Maxim Gorki es formulierte: „Bisweilen macht es mir Freude, einen Menschen dadurch in Erstaunen zu setzen, dass man anders denkt als er."

Hanka Kliese, geboren am 13. April 1980 in Pasewalk (Mecklenburg-Vorpommern), lebt in Chemnitz und ist seit 2009 Mitglied des Sächsischen Landtages. Sie ist Sprecherin der SPD-Fraktion für Justiz, Recht und Verfassung, Europa, Gleichstellung und Inklusion.

Grauer Beton 89/90

Von sozialer Verwerfung zu ost-migrantischer Solidarität

Elisa Gutsche & Pablo Dominguez Andersen

Trettmann: „Grauer Beton“, 2017, Video Still

Verlassene Dörfer, No-Go-Areas, Plattenbauten. Beim Stichwort Sachsen denken wohl die Wenigsten spontan an Hip-Hop in minimalistischer Ästhetik. Und doch ist einer der tonangebenden deutschen Rap-Künstler Sachse: Trettmann, geboren als Stefan Richter 1973 in Karl-Marx-Stadt.

In „Grauer Beton" erzählt der Rapper von seiner Jugend in der Zeit nach der Wende. Im Wohngebiet Fritz Heckert, einem Neubaugebiet am Rande von Chemnitz, herrschte nach der Euphorie von 1989/90 schnell Hoffnungslosigkeit: „Unbeschwerte Jahre früh zu Ende sind, Dir niemand sagt, dass es 'n gutes Ende nimmt, In meinem Hauseingang kaum Gutes los, Freunde werden stumpf, werden skrupellos." Trettmann macht, untermalt vom minimalistischen Beat des Produzenten-Teams Kitschkrieg, die „desolate Lage" am Anfang der Neunzigerjahre spürbar.

Die Erkenntnis, dass die Umbrüche 89/90 für die Menschen in Ostdeutschland nicht nur positive Erinnerungen hervorrufen, ist mittlerweile nicht mehr neu. Um den 30. Jahrestag der deutschen Vereinigung ist endlich eine hörbare Debatte über die Verwerfungen der Wende und Transformationszeit in Gang gekommen: über die skandalöse Ungleichheit zwischen West und Ost, die sozialen Kosten der Privatisierung durch die Treuhand, die Verelendung ganzer Landstriche, gebrochene Biografien und zerbrochene Familien, die Pogrome von Rostock und Hoyerswerda sowie deren Folgen für migrantische Communities und die flächendeckende Gewalt der Baseballschlägerjahre.

Landtagswahlen und die Transformationszeit

Während wir diesen Text verfassen, blickt die deutsche Öffentlichkeit nach Sachsen-Anhalt, wo dieser Tage Landtagswahlen stattfinden. Der Ostbeauftragte der Bundesregierung, Marco Wanderwitz, erklärt die Stärke der AfD im Osten damit, dass viele Menschen dort durch die DDR „diktatursozialisiert" in einem Maße seien, welches sie für die Demokratie dauerhaft unerreichbar mache.

Immerhin: Marco Wanderwitz redet die Stärke rechtsextremer Gesinnung und Hegemonie in vielen ostdeutschen Regionen nicht länger klein. Aber das Ergebnis der Landtagswahl in Sachsen-Anhalt widerlegt seine These. Es sind vor allem die jungen Menschen unter dreißig, im Zerfall der Nachwendejahre geboren und sozialisiert, die rechts wählen. Beredt ist der Einwurf des Ostbeauftragten insofern vor allem darin, was er verschweigt: die sozialen und ökonomischen Verwerfungen der 1990er-Jahre. Wanderwitz könnte neue Räume für die Auseinandersetzung mit der Transformation eröffnen. Für die Trauer, den Schmerz, die Wut und die Hilflosigkeit, die als transgenerationales Trauma viele ostdeutsche Familien heimsuchen.

Wie aber spricht man über eine schmerzhafte Zeit, die man am liebsten für immer vergessen würde? In vielen Familien herrscht Schweigen. Aus nie offen thematisierten und verarbeiteten Kränkungen, Demütigungen und Verletzungen entwickeln sich leicht Resignation, Rückzug, Verbitterung und Trotz. „Grauer Beton" zeigt einen Ausweg. Der Song thematisiert offen die Verletzungen der Nachwendezeit und schöpft aus ihnen neuen Mut und eine ostdeutsche Identität, die sich nicht primär über die Abwertung anderer konstituiert, sondern über das Erzählen von schmerzhaften Erinnerungen: „Nur, damit du weißt, wo ich herkomm."

Hip-Hop ist heute Mainstream, aber die Wurzeln des Genres als Musik der Underdogs und Unterprivilegierten bleiben weiter sichtbar. Auch in Deutschland war und ist Hip-Hop eine migrantisch geprägte Kultur. 1992, also ungefähr, als der junge Trettmann sich in Chemnitz über Laster voll bulgarischer Melonen freute, rappte im westdeutschen Heidelberg die migrantische Crew Advanced Chemistry in einem der ersten deutschsprachigen Hip-Hop-Tracks „Fremd im eigenen Land" über Ausgrenzung und Rassismus: „Pogrome entstehen, Polizei steht daneben, Ein deutscher Staatsbürger fürchtet um sein Leben, In der Fernsehsendung die Wiedervereinigung, Anfangs hab ich mich gefreut, doch schnell hab ich's bereut, Denn noch nie seit ich denken kann, war's so schlimm wie heut." Nicht nur nach Halle und Hanau, nach dem Nationalsozialistischen Untergrund (NSU) und dem Mord an Walter Lübcke scheint dieser Track, der über dreißig Jahre alt ist, auf eine erschreckende Weise aktuell.

Sozioökonomische Unterschiede und neue Allianzen

Heute stehen sowohl Ostdeutsche als auch Menschen mit Einwanderungsgeschichte sozioökonomisch deutlich schlechter da als der Durchschnitt der

Bevölkerung. Geringere Löhne, schlechtere Bildungschancen, höhere Arbeitslosigkeit, marode Infrastruktur, prekäre Arbeits- und Wohnverhältnisse sowie die bekannten Repräsentationslücken bei Elitepositionen in Wirtschaft, Medien, Politik, Kultur und Wissenschaft: Von all dem sind Ostdeutsche und Migrant*innen in Deutschland überdurchschnittlich betroffen. Gegenüber beiden Gruppen ähneln sich zudem die Muster kultureller Abwertung und Stereotype.[1]

Die Corona-Pandemie ist nur das letzte Kapitel in der langen Geschichte ungleicher Chancen. Die Studien- und Datenlage ist dünner als in anderen Ländern, aber es gibt zahlreiche Hinweise darauf, dass sowohl Ostdeutsche als auch Migrant*innen in der Pandemie bisher zu den besonders vulnerablen Gruppen gehört haben. Im Osten wütete Corona besonders heftig: In Sachsen sind pro 100.000 Einwohner*innen mehr Menschen an Covid-19 gestorben als in Brasilien oder den USA.[2] Menschen mit Migrationshintergrund sind überdurchschnittlich oft Risikofaktoren für eine Covid-19-Erkrankung ausgesetzt.[3]

Aus solchen handfesten Faktoren der Benachteiligung könnte sich im besten Fall ein geteilter Wille zu politischer Veränderung ergeben. Von einem höheren Mindestlohn, stabilen Beschäftigungs- und Wohnverhältnissen, besserer sozialer und öffentlicher Infrastruktur, gleichem Zugang zu Gesundheitsleistungen oder der Aufwertung von Pflegearbeit würden schließlich Ostdeutsche genauso wie Migrantinnen und Migranten überdurchschnittlich profitieren. Doch in der Regel kommt es dazu nicht. Der Rassismus verhindert, dass Menschen mit Einwanderungsgeschichte und Ostdeutsche die eigene Erfahrung der Unterordnung als ähnliche oder geteilte erfahren.

---

1 Naika Foroutan/Frank Kalter/Coşkun Canan/Mara Simon: Ost-Migrantische Analogien I. Konkurrenz um Anerkennung. Unter Mitarbeit von Daniel Kubiak und Sabrina Zajak, Berlin: DeZIM-Institut 2019.

2 Nach eigenen Berechnungen, basierend auf Daten der WHO und des Robert-Koch-Instituts, https://de.statista.com/statistik/daten/studie/1116058/umfrage/todesfaelle-mit-coronavirus-je-einwohner-nach-bundeslaendern/; https://de.statista.com/statistik/daten/studie/1111794/umfrage/todesfaelle-mit-coronavirus-covid-19-je-millionen-einwohner-in-ausgewaehlten-laendern/ (Stand: 13.6.2021, Abruf: 1.8.2021).

3 Aleksandra Lewicki: Sind Menschen mit Migrationshintergrund stärker von Covid-19 betroffen? Aktueller Forschungsstand, Berlin: Mediendienst Integration, Juni 2021; Alexander Rommel/Elena von der Lippe/Marina Treskova-Schwarzbach/Stefan Scholz: Bevölkerung mit einem erhöhten Risiko für schwere COVID-19-Verläufe in Deutschland. Auswertungen der Studie GEDA 2019/2020-EHIS, in: Journal of Health Monitoring, 2021 6(S2).

Der Schriftsteller Ingo Schulze betonte in seiner Rede zur Verleihung des Kunstpreises der Stadt Dresden jüngst dennoch das häufige gegenseitige Erkennen zwischen Ostdeutschen und Kindern von Migrant*innen.[4] Wir können das aus unserer politischen Praxis bestätigen. Der jetzt häufiger geführte Dialog zwischen Menschen mit Einwanderungsgeschichte und Ostdeutschen führt auf beiden Seiten zu einer neuartigen Form dessen, was der radikale US-Feminismus der 1970er-Jahre *consciousness raising* nannte.[5] Im kollektiven Gespräch über persönliche Erfahrung und Erinnerung entdeckt man – neben Unterschieden – Ähnlichkeiten und Gemeinsamkeiten. So entsteht bei Ostdeutschen und Menschen mit Einwanderungsgeschichte nicht nur ein geschärftes Bewusstsein der je eigenen sozialen Position, sondern es entstehen auch neue Formen von Solidarität. Diese Praxis gilt es heute zu vertiefen und zu verallgemeinern, damit aus ersten Annäherungen echte politische Bündnisse werden.

Elisa Gutsche wurde 1985 in Pirna geboren. Die Juristin und Politikwissenschaftlerin ist seit 2018 Vorsitzende des Vereins „Perspektive³" und lebt in Berlin.

Dr. Pablo Dominguez Andersen wurde 1982 in Köln geboren und lebt in Berlin. Er ist Historiker und schreibt über Politik, Theorie und Popkultur.

---

4 Ingo Schulze: Man wird nicht als Ostler geboren. Rede zur Verleihung des Dresdner Kunstpreises, Süddeutsche Zeitung, 7. Juni 2021.

5 Redstockings: Redstockings Manifesto (1969), in: Breanne Fahs (Hg.), Burn it down! Feminist Manifestos for the Revolution, London: Verso Books 2020, S. 207-209; Kathie Sarachild: A Program for Feminist Consciousness Raising, in: Shulamit Firestone (Hg.), Notes from the Second Year: Women's Liberation. Major Writings of the Radical Feminists, New York 1970, S. 78-80.

Happyland ist Traumaland

Black Lives Matter – ein Appell an Deutschland

Susan Arndt

Unbekannte*r Künstler*in: „George Floyd“, 2020, Graffito

Als der *weiße* Polizist Derek Chauvin am 25. Mai 2020 dem Schwarzen US-Amerikaner George Floyd die Luft abdrückte, hielt das die Welt in Atem. Nicht etwa, dass *weiße* Polizeigewalt gegenüber Schwarzen selten wäre: Seit dem 1. Januar 2015 starben allein in den USA etwa 6.000 Menschen durch Polizeigewalt, darunter über 1.400 Schwarze. Auch in Deutschland ist Polizeigewalt gegen Schwarze wie etwa im Fall von Oury Jalloh, der 2005 unter immer noch ungeklärten Umständen in einer Polizeizelle in einem Dessauer Polizeirevier verbrannte, ebenso dokumentiert wie rassistische Gesinnungen und Handlungen von Polizist*innen – etwa im Kontext der Verfolgung der NSU-Terrorzelle. Jüngst wurden rassistische Konversationen bei verschiedenen Polizeistationen dokumentiert.

Aus diesem Gesamtkontext von Rassismus als viel zu langer Geschichte mit Tiefenwirkung im Jetzt heraus und getriggert durch die Covid-19-Krise, die sich wie ein Brennglas auf soziale Konflikte legt, entfachte Chauvins Mord im Sommer 2020 eine neue Welle der Black-Lives-Matter-Bewegung. Auch in Deutschland gingen Tausende auf die Straße.

Proteste sprachen weltweit auch aus Graffitis, die George Floyd abbilden. So etwa auch das hier dargestellte, das im Sommer 2020 im Berliner Mauerpark zu sehen war. Gelegen im ehemaligen „Todesstreifen" zwischen dem Ostberliner Bezirk Prenzlauer Berg und dem Westberliner Wedding ist der Mauerpark zu einem lebendigen Treffpunkt von Menschen aus aller Welt und Schauplatz von Straßenmusik, Hip-Hop, Karaoke, Sport und Grillfesten geworden. Über allem schwebt die Graffiti-Mauer, an die auch George Floyds Porträt im Sommer 2020 als widerständige Mahnung gesprayt wurde: dass Bilder von divers positionierten Menschenmassen nicht darüber hinwegtäuschen können, dass Rassismus als weiße Vorherrschaft und entsprechende Machtstruktur virulent ist und Menschen und ihre Gesellschaften segregiert und Leben gefährdet. Sinnbildlich drückt sich das darin aus, dass dieses Ostberliner Graffiti an der Mauer oberhalb des Todesstreifens gesprayt wurde.

Viele wunderten sich darüber, warum die Black-Lives-Matter-Bewegung in Deutschland Wellen schlug – und warum es denn extra betont werden müsse, dass Schwarze Leben zählen. Würden denn nicht alle Leben zählen?

Sowieso? Richtig, in dezidiert rassistisch organisierten Systemen wie etwa der europäischen Versklavung von Afrikaner*innen oder dem Nationalsozialismus (NS) war das nicht der Fall. Auch in der Jim-Crow-Ära oder der südafrikanischen Apartheid-Diktatur wurden Leben unterschiedlich bewertet und betrauert. Aber in Deutschland?

Die Antwort ist ebenso offensichtlich wie unerträglich: Rassismus ist ein globales Phänomen, das in alle Bereiche des Zusammenlebens eindringt. Und immer da, wo Rassismus waltet, tut er das mit dem Ziel, Menschen aus dem (gleichberechtigten) Menschsein auszugrenzen. Je „weniger Mensch" aber, desto weniger menschenrechtswert. Das war die Devise des Kolonialismus. Weiße Menschen erfanden Menschenrassen, um allen „Anderen", allen BIPoC, also *Schwarzen, Indigenen und People of Color* (will sagen: allen, die vom Rassismus als außerhalb des Weißseins positioniert und deswegen diskriminiert werden), das Menschsein abzusprechen. So wurden koloniale Gebiete als menschenleer deklariert und entsprechend erobert, ausgebeutet, genozidiert. Nur wer dieses Credo des Rassismus verinnerlicht hat, kann über neun Minuten lang einem Menschen das Atmen verwehren, der mehr als zwanzig Mal verzweifelt sagt: *„I can't breathe."* Diese letzten Worte Floyds sind schnell zur Metapher dafür geworden, dass Rassismus BIPoC von jeher systemisch daran hindert, sich in ihrem eigenen Leben sicher fühlen zu können. BIPoC müssen sich tagtäglich Problemen stellen, die ihnen der Rassismus in ihr Leben implantiert.

Auch in Deutschland redet Rassismus mehr als ein Wörtchen dabei mit, wie Menschen leben. Struktureller Rassismus, wie etwa bei der Polizei, und Alltagsrassismus sind dabei zwei Seiten der gleichen Medaille. Dennoch wird Rassismus weithin verleugnet und bestenfalls auf dessen gewaltvollste Spitzen reduziert. Weil Rassismus so ungeheuerlich ist und so Ungeheuerliches getan hat, scheuen sich viele, vor allem weiße Personen, dieses Wort in den Mund zu nehmen. Das macht Rassismus zum R-Wort (einem unverzeihlichen und oft unausgesprochenen Wort). Diese *weiße* Lebenswelt nennt die Anti-Rassismus-Trainerin Tupoka Ogette „Happyland": Hier wissen alle, „dass Rassismus etwas Schlechtes ist" – und schweigen gerade deswegen darüber. „Happyland ist eine Welt, in der Rassismus das Vergehen der Anderen ist" – jener, die „mit Vorsatz" handeln. Folglich machen sich viele *Weiße* „vielmehr Sorgen darüber, rassistisch genannt zu werden, als sich tatsächlich mit Rassismus und dessen Wirkungsweisen zu beschäftigen."[1] Vielen fällt es leichter, Rassismus wegzuerklären als ihn anzuschauen. Ein solches Beschweigen und Verleugnen sind aber längst nicht die einzigen Bestandteile des Grenzschutzzauns des „Happylands". Dieser baut auch auf Frustration, Empörung oder Wut und darauf auf, Scham- und Schuldgefühle auf andere zu projizieren. Stichwort: *blaming the victim*. Die Empörung richtet sich dabei nicht gegen den Gegenstand des Vorwurfs, sondern den Vorwurf selbst beziehungsweise jene Person, die ihn erhebt – und wehrt diesen dabei ohne inhaltliche Bezugnahme ab. Aus diesem Gestus heraus wird das Sprechen über Rassismus als gesellschaftliche Spaltung inszeniert.

Das etwa ist ebenso ein Credo der AfD, wie BIPoC als innere Feinde zu inszenieren, die für soziale Ungleichheitserfahrungen *weißer* Deutscher verantwortlich seien. In diesem Fahrwasser inszeniert sich die AfD als Protestpartei gegen das Establishment und gegen die Diskriminierung von Ostdeutschen. In ostdeutschen Landtagswahlkämpfen 2019 hat sich die AfD die ostdeutsche Revolution aneignen wollen – mit einer nochmaligen Aufrufung von Volk als *„weiße Rasse"* und dem Slogan: „Damals wie heute: Wir sind das Volk!" Die hier aufgerufene unsichtbar herrschende Normalität von Weißsein klingt auch im aktuellen Wahlkampfslogan „Deutschland – Aber normal" mit, der sich zugleich auch gegen Geschlechtervielfalt und -gerechtigkeit richtet.

Tatsächlich mögen viele der Wähler*innen in den ostdeutschen Bundesländern der alten Lügenformel verfallen sein, dass der rassistisch konstruierte ‚innere Feind' und nicht die im Transformationsprozess nach der Wiedervereinigung 1990 hausgemachten innenpolitischen Entscheidungen und Entwicklungen für Probleme wie Arbeitslosigkeit, Armut und Landflucht verantwortlich seien. Historische Beispiele wie die rassistische Hyperpräsenz der

1 Tupoka Ogette: Exit Racism. Rassismuskritisch denken lernen, Münster: Unrast-Verlag 2020 (2017), S. 27, 28, 30.

Ir*innen im US-amerikanischen Maafa-System stehen dafür, dass jene, die von einem Nationen- oder Volkskonstrukt ausgegrenzt werden, sich diesem dadurch einverleiben wollen, dass sie Kriterien stark machen, die die eigene Zugehörigkeit betonen – nachgerade auch in Absetzung zu anderen *Anderen*. Für Ostdeutsche war es die Betonung von Deutsch- als Weißsein, die gegen Migrierte of Color in Stellung gebracht werden konnte. Doch so, wie dies bei Weitem nicht das einzige Kriterium auf dem Weg zur Wahlurne ist, prägt das Muster, Dazugehörigkeit über Ausgrenzung zu Anderen zu imaginieren, nicht allein ostdeutsches Wahlverhalten. Anders als „Die Linke" ist die AfD im Kern keine primär ostdeutsche Partei – weder von der Führungsriege noch von den Mitgliedern oder den Wähler*innen her – und damit auch kein ostdeutscher Sonderweg. Auch rassistische Terroranschläge gab es in Ost wie West, Rostock-Lichtenhagen (1992), Solingen (1993), Halle (2019), Hanau (2021). Rassismus unter Polizeibeamt*innen ist eine bundesweite Realität.

Das Floyd-Graffiti im Ostberliner Teil des Mauerparks wurde übersprayt; das Trauma aber bleibt und das *weiße* Happyland erweist sich als Traumaland für BIPoC. Es ist an der Zeit, eine der schwerwiegendsten Katastrophen der Menschheitsgeschichte beim Namen zu nennen – und entsprechend, aus der Macht und den Privilegien des Weißseins heraus, Verantwortung zu übernehmen.

Prof. Dr. Susan Arndt, geboren 1967 in Magdeburg, ist Professorin für Englische Literaturen an der Universität Bayreuth. Sie hat zu Shakespeare geforscht sowie zu Rassismus, Sexismus und Intersektionalität. Jüngst erschienen bei C.H. Beck „Sexismus. Geschichte einer Unterdrückung" (2020).

„Was wollen denn Menschen voneinander?“

Über das rettende Potenzial der Liebe, das ständig verspielt wird

Deniz Utlu

Unbekannte*r Künstler*in, „Porträt von James Baldwin (1924–1987)“, um 1970, Fotografie

„Ein anderes Land“, der Roman, mit dem James Baldwin Anfang der 1960er-Jahre berühmt wurde, ist nun in einer Neuübersetzung von Miriam Mandelkow erschienen. Auf den ersten knapp 120 Seiten begleitet der Roman in einer Art Prolog den Ende zwanzigjährigen Schwarzen Jazz-Drummer Rufus Scott in seinen Selbstmord durch den Sprung von der George-Washington-Bridge. Genauso hatte 1946 Baldwins Freund Eugene Worth sein Leben beendet. Zwei Jahre später verließ Baldwin die USA und zog nach Europa, um selbst jener Zerstörung zu entgehen, die seinem Freund das Leben gekostet hatte. Durch die präzise Sezierung zwischenmenschlicher Beziehungen wächst der Text über eine Momentaufnahme der USA der späten fünfziger Jahre hinaus. Machtverhältnisse dringen in die privatesten Begegnungen von Menschen und entfremden diese voneinander. Dies ist wohl universell gültig, mehr als ein halbes Jahrhundert nach der Veröffentlichung jenes Romans. Was schmerzt, ist, dass die Liebe in diesem Roman zu jeder Zeit zum Greifen nah ist und doch unerreichbar bleibt. In einem Flashback wird die Geschichte von Rufus und Leona erzählt. Leona kommt aus den Südstaaten, wo sie von ihrem Mann misshandelt wurde und wo man sie von ihrem Kind getrennt hat – „Rufus, ich mag dich wirklich, tu mir bitte nicht weh.“

Solange die beiden eine Welt außerhalb ihrer Zweisamkeit ausblenden können, beschädigen sie sich wenig. Damit diese Harmonie ins Wanken gerät, reicht bereits der Besuch von Rufus’ bestem Freund Vivaldo, einem angehenden, weißen Schriftsteller, der endlich fähig sein will, seinen ersten Roman zu schreiben: Rufus’ „Beschwingtheit verflog, galliger Argwohn erfüllte ihn. Verstohlen blickte er zu Vivaldo, der sein Bier trank und Leona mit einem undurchdringlichen Lächeln betrachtete“. Bei anderen Autoren könnte dies einfach ein Bild für Eifersucht sein, aber Baldwin weiß, dass das Begehren und die Verletzungen darunter die Geschichte der Gewalt erzählen, in der sich die Menschen unserer Zeit eingerichtet haben. An anderer Stelle möchte Vivaldo Rufus davon überzeugen, Leona besser in Ruhe zu lassen: „‚Du machst sie kaputt. Willst du das?‘ ‚Sie macht mich auch kaputt.‘ ‚Na ja, willst du das?‘ ‚Was wollen Menschen denn voneinander‘, fragte Rufus, ‚wenn sie zusammen sind? Weißt du das?‘“

Beim Spazieren trifft der Blick der Welt auf Rufus, Leona und Vivaldo: „Durch die Augen der Passanten starrte sie die drei abweisend an, und Rufus begriff, dass er diese Welt und ihre Macht, zu hassen und zu zerstören, ganz und gar nicht bedacht hatte.“ Bei diesem Spaziergang stellt sich Rufus auch vor, wie seine Schwester Ida reagieren würde: „Was ist los mit dir – schämst du dich, dass du schwarz bist?“ Kurz bevor der fragmentierte Rufus endgültig seiner finalen Auflösung entgegengeht, sucht er Beistand bei Vivaldo und trifft dabei sogar weitere Freunde, nämlich Cass und ihren Mann Richard, der zwar Schriftsteller ist, dessen Roman aber die nötige Tiefe fehlt, weil er nicht stark und ehrlich genug ist, um sich der Wahrheit seiner Figuren wirklich zu stellen – für Baldwin, dessen Ziel es war, „aufrichtiger Mensch und ein guter Schriftsteller“ zu werden, wie er in seinen „Autobiographischen Notizen“ schreibt, die größte Angst. Sowohl die Begegnung mit Vivaldo als auch später mit Cass enthält bereits die Möglichkeit dessen, was Menschen einander geben könnten, und was Rufus' Tod verhindert hätte. In der Bar setzt sich Cass zu ihm. Sie verurteilt ihn nicht für die Dinge, die er Leona angetan hat, aber sie verdrängt auch nichts: „Ich glaube, wenn du älter wirst, erkennst du, dass wir alle Schuld auf uns laden. Das Entscheidende ist, nicht zu lügen – sondern nach Möglichkeit zu verstehen, was man getan hat und warum man es getan hat.“ Als sie dann mit ihrem Mann aufbrechen möchte, heißt es: „Auf einmal hatte Rufus Angst davor, dass sie wegging.“

Was ist dieses rettende Potenzial, das in diesem Buch (und in dieser Welt) immer und immer wieder verspielt wird? In „The Fire Next Time“ (dt. „Nach der Flut das Feuer“), Baldwins Essay, der ein Jahr nach „Another Country“ erschienen ist, reflektiert Baldwin diese kaum genutzte Möglichkeit, die in den Menschen angelegt ist: „Wenn wir – damit meine ich die einigermaßen bewussten Weißen und die einigermaßen bewussten Schwarzen, die wie Liebende das Bewusstsein des anderen einfordern oder wecken müssen – jetzt nicht nachlassen in unserer Pflicht, sind wir, die kleine Handvoll, vielleicht imstande, diesen rassistischen Albtraum zu beenden, unser Land zu gestalten und den Lauf der Weltgeschichte zu ändern.“ In seinem Roman, in dem die Zerstörung, die das rassistische System im Geist aller Beteiligten, ob

Schwarz oder Weiß, anrichtet, kann, darf und möchte die Aussage nicht so klar sein. Die Form des Romans entzieht sich einem Denken in Thesen und mit Argumenten, sie schöpft ihre ganze Kraft aus dem Leben selbst, einschließlich der Reflexionen, die zum Leben dazugehören. Die Wirkrichtung geht von der genauen Beobachtung zu einer Erkenntnis, die mitunter mehr körperlich als intellektuell sein kann, etwa in einer Szene der Geständnisse gegen Ende des Romans. Vivaldo kommt mit Rufus' Schwester zusammen, er will ihr „beweisen", dass „die Welt nicht so schwarz ist, wie sie glaubt." Dieser Wunsch deutet bereits an, dass es hier nicht wirklich um die andere Person, um Ida, geht. Vivaldo empfindet Schuld für Rufus' Tod, gesteht sich diese aber kaum ein. Rufus ist am Rassismus und an sich selbst zerbrochen und daran, dass die eine – auch sinnliche – Berührung, die ihn hätte retten können, ausblieb – „sinnlich zu sein bedeutet für mich, die Kraft des Lebens, das Leben selbst zu respektieren", schreibt Baldwin in „Nach der Flut das Feuer". Vivaldo ist nicht nur Teil dieses rassistischen Systems, sondern einer allgemeinen Machtstruktur der Selbstverleugnung und des Wegsehens. So verdrängt er seine eben nicht nur freundschaftliche, sondern auch romantische Liebe für Rufus, verrät sein eigenes Begehren und geht mit ihm Pizza essen, statt ihn zu berühren. Ida hingegen öffnet sich Vivaldo gegenüber nie ganz, sein weißer Blick und ihre Erfahrungen als schwarze Frau stehen zwischen ihnen. Erst in jenem heftigen Gespräch gegen Ende ist eine ehrliche Begegnung möglich: „Ihre langen Finger strichen über seinen Rücken, und er begann, langsam, mit einem schrecklichen Würgen, zu weinen, denn sie strich die Unschuld aus ihm heraus." Vivaldo verliert seine Unschuld, indem Ida ihm alles erzählt, was er vorher so gut hatte verdrängen können: von ihrer Affäre mit einem weißen, machtvollen Produzenten, den sie für ihre Karriere als Sängerin braucht. Auch auf grausame Details verzichtet sie nicht, vielleicht aus Rache, vielleicht, weil Liebe in der Welt von Baldwin ohne die Zumutungen der Wahrheit nicht möglich ist. „Ich benutze das Wort ‚Liebe' hier nicht nur im persönlichen Sinn", schreibt er in „Nach der Flut das Feuer", „ (…), sondern als Seinszustand oder Gnadenstand – nicht im kindlichen amerikanischen Sinn des Glücklichwerdens, sondern im universellen herben Sinn des

Suchens, Wagens und Wachsens.“ Der erste männliche Liebhaber von Rufus, eine weitere zentrale Figur des Romans, der Schauspieler Eric, zweifelt, ob er ihn jemals wirklich geliebt habe: „Oder war es nur Wut und Wehmut und Schuld gewesen? Und Scham? Hatte er sich an Rufus' Körper geklammert oder an die Körper dunkler Männer, auf die er kurze Blicke erhascht hatte, irgendwo in einem Garten, auf einer Lichtung, vor langer Zeit.“ Wie können wir durch Hautfarben, Geschlechtszuschreibungen, kulturelle Aufladung hindurch wirklich die Person sehen? Was immer es ist, das die Menschen so voneinander trennt, und in welcher Form von Macht und Missbrauch es sich ausdrückt, es hat etwas mit der Unfähigkeit der Menschen zu lieben zu tun. Hier trifft Baldwin auf Adorno, der in seiner Erziehung nach Auschwitz schreibt: „Jeder Mensch heute, ohne jede Ausnahme, fühlt sich zuwenig geliebt, weil jeder zuwenig lieben kann.“ Beide, Baldwin und Adorno, sehen davon ab, Liebe zu predigen, weil die grundsätzliche Unfähigkeit dazu zu tief und zu lange schon in den Menschen verankert ist. Aber durch ein genaues, das heißt ehrliches Beobachten des eigenen Handelns und Begehrens können die fatalen Folgen dieser Unfähigkeit mitunter abgemildert werden und im Einzelnen sogar zu so etwas wie einer sinnlichen Wahrheit führen – die eben im höchsten Maße politisch ist.

Deniz Utlu, geboren 1983 in Hannover, veröffentlichte die Romane „Die Ungehaltenen“ (Graf, 2014) und „Gegen Morgen“ (Suhrkamp, 2019). Er kuratiert die Literaturreihe „Prosa der Verhältnisse“ im Maxim Gorki Theater in Kooperation mit der FES. Seine Arbeit wurde mehrfach gewürdigt, zuletzt mit dem Alfred-Döblin-Preis 2021.

Die Mitte liegt in uns allen!

Die aktuelle FES-„Mitte-Studie" zu Ost-West-Unterschieden und Gemeinsamkeiten

Beate Küpper & Franziska Schröter

Martin Maleschka: „Schwedt 2020“, Fotografie

Rechtsextremismus ist ein Problem im Osten[1], der Westen hingegen ist demokratisch … so oder ähnlich lautet eine vielfach unterschwellige, bisweilen auch offen geäußerte Unterstellung. Das Foto von Martin Maleschka steht sinnbildlich dafür: Der Plattenbau als Klischee für das Ostdeutsche, überwiegend negativ besetzt mit Armut, Abgehängtheit, räumlicher wie geistiger Enge, Demokratieferne und Gewalt. Dabei stand die Idee der bezahlbaren, hellen und komfortablen Blockwohnungen doch einmal für Moderne, Wohlstand, Aufstieg (und nicht zuletzt auch für nötigen Wohnraum nach dem Krieg) – in Ost UND West. Die eigentliche Trennlinie (und Schnittmenge) zwischen demokratischen wie antidemokratischen Haltungen und Strömungen verschwindet dahinter. Dies führt nicht nur zu gegenseitigem Unverständnis (beziehungsweise ist Ausdruck dessen), sondern auch dazu, sich mehr mit den Vorwürfen als mit den Herausforderungen und akuten, zum Teil persönlichen Bedrohungen durch den Rechtsextremismus zu beschäftigen. Dies steht auch der selbstkritischen Auseinandersetzung mit den eigenen und gemeinsamen historischen Mitläufer- und Mittäterschaften, Erbschaften, Weitergaben und Zuständen im Wege. Umso wichtiger erscheint ein genauer Blick auf die Einstellungen zur Demokratie bei Ost- und Westdeutschen. Der Text berichtet über Befunde dazu aus der im Juni 2021 erschienenen repräsentativen Mitte-Studie „Die geforderte Mitte".[2] Deutlich wird: Viele Menschen aus Ost- und Westdeutschland[3] sind ähnlicher Auffassung und vertreten demokratische und antidemokratische Positionen, nicht selten auch beide zugleich.

1 Mit den Begriffen „Osten" und „Westen" bezeichnen wir die (neuen bzw. alten) Bundesländer, die bis zur Wiedervereinigung zum Gebiet der ehemaligen DDR bzw. BRD gehörten und damit jeweils Teile unterschiedlicher, in der Zeit des Kalten Krieges gegnerischer politischer Räume waren. Auch historisch gehörten sie zu unterschiedlichen Einflussgebieten, die Reichsgründung 1871 folgte auf etliche kriegerische Auseinandersetzungen. Davon unabhängig leben heute im „Osten" und „Westen" natürlich Menschen mit sehr unterschiedlichen Biografien und Prägungen.

2 Andreas Zick/Beate Küpper: Die geforderte Mitte. Rechtsextreme und demokratiegefährdende Einstellungen in Deutschland 2020/21. Hg. von Franziska Schröter für die Friedrich-Ebert-Stiftung. Bonn: Dietz 2021.

3 Verglichen werden Personen, die nach eigenen Angaben überwiegend in West- bzw. Ostdeutschland aufgewachsen sind. Letzteres trifft auf rund ein Fünftel der Bevölkerung zu; ausgeklammert werden die knapp 7% der Befragten, die überwiegend im Ausland groß geworden sind (www.fes.de/mitte-studie).

Rechtsextremismus und Klimawandel stehen bei Ost- wie Westdeutschen an oberster Stelle der Herausforderungen, fast 70 Prozent der Befragten bewerten sie als bedrohlich für das Land, wenngleich Westdeutsche etwas stärker als Ostdeutsche. Die Coronapandemie und die soziale Spaltung werden von rund 60 Prozent gleichermaßen als bedrohlich eingeschätzt. Ostdeutsche empfinden jedoch die Zuwanderung und auch den Islamismus bedrohlicher als Westdeutsche dies tun.

Ostdeutsche sind nicht per se rechtsextremer eingestellt als Westdeutsche. Wohl aber sind einige Subfacetten des Rechtsextremismus unter ihnen verbreiteter und mehr Ost- als Westdeutsche bewegen sich in einem Graubereich zwischen klarer Zustimmung und Ablehnung. Dies könnte auch ein Indikator dafür sein, dass etliche Ostdeutsche zurückhaltender und vorsichtiger mit politischen Äußerungen sind, nicht zuletzt um Konflikte in einer polarisierten Umgebung zu vermeiden. Deutlich häufiger als Westdeutsche neigen Ostdeutsche zu (Rechts-)Populismus, ausgedrückt durch Antipluralismus und in einem pauschalen Misstrauen gegen politische Eliten. Stärker verbreitet unter Ostdeutschen ist auch die Abwertung von „Fremden", und mehr Ostdeutsche glauben an Verschwörungsmythen, hinter denen das Tun „korrupter Eliten" gewittert wird.

Erneut bestätigt sich, dass rechtsextreme einschließlich fremdenfeindlicher Einstellungen besonders dort verbreitet sind, wo wenig Personen leben, die aus anderen Ländern kommen. Der Kontakthypothese nach verhindert mangelnder Kontakt, dass „Fremde" zu „Bekannten" werden können, und befördert damit Vorurteile; umso leichter lässt sich auch politisch Stimmung gegen sie machen. Ostdeutsche sehen den Zusammenhalt der Deutschen eher gefährdet, auch durch zu viele kulturelle Unterschiede. Die Studie bestätigt auch, dass mehr noch als der geringe Ausländer*innenanteil der Wahlerfolg der AfD in einer Region mit rechtsextremen Einstellungen einhergeht; beides trifft in besonderer Weise auf den Osten zu.

Nur rund 60 Prozent der Ostdeutschen bezeichnen sich selbst als „eine*n überzeugte*n Demokrat*in", von den Westdeutschen tun dies 80 Prozent. Das hängt eng zusammen mit dem Gefühl, teilhaben zu können. Ostdeutsche teilen eher als Westdeutsche das Gefühl politischer Machtlosigkeit, ausgedrückt in der Meinung, ohnehin politisch keinen Einfluss zu haben und bei Regierenden kein Gehör zu finden. Sie sehen auch seltener in ihrem Umfeld die Möglichkeit, sich politisch zu beteiligen. Unter Ostdeutschen ist zudem das Misstrauen in die Demokratie weiter verbreitet, das Vertrauen in den korrekten Ablauf der Wahlen, staatliche Institutionen und öffentlich-rechtliche Medien im Durchschnitt geringer. Außerdem befürworten Ostdeutsche häufiger ein hierarchisches Gesellschaftsmodell und neigen eher zu Autoritarismus.

Für die größere Neigung von Ostdeutschen zu (Rechts-)Populismus werden zahlreiche Gründe diskutiert: sozioökonomische Erfahrungen, wiederholte Enttäuschungen von Hoffnungen, kulturelle Prägungen, eine auch autoritär ausgerichtete Sehnsucht nach Orientierung und klare Ordnung, vielleicht auch der unverstelltere und kritische Blick auf verkrustete politische Prozesse. Gleichzeitig gibt es weniger zivilgesellschaftliche Strukturen, die Einbindung in Kirche, Gewerkschaft oder Sportverein ist geringer, die vormaligen (teils verpflichtenden) Zusammenschlüsse sind mit der DDR weggefallen. Zivilgesellschaftliche Vereinigungen sind zwar nicht per se demokratisch, können aber Haltungen kanalisieren und im demokratischen Sinne einhegen. Anders als im Westen ist Demokratie zudem bei vielen aus dem Osten mit dem schwierigen Umbruch nach dem Ende der DDR verbunden. Hinzu kommt eine ungebrochene Tradition eines auch in der Zeit der DDR fortgesetzten Nationalismus, der exklusiv, nicht inklusiv ist. Das unter harten Anstrengungen und Entbehrungen Erreichte will man nicht teilen müssen, nicht schmälern. Die Verlustängste sind erheblich, auch wegen der bereits erlittenen und durchlebten Veränderungen. Dies gilt übrigens auch für etliche Milieus und Regionen im Westen, was die viel komplexere Frage aufwirft, warum Prägungen und Erfahrungen bei den einen zu Engagement für Demokratie, bei den anderen zu Skepsis oder gar antidemokratischen Haltungen führen – in Ost UND West.

Der Blick auf die jungen Generationen stimmt – mit einigen Einschränkungen – jedoch hoffnungsvoll. Nicht nur wachsen die Jüngeren in Ost und West merklich zusammen und unterscheiden sich in ihren Einstellungen kaum noch. Sie sind auch fast durchweg demokratischer eingestellt als die Älteren auf beiden Seiten, teilen ein ähnlich großes Vertrauen in die Demokratie und ihre Möglichkeiten, sich zu beteiligen. Das Ausmaß an Fremdenfeindlichkeit ist jedoch auch bei den jüngeren Befragten im Osten noch auffällig höher und es finden sich Hinweise, dass sich der positive Trend der Demokratisierung bei den Jüngeren nicht einfach von selbst fortsetzt.

Wer können, wer wollen wir sein? Der Ost-West-Plattenbau „Zukunft" bräuchte ein ehrliches Hinschauen in den historischen Keller, das gemeinsame Arbeiten an den Baustellen und eine Renovierung – ein paar verschobene Wände und flexiblere Grundrisse, einen farbenfrohen Anstrich und soziale Mischung/Vielfalt. Maleschkas Foto zeigt auch diese Möglichkeit von Hoffnung, Weite und Buntheit/Farbe. Das Miteinander im Plattenbau kann ein Modell für das geeinte Deutschland und gemeinsames Zukunftsprojekt in Europa sein mit all seiner auch regionalen Verschiedenheit. Der nachbarschaftliche Austausch im Treppenhaus der Demokratie, das einander Zuhören und Verständigen helfen dabei, das Miteinander mit Leben zu füllen und zu stärken. Viele bundesweite Projekte und interregionale Partnerschaften rund um das Thema Demokratiebildung tun das bereits und können hierfür Beispiel sein.

Prof. Dr. Beate Küpper, geboren 1968 in Solingen, ist Professorin für Soziale Arbeit in Gruppen und Konfliktsituationen an der Hochschule Niederrhein und arbeitet zu den Themen Rechtspopulismus, Vorurteile und Diskriminierung, Diversity und Integration.

Franziska Schröter, geboren 1978 in Dresden, ist seit 2005 in verschiedenen Aufgabenbereichen für die Friedrich-Ebert-Stiftung (FES) tätig. Seit 2017 verantwortet sie das Projekt gegen Rechtsextremismus der FES und ist Herausgeberin der Mitte-Studien.

Wenn Goethe das wüsste ...

Wie Rechtspopulisten an Deutschland leiden

Helge Lindh

Unbekannte*r Künstler*in: „Anti-Hitler-Sticker“, Hamburg, 2020, Postkarte

Wenn Goethe wüsste, wie die AfD und ihre Resonanzräume das Deutsche verhunzen, hätte er Faust III geschrieben und wäre mit dem West-östlichen Divan II auf Lesereise gegangen. Begleitet hätte ihn Leoluca Orlando, Palermos schillernder Bürgermeister und grenzüberschreitender Kulturmanager, den Goethe vorher auf seiner Italienreise kennengelernt haben würde. Als ich besagten Orlando jüngst nach dem Prinzip seines Kampfes gegen Rassismus, Städteverfall, Mafia und Kriegsmentalität an Europas Außengrenzen fragte, antwortete er schlicht mit dem Satz „Io sono persona", „Ich bin Person", das gelte für alle.

Ohne Goethe und Orlando, aber dafür mit leicht verhunztem Sonnenschirm, wie man ihn traditionsgemäß für sogenannte Infostände zu verwenden pflegt, befand ich mich am Rande eines nahezu menschenleeren Platzes und einer autoreichen Straße in Wuppertal-Vohwinkel, als mich ein selbsterklärter Anhänger der AfD aufsuchte, nein, heimsuchte. Bevor Schröder kam, hätte er immer SPD gewählt. Seinetwegen danach nie mehr. Für ihn gäbe es nur noch eine Partei. Was er zwischendurch gemacht hat, also zwischen seiner angeblichen Entsagung und der Entdeckung seiner neuen politischen Liebe und Heimatlosigkeit, verriet er nicht. Ich sage bewusst „Heimatlosigkeit", nicht „Heimat". Denn er war voller Wut. Wer Heimat hat, hat aber keine Wut. Und er schimpfte auf sogenannte Ausländer*innen am Ende seines Crescendos zur Wutsuada mit Ausdrücken, auf deren Zitation ich an dieser Stelle verzichte. Wer aber Ausländer*innen hasst, der hat keine Heimat. In seiner Heimatlosigkeit verzichtete er zu meiner Überraschung darauf zu sagen, dass Schmidt und Brandt sich im Grabe umdrehen würden. Komisch. Denn das gehört zum Standardrepertoire derartiger Kommunikation im Digitalen und Analogen. Vermutlich hatte er es vergessen in seiner pathetischen Erregtheit. Nicht vergessen hatte er dafür, auf folgenden Umstand hinzuweisen: Jeden Tag säßen ältere Leute vor dem riesigen Supermarkt nebenan. Offensichtlich die Fokusgruppe seiner qualitativen Sozialforschung des Alltags. Mittlerweile wäre es so weit gekommen, wären diese Leute an dem Punkt angekommen, dass sie forderten: Es bräuchte wieder einen kleinen Adolf, um aufzuräumen. Hat er das wirklich gesagt? Hat er, vor Zeugen, ich schwöre. Genauer: Haben sie gesagt, hat er gesagt. Also sie, vor dem Supermarkt, die Alltagsgruppe, die Stimme des Volkes. Welchen Volkes?

Wenn die AfD wüsste, was ihr Volk so sagt. Was ihr Volk so sagt, was das Volk so sagen würde. Aber sie weiß es ja. Und sie weiß, dass wir wissen, dass sie es weiß.

Dem Freund des kleinen Adolf und seiner Senioren-Supermarkt-Crew, sollte es sie überhaupt geben, müsste vertraut sein und gefallen, was dereinst der GröFaZ im Deutschen Reichstag verkündete: „Seit 5:45 wird jetzt zurückgeschossen!“ Damit verklärte er wider besseres Wissen mutwillig den Angriffskrieg zur deutschen Notwehr. In Umkehrung dieses Prinzips erklärte ich: Zurückgeschossen wird ab jetzt.

Und zwar mit dem unendlich reichhaltigen Dispositiv des Humors und der vielgestaltigen, differenzierten, sich entziehenden Munition der Kultur, nicht dem Mörser des grobschlächtigen Ungetüms der sogenannten kulturellen Identität. Vorausgegangen sind eine Kriegserklärung und die Ausrufung des Kulturkampfes. Ich nehme die Kriegserklärung an. Und ich nahm sie an, als sie in Form zweier Anträge der AfD zu einem „Nationalen Aktionsplan Kulturelle Identität“ und einer „Deutschen Akademie für Sprache und Kultur“ erfolgte – also seitens der Fraktion, die von anderen gerne als den „Altparteien“ oder „Systemparteien“ redet. Meine Antwort erfolgte in Gestalt einer Rede im Deutschen Bundestag, gehalten ohne Netz, Manuskript und doppelten Boden, aber mit einer selten so schweigsamen Fraktion rechts im Hohen Hause, sozusagen meiner Fokusgruppe qualitativer Sozialforschung des Alltags. Am 22. April 2021, das heißt zwei Tage nach dem Geburtstag des GröFaZ. Zu diesem Anlass begab ich mich auf Reisen, natürlich mit Goethe an meiner Seite. Auf Reisen in das Denken und Fühlen des Populismus und simultan auf Reisen zu dem kleinen Adolf in mir selbst. Dabei intuitiv dessen eingedenk, was Orlando mich lehren sollte: Ich bin Person. Das gilt für jeden. Somit auch für die Verhunzer des Deutschtums, die folglich auch ein Hirn, ein Herz und eine Seele haben müssten.

[Reise in das Gehirn der AfD][1]

Dank Empathie konnte ich mich hineinversetzen, wie AfD-Funktionäre im Traum den Nationalen Aktionsplan gebaren. Natürlich im Geiste deutscher Leitkultur. Ein echtes Drama.

Faust.
Habe nun, ach! Deutsch, Geschichte und Kultur,
Und leider auch Politik!
Durchaus studiert, mit heißem Bemühn.
Da steh' ich nun, ich armer Tor!
Und bin so klug als wie zuvor.

Mephisto.
Gedenke, Du bist AfDler, Klugheit und Vernunft gehören nicht zu Deinen Kernkompetenzen.

Faust.
Wer bin ich? Die sagen mir immer, ich soll deutsch sein und die deutsche Kultur pflegen. Aber was ist das?

Mephisto.
Das ist auch schwierig bei Euch in der AfD. Für den Renner ist das z.B. der Katholizismus vor dem Zweiten Vatikanischen Konzil. Für den Sloterdijk-Schüler Jongen ist das Christentum nicht zentral.

---

1 Im Folgenden ist die Originalrede abgebildet, die Helge Lindh am 22. April 2021 im Deutschen Bundestag hielt. Sie ist auch hier nachzuhören: https://www.bundestag.de/mediathek?videoid=7516758 https://www.vorwaerts.de/artikel/spd-abgeordneter-lindh-goethes-faust-gegen-afd (Abruf: 5.9.2021).

Faust.
Ich hab mal nachgucken lassen bei den Klassikern. Wagner okay, auch Heidegger. Aber, o Gott o Gott, der Heine war jüdisch und deutschlandkritisch, der Brecht war Kommunist, der Mann war irgendwie schwul und antinational und der Zaimoglu ist krass türkisch.

Mephisto.
Und Heidegger hatte was mit Hannah Arendt. Übrigens heißt es /zaiˈmoːlu /, aber egal. Mach dir keinen Kopf, hör Musik, Freiwild, Böhse Onkelz, Andreas Gabalier.

Faust.
Vielleicht auch Heino, der singt so schöne Volkslieder, „Schwarzbraun ist die Haselnuss", das ganze Deutschlandlied, Sachen aus dem SS-Liederbuch?

Mephisto.
Ja, aber im „Kölner Treff" hat er über die AfD gesagt: „Wenn ich drüber nachdenke, wir mir übel ... So eine Partei muss man verbieten."

Faust.
Mist. Also all die Frauen mit ihrer Emanzipation und so, die machen mir Angst. Das geht nicht. Und die Fremden. Und dieser Islam. Und all der Wandel. Und wie komisch die Leute sprechen.

Mephisto.
Da haben wir doch einen Ansatz. Wir nennen das Ganze „kulturelle Identität", die AfD steht für die „Leitkultur". Ihr habt zwar keine Ahnung, was das ist. Ist aber wurscht. In den Mittelpunkt stellen wir die Sprache. Als unser Trojanisches Pferd – gegen all die Frauen, Fremden, Flüchtlinge. All die Leute, die was gegen Anglizismen haben, gegen Sprachverhunzung, gegen Gendern, gegen Political Correctness, haben wir damit gleich auch im Sack.

Faust.

Ich hab gehört, in den 50ern waren die Männer noch Männer und die Frauen noch Frauen.

Mephisto.

Und die Richter noch Nazis. Die guten alten Zeiten. Machen wir doch aus der Not eine Tugend. Es leben die 50er-Jahre unter dem Motto „Unter den Talaren der Muff von 1.000 Jahren."

Faust.

Tausendjähriges Reich. Und Muff. Finde ich gut. Die ganze Dekolonisierung nervt auch. Das ist Verteufelung des weißen Mannes. Diese Rückgabe von Objekten nach Afrika macht unsere positive Identität kaputt.

Mephisto.

Vorsicht. Mit Verteufelung kenne ich mich aus. Interessant. Raubgüter gehören somit zur deutschen kulturellen Identität? Bist Du der Teufel oder ich?

Faust.

Doch wie realisieren wir das alles?

Mephisto.

Ihr fordert einen Nationalen Aktionsplan Kulturelle Identität und eine Deutsche Akademie für Sprache und Kultur. Fertig. Konkretes, Praxis und Arbeit sind sowieso nicht so Euer Ding.

Faust.

Ach, dann kann ich jetzt ruhig schlafen wie ein Baby, und alle Dämonen und das schlechte Gewissen sind tot.

Mephisto.

Na, mach das mal. Lausche vorher noch Gabalier oder Freiwild zum Einschlafen. Und vergiss nie: Der Tod ist ein Meister aus Deutschland.

„Der Tod ist ein Meister aus Deutschland", heißt es in Celans „Todesfuge".

Zeit seines Lebens vor seinem Suizid suchte Celan den Kontakt zu Heidegger, der mit den Nazis mehr als geflirtet hatte. Im Gedicht „Todtnauberg" schrieb er Heidegger ins „Hüttenbuch" die „Zeile von einer Hoffnung, heute, auf eines Denkenden kommendes Wort im Herzen". Das Wort – der Erklärung, Begründung, Entschuldigung – es kam nie.

Helge Lindh, geboren 1976 in Wuppertal, ist Germanist und seit 2017 Mitglied im Deutschen Bundestag (Innen- und Kulturausschuss). Er ist Initiator des Projekts „In unserer Mitte" und engagiert sich in diversen Initiativen für Geflüchtete, Demokratie sowie in kulturpolitischen Gremien.

Erzähl einmal

Von Mut & Menschlichkeit

Kübra Gümüşay

Erzähl Einmal #5, „Suchen“, 31. Oktober 2018, Fotografie: privat

Manchmal stehe ich vor einem Menschen, blicke ihm in die Augen und finde dort etwas Verbindendes, Erweiterndes, Berührendes.

Manchmal stehe ich vor einem Menschen, blicke ihm in die Augen und finde dort eine Mauer zwischen ihm und mir. Eine Mauer, die diesen Menschen daran hindert, auch in mir einen Menschen zu sehen. Etwas Verbindendes, Erweiterndes, Berührendes.

Und diese letzteren Manchmale wären nicht einmal nennenswert, wenn wir nicht in einer Gesellschaft leben würden, in der diese Manchmale zu Konstanten werden. Eine Gesellschaft, die durchzogen ist von unsichtbaren Mauern, konstruiert von uns Menschen. Mauern, mancherorts so dick, so vermeintlich unumstößlich, sodass die Menschen, die sich dahinter verbergen, entmenschlicht werden. Derart entmenschlicht, dass es den Menschen auf der anderen Seite der Mauer legitim erscheint, sich über ihre Abschiebungen zu freuen, ihr Ertrinken im Mittelmeer mit Schulterzucken zur Kenntnis zu nehmen, ihre Häuser in Brand zu setzen, auf ihre Läden zu schießen oder ihnen das Leben zu nehmen. Mauern, die mancherorts dazu führen, dass das Leid des Menschen auf der anderen Seite kein Mitleid erzeugt. Kein Mitgefühl für das Gefühl des Anderen. Weil der Andere hinter der Mauer als Mensch nicht mehr erkennbar ist.

Diese Mauer ist erbaut aus schrägen Bildern, verzerrten Geschichten und zementiert durch unsere destruktiven politischen Diskurse. Doch Streit, Kontroverse, Diskurs – all diese Dinge sind Notwendigkeiten in einer gesunden Demokratie.

Genauso notwendig sind aber auch Orte, an denen wir nicht unsere Unterschiede, sondern unsere Gemeinsamkeiten betonen können.

Die Destruktivität von politischen Diskursen, in denen es nicht darum geht, Lösungen für unser gemeinsames friedliches Zusammenleben zu suchen, sondern Positionen zu verhärten, Fronten zu klären und um die Gunst des Publikums zu buhlen, machen aus der Notwendigkeit von Streit in einer Demokratie eine Belastung für die Demokratie. Ob es nun um die Klimakrise, Sexismus oder Rassismus geht: In unserer Gesellschaft erschöpfen sich die dominanten politischen Diskussionen weitgehend darin, darüber zu streiten, ob es diese Missstände überhaupt gibt – statt sich über eine gemeinschaftliche, konstruktive Lösung für diese Missstände auszutauschen.

So erscheinen viele unserer politischen Diskurse als destruktives Schauspiel, bei dem wir einander dabei zuschauen können, wie wir als Gesellschaft stagnieren, ja sogar degenerieren, auseinanderdriften. Wir können dabei zuschauen, wie die Mauern immer höher gezogen werden, wie sie immer dicker werden, undurchsichtiger, verzerrender.

Als mein Mann und ich nach Jahren im Ausland – der britischen Universitätsstadt Oxford – nach Deutschland zogen, suchte ich nach Orten jenseits dieser politisch destruktiven Diskurse. „Wo trefft ihr euch zum Denken?“, fragte ich Freund*innen in der Wissenschaft, der Politik, im Journalismus, in der Kunst und Kultur. „Es gibt keine solchen Orte“, war gemeinhin die Antwort. Es gab zahlreiche bilaterale Gespräche, bei denen sie sich zum Denken trafen, aber keine Strukturen, Institutionen, die genau hierfür konstruiert waren.

In mir aber wuchs die Sehnsucht nach anderen Formen der Begegnung mit fremden Menschen, verbindender, berührender. Die erste Form des Manchmals. Eine kleine reale Utopie, die bezeugt: Es geht anders. Wir können einander anders begegnen, verbinden. Nicht trotz, sondern aufgrund unserer Unterschiede. Nicht um diese zu vertuschen, sondern um sie zu zelebrieren. Irgendwann, in einem Gespräch, nachts in Hamburg, erzählte ich Freund*innen von diesem Traum, der schon so lange in mir schlummerte und nun so dringlich erschien wie: Erzählabende. Abende, an denen all die verschiedenen Menschen, die mein Leben streiften, bereicherten, Farben gaben, zusammenkommen würden und sich auf eine andere Art begegnen würden als sonst, als wie gewohnt. Gesagt, getan.

Ein Sessel vor dem Bücherregal, Kerzenlichter, die den Raum in ein warmes Licht tauchen und Klaviermusik, die noch lange nach dem Spiel die Wände belebt, durch die Luft schwingt und in den Köpfen wie Körpern hallt. So beginnen sie, die Erzählabende.

Dann setzt sich einer der vielen – uns vertrauten, aber einander unbekannten – Menschen in unserem Wohnzimmer auf den Sessel und beginnt zu erzählen. Eine Geschichte. Wahr muss sie sein. Ihm persönlich widerfahren. Und ein kleines bisschen muss sie mit dem Thema des jeweiligen Abends zu tun haben. Themen wie „Suchen", „Scheitern", „Altern", „Wahrheit und Lüge" oder „Hass und Liebe". Das sind die Regeln.

Doch die vielen ungeschriebenen Traditionen und unausgesprochenen Konventionen dieses Abends beginnen lange zuvor. Bei der Auswahl der Menschen: wild durcheinander. Einzig vereint in der Tatsache, dass sie alle so ein Leuchten in ihren Augen haben, ein Lächeln im Gesicht, eine gewisse Offenheit. Eine Eigenschaft, für die es noch ein gutes Wort gibt. Bei der Auswahl der Erzählenden: Suchend. Offen. Menschen, die sonst selten erzählen. Geschichten, von denen sie nicht einmal wussten, dass sie Geschichten sind. Bei dem Eintritt in den Raum: ein Zuhause. Alle packen an. Tragen die Sofas durch den Raum, zünden die Kerzen an, rollen die Teppiche aus, legen Kissen auf den Boden, stellen den Buffettisch voll mit Dingen, die sie mitgebracht haben. Bei dem Bewusstsein, mit dem die Menschen einander begegnen: mit Offenheit. Der Bereitschaft, sich anders zu begegnen als an anderen Orten. Menschlich, verwundbar. Den gesellschaftlichen Status, die Berufe gemeinsam mit dem Mantel, der Jacke und den Schuhen an der Tür abgelegt.

Das erste Mal, als wir – mein Mann und einige Freund*innen – einen Erzählabend veranstalteten, haben wir nicht lange nach einem Thema gesucht. Den ersten Abend, den Beginn, nannten wir „Mut". Weil ein Experiment Mut braucht.

Ein Freund erzählte davon, wie er nach 21 Jahren den Mut fasste, seinen leiblichen Vater zu treffen. Eine Freundin davon, wie sie als Journalistin in Afghanistan arbeitete und von Redaktionen in Deutschland als „mutig" empfunden wurde, doch für sie war es mutiger, ihrem langjährigen Freund einen Heiratsantrag zu machen. Eine andere davon, wie ihre Mutter den Mut aufbrachte, sich zu wehren. Ein anderer, wie er alleine als Minderjähriger nach Deutschland floh. Und wieder eine andere Freundin spielte an diesem Abend vor wildfremden Menschen Klavier – das erste Mal seit Jahrzehnten. Nach einer Kindheit auf Bühnen, einer Karriere, der sie den Rücken gekehrt hatte.

So reisten wir Abend für Abend durch verschiedenste Leben, Länder und Welten. 80-Jährige neben 19-Jährigen, Professor*innen neben Auszubildenden, Künstler*innen neben Unternehmer*innen, Menschen unterschiedlichster Überzeugungen, Religionen, Atheist*innen, unterschiedlichster Herkunft und Sozialisation, unterschiedlicher sexueller Orientierungen und Geschlechtsidentitäten – Menschen aller couleur. Und all diese verschiedenen Menschen hörten einander gebannt zu. Wir weinten zusammen, lachten und waren nachdenklich, berührt, bewegt und erfreut.

Über diese Abende haben in all den Jahren die teilnehmenden Menschen viele schöne Dinge gesagt, aber ein Wort fiel jedes Mal: beseelt. So fühlten sie sich. Und so fühlte ich mich. Jedes Mal. So, als würde sich meine Brust, mein Herz öffnen und all diesen Menschen Eingang gewähren. Ich fühlte mich voll und leicht zugleich. Beseelt.

Ja, es braucht Streit. Nicht um zu streiten, sondern um sich und die jeweils anderen besser zu verstehen, die Grenzen und Mauern zu sehen, zu erkennen und: zu öffnen. Das Ziel eines politischen Streits darf nicht das Niederschreien des Gegners sein, sondern der Erkenntnisgewinn. Wo führen diese Mauern entlang? Wo sind sie besonders hoch? Wo tiefer? Wo lassen sie sich überwinden? Wo braucht es mehr Aufwand? Wie, darum geht es letztlich, können wir in einer so pluralen und facettenreichen, ja, ich finde, schönen Gesellschaft wie der unseren, unser Zusammenleben friedlicher, gerechter, menschlicher gestalten?

Es geht nicht ohne den ersten wichtigsten Schritt: Den Menschen im Gegenüber erkennen. Die Menschlichkeit. Das Verbindende.

Kübra Gümüşay, geboren 1988 in Hamburg, ist Autorin des Bestsellers „Sprache & Sein“, sowie Initiatorin zahlreicher preisgekrönter politischer Kampagnen und Projekte. Das Magazin Forbes zählte sie 2018 zu den Top 30 unter 30 in Europa im Bereich Media und Marketing.

Radikale Töchter

Möglichkeitsräume sichtbar machen

Cesy Leonard

„Radikale Töchter", 2020, Fotografie: Patrick Wyatt

Kunst machen und dabei trotzdem tatsächlich was in der Welt verändern, das war schon immer mein Anspruch und Antrieb.

Als ich mich im Jahr 2011 der Künstlergruppe Zentrum für Politische Schönheit anschloss, schien ich meine künstlerische Heimat gefunden zu haben.

Mit aufrüttelnden und sehr wirksamen Kunstaktionen haben wir Themen wie Migration, Waffenhandel, Welthunger oder Rechtsextremismus wieder auf die Titelseiten gebracht und dadurch zum Hinschauen, Diskutieren und Haltung zeigen gezwungen. Ich reiste in diesen Jahren viel herum, in Deutschland und Europa, aber auch mal nach Amerika, um Vorträge über die Aktionen zu halten und Workshops dazu zu geben. Auf zahllosen Veranstaltungen konnte ich beobachten, wie viele junge Menschen sich danach sehnen, selbst politisch tätig zu werden. Gerade das künstlerische, mit klarer humanistischer Haltung ausgestattete Vorgehen abseits des Politikbetriebs schien dabei einen besonderen Reiz auszuüben: originell, öffentlichkeitswirksam und herausfordernd, aber offensichtlich auch verbunden mit einer großen Menge Spaß. Die zahlreichen Reaktionen und Anfragen bestärkten mich darin, meine Erfahrungen und mein Wissen zukünftig in noch gezielterer Weise weiterzugeben, und zwar nicht nur an jene, die ohnehin schon politisch engagiert sind.

Nein, Aktionskunst sollte zukünftig diejenigen erreichen, diejenigen begeistern, die das Gefühl hatten, dass Politik und Demokratie schon lange nichts mehr mit ihnen zu tun hat. Ich wollte ein Kunstwerk schaffen, das Menschen inspiriert, wieder ins Handeln zu kommen: die Radikalen Töchter.

Mit der Gründung im Jahr 2019, damals mit meiner Kollegin Katharina Haverich, die sich inzwischen ganz ihrer Performance-Kunst verschrieben hat, legten wir den Grundstein.

Radikal kritisch. Radikal bunt. Radikale Töchter: Der Name dabei ist Programm.

Radikal heißt: von Grund auf. Wir fördern radikales Denken und Machen, nicht um den Radikalismen an den äußersten Rändern des politischen Spektrums das Wort zu reden, sondern weil die großen Herausforderungen unserer Zeit nach großen Antworten verlangen. Es geht an die Wurzeln, auch von einem selbst. Wer sich noch nie mit einem Plakat auf einen Marktplatz gestellt hat, für den ist das eine radikale Erfahrung.

Kunst ist radikal, denn sie erlaubt es, sich selbst und die Welt einmal vollkommen anders zu denken, als man es gewohnt ist. Sie öffnet die sozialen und politischen Verhältnisse für eine andere Wahrnehmung und greift direkt in sie ein.

Kunst: Mut und Phantasie

Aktionskunst, die seit den 1960er-Jahren ein Angriff auf den traditionellen Kunstbegriff ist, bildet die Basis für all unsere Aktivitäten. Sie ist Austausch, Interpretation, Realitätsabgleich und verfolgt das Ziel, die Gesellschaft mit kreativen Mitteln zu erneuern. Sie findet außerhalb von Kunst- und Kulturinstitutionen statt: ob auf der Straße, in der Luft oder in einem See; hier sind Menschen in Aktion und niemand muss Eintrittskarten kaufen. Mit künstlerischen Mitteln wird in soziale, ökonomische und politische Ordnungen eingegriffen. Was das bringt? Verwirrung, Spaß, jede Menge Mut-Muskel-Aufbau und vor allem die Motivation, selbst ins Handeln zu kommen. Denn das Beschäftigen mit Aktionskunst zeigt, dass man nicht darauf warten muss, ausgewählt oder berufen zu werden. Die Aktionskünstlerin wartet nicht auf das Museum, das anfragt, der Aktionskünstler wartet nicht, dass er befragt wird, um sich politisch einzumischen: Aktionskünstler*innen machen einfach. Sie nehmen sich ihren Raum, ihren Platz, ihre Stimme.

Durch unsere Mut-Muskel-Training-Workshops (MMT) inspirieren wir als Radikale Töchter zu außergewöhnlichen Formen der politischen Teilhabe und Engagement. Der Trainingsplan aus politischer Bildung und eigener Aktion ist darauf ausgerichtet, Menschen zum künstlerisch-politischen Handeln zu empowern.

Um die Energie spürbar zu machen, erlebbar zu machen, was es heißt, wenn die Radikalen Töchter mit ihren Workshops kommen, haben wir einen Film gedreht. Im Film – hier zeigen wir in der Abbildung einen Ausschnitt – reiten die Radikalen Töchter auf weißen Pferden in eine triste Plattenbausiedlung ein. Begleitet von puschender Musik und weiteren „Töchtern“ und

„Söhnen", die den Reiterinnen folgen, in den für die Radikalen Töchter typischen bunten Overalls. Ein Film als Statement und als Inspiration: Da geht was.

Die jungen Menschen im Mittelpunkt

Wir haben beschlossen, in der ersten Phase unseren Fokus auf drei Bundesländer zu legen: Sachsen, Brandenburg und Thüringen. Und hier speziell auf junge Menschen, Erstwählerinnen und Erstwähler.

Laut der Studie von „More in Common" werden 45 Prozent der 18- bis 29-Jährigen als die „Enttäuschten" oder „Pragmatischen" bezeichnet.[1] Sie bilden das unsichtbare Drittel der Gesellschaft, in der sich die Mehrheit der Nichtwähler*innen befindet. Dabei ist die Vorstellungskraft und das Gestaltungspotenzial gerade von jungen Menschen unglaublich stark – wenn sich ihnen jemand zuwendet.

Im Zentrum unserer Workshops stehen die Teilnehmenden. Es geht darum, praktische Tools an die Hand zu geben, um eigene Themen und eigene Ideen für Aktionen zu entwickeln. Häufig ist der erste Punkt, eine bewusste Vorstellung davon zu entwickeln, in was für einer Welt man überhaupt leben möchte. Wo könnte man ansetzen, um dieser Vorstellung einen Schritt näher zu kommen? Das Do-It-Yourself-Trainingsprogramm inspiriert zu Innovation und Partizipation. Künstlerisch kreative Methoden fördern neue Ideen und Aktionen, die begeistern. Verdrossenheit wandelt sich in Self-Empowerment, aus haltloser Empörung wird kanalisierte Energie.

Zu den meisten Themen haben junge Menschen eine Meinung. Sie spüren, ob etwas für sie in Ordnung ist oder nicht, egal, ob es sich um Mobbing oder die Zerstörung der Umwelt handelt. Nicht immer aber ist ihnen bewusst, dass sich darin eine Haltung widerspiegelt. Das Wissen um die eigenen Grundeinstellungen ist aber eine wichtige Basis dafür, sich politisch einzumischen. Deswegen ist ein Teil der Workshops immer auf Haltungsübungen ausgerichtet: Haltung, was ist das überhaupt? Habe ich die vielleicht schon

---

1 More in Common (Hg.): Die andere deutsche Teilung: Zukunft und Zukunftsfähigkeit unserer Gesellschaft, Berlin 2019.

in mir? Wie kommt sie bei mir zum Ausdruck und was kann ich tun, um sie zum Motor meines Handelns werden zu lassen? Ziel der Veranstaltungen ist es, Menschlichkeit, Haltung und Leidenschaft zu fördern und jungen Menschen zu helfen, ihre Handlungsfähigkeit zu entdecken. Es geht bei uns um Persönlichkeitsbildung, also um mehr als rein politische oder kulturelle Bildung. Persönlichkeitsbildung, die den Teilnehmenden auch jenseits politischen Handelns zugute kommt.

Seit 2019 haben die Radikalen Töchter hunderte junger Menschen mit ihren Angeboten erreicht – in den letzten Monaten coronabedingt vor allem digital. In Städten wie Chemnitz, Gera, Erfurt oder Potsdam und virtuell fanden über 25 Workshops an Schulen, in Jugendzentren und Kultureinrichtungen statt.

Wir glauben daran, dass die Begegnung mit Aktionskunst vielseitige, effektive und niedrigschwellige Wege eröffnen kann, junge Menschen aus ihren gewohnten Denkbahnen ausbrechen zu lassen. Oder, um es mit Beuys zu sagen: „Die Zukunft, die wir wollen, muss erfunden werden, sonst bekommen wir eine, die wir nicht wollen.“ Um eine Zukunft zu erfinden, brauchen wir eine Jugend, die den Mut hat und die Phantasie, diese zu träumen.

Cesy Leonard, 1982 in Stuttgart geboren. Aktionskünstlerin, Sprecherin und Gründerin der Radikalen Töchter. Bis 2019 war sie fester Teil des künstlerischen Stabs des Zentrum für Politische Schönheit, unter anderem mit Inszenierungen am Maxim Gorki Theater in Berlin und den Münchner Kammerspielen.

Du kannst alles erreichen!

„Ohne Sozialismus keine Befreiung der Frau – ohne Befreiung der Frau kein Sozialismus“ (Alexandra Kollontai)

Lea Gronenberg

Freier Deutscher Gewerkschaftsbund: „Internationaler Frauentag 8. März 1954“, Plakat

Die Industriearbeiterin auf dem Plakat des Freien Deutschen Gewerkschaftsbunds posiert selbstsicher, den Schraubschlüssel fest in der Hand, den Blick entschlossen in die Ferne gerichtet. Die Blumen zur Feier des Frauentags liegen beiläufig herum. Die selbstbewusste, starke Frau verkörpert eine sozialistische Utopie. Einerseits äußert sie eine Erwartung an die Frauen der DDR, als Arbeiterinnen und Genossinnen ihren Teil zum Aufbau des Sozialismus beizutragen. Andererseits steht sie für das Versprechen der Gesellschaft an die Frauen, sie als Arbeiterinnen und Genossinnen und damit den Männern gleichgestellt zu behandeln.

Rechte wie gleicher Lohn für gleiche Arbeit oder der legale und sichere Zugang zu Schwangerschaftsabbrüchen waren in der DDR gesetzlich verankert. Für diese Rechte kämpfen Feminist*innen schon immer – und immer noch. Die Aktualität und das utopische Potenzial der Industriearbeiterin auf dem Plakat von 1954 bestehen vor allem im Bruch mit dem Rollenbild des patriarchalen Kapitalismus, das in der BRD vom Kaiserreich bis heute Bestand hat.

Das traditionelle Rollenbild fußt auf einer vergeschlechtlichten Arbeitsteilung im patriarchalen Kapitalismus. Während der Mann als Lohnarbeiter Mehrwert schaffen soll, ist die Frau dafür zuständig, die Arbeitskraft des Mannes zu erhalten, indem sie sowohl ihn als auch die nachkommende Generation psychisch und physisch umsorgt. Die sozialistische Frauenbewegung erkannte die Situation der erwerbstätigen Frau schon früh als eine doppelte Form der Ausbeutung: Durch die patriarchale Arbeitsteilung leisten Frauen Doppelschichten in der Erwerbs- und Hausarbeit. Die Unterteilung in produktive und reproduktive Tätigkeiten führt zu einer Abwertung von Care-Arbeit, die sich in der sozialen und ökonomischen Stellung von Frauen niederschlägt. Die Verdrängung von Frauen ins Häusliche schließt sie zudem weitgehend von gesellschaftlicher Teilhabe aus.

Nach dem Zweiten Weltkrieg wurde in Ost- wie in Westdeutschland die Arbeitskraft der Frauen gebraucht, da es schlicht zu wenig Männer gab, um den „Laden am Laufen zu halten“. Die BRD kehrte so bald wie möglich zum Leitbild der Hausfrauenehe des Kaiserreichs zurück. Frauen wurden rechtlich und ideologisch ins Häusliche gedrängt. Dort, wo das Einkommen des Mannes nicht ausreichte, die Familie zu ernähren, wurde die Erwerbsarbeit der Frau zwar toleriert, ihr Einkommen aber zum „Zuverdienst" degradiert und die Frau somit in ökonomischer Abhängigkeit von ihrem Ehemann gehalten. Berufstätige Mütter galten zudem als „Rabenmütter", die sich nicht genügend um ihre Familie kümmerten. Ein Ehe- und Familienrecht, das den Mann ermächtigte, über die Arbeitskraft seiner Frau zu verfügen, stützte die finanzielle Abhängigkeit der Frauen bis 1977. Noch heute wird die Familienernährer-Ehe steuerrechtlich begünstigt.

In der DDR hatte Lohnarbeit einen hohen ideologischen und identitätsstiftenden Wert. Die gesetzliche und moralische Arbeitspflicht galt für Frauen ebenso wie für Männer. Frauen erhielten Zugang zu den meisten Berufszweigen und hatten einen gesetzlichen Anspruch auf gleichen Lohn für gleiche Arbeit. Zusätzlich zum Gleichstellungsgrundsatz verpflichtete sich die DDR in ihrer Verfassung dazu, die notwendigen Voraussetzungen zu schaffen, „daß die Frau ihre Aufgabe als Bürgerin und Schaffende mit ihren Pflichten als Frau und Mutter vereinbaren kann". Dazu gehörten die flächendeckende Einrichtung einer außerhäuslichen Ganztagsbetreuung für Kinder, der Haushaltstag und das Babyjahr. Die Einführung der Wunschkindpille und die Legalisierung von Schwangerschaftsabbrüchen ermöglichten eine Familienplanung, die mit Berufstätigkeit vereinbar war.

Mit einer Verankerung geteilter Pflichten bei der Sorge- und Hausarbeit im Familiengesetzbuch versuchte die DDR 1966, der Mehrfachbelastung entgegenzuwirken. Laut Statistiken der Markt- und Bedarfsforschung der DDR leisteten berufstätige Mütter 1969 allerdings 93 Arbeitsstunden, Männer nur knapp 59 Stunden. Die Maßnahmen zur Vereinbarkeit von Familie und Beruf richteten sich vor allem an Mütter. Damit festigten sie – entgegen dem egalitären Rollenbild – die Verantwortlichkeit der Frauen für die Reproduktion.

Sozialistische Theorien identifizierten die Familie als Institutionalisierung der doppelten Ausbeutung von Frauen und wollten sie durch die Vergesellschaftung reproduktiver Tätigkeiten überwinden. Dieser Ansatz findet sich auch im staatlichen Kinderbetreuungs- und Erziehungssystem der DDR. Viele weitere Aufgaben – wie die Versorgung mit Lebensmitteln und Kleidung, Reinigung und Pflege – blieben hingegen in familiärer Verantwortung.

Zur Eheschließung und Familiengründung gab es materielle Anreize wie den zinslosen Ehe-Kredit und bessere Chancen auf eine eigene Wohnung.

Die Geschlechterfrage war in der DDR der Klassenfrage untergeordnet und galt mit dem Übergang zum Sozialismus als erledigt. Eine Auseinandersetzung mit Geschlechterverhältnissen und Sexismus fand darüber hinaus nicht statt. Die DDR löste schließlich das Versprechen ihres sozialistischen Frauenbilds nicht ein. Dennoch erlangten Frauen mit der Integration in den Arbeitsmarkt ökonomische Unabhängigkeit, die ihre soziale und politische Selbstbestimmung förderte. Im Einigungsprozess verloren Ostfrauen diese Errungenschaften und ihre Arbeitsplätze gleich dazu. Die neue Bundesrepublik knüpfte nahtlos an das traditionelle Frauenbild der alten BRD an.

In den letzten drei Jahrzehnten hat dieses Frauenbild zunehmend Risse bekommen. Das Versprechen an die Mädchen der Nachwendegeneration lautete: „Du kannst alles erreichen!" Bilder selbstständiger, starker Frauen sind heute allgegenwärtig. Die Vorbilder sind aber keine Industriearbeiterinnen wie auf dem Gewerkschaftsplakat von 1954, sondern Managerinnen und Unternehmerinnen. In den Sozialen Medien inszenieren Mädchen und Frauen sich selbst als #girlboss. Frauenempowerment wird auf T-Shirts und in Kursen zur Selbstoptimierung vermarktet. Die sozialistische Utopie wurde verdrängt von einer kapitalistischen Utopie.

Der liberale Feminismus fügt sich nahtlos in den Kapitalismus ein, indem er an die Durchsetzungskraft und den individuellen Leistungswillen von Frauen appelliert. Selbstbestimmung bedeutet in dieser Logik, dass jede Frau aus eigener Kraft die Karriereleiter erklimmen darf, bis sie sich an der „gläsernen Decke" den Kopf stößt. Ökonomische, gesellschaftliche und politische Verhältnisse, die Frauen und insbesondere mehrfachdiskriminierte Personen strukturell benachteiligen, werden dabei ausgeblendet.

Die Diversität sexueller Orientierungen und geschlechtlicher Identitäten wird als Ausdruck individueller Freiheit akzeptiert. Die heterosexuelle Kleinfamilie genießt jedoch weiterhin einen Sonderstatus als „Keimzelle der Gesellschaft", in der Frauen durch unbezahlte Arbeit die Reproduktion sicherstellen. Auch wenn die Vereinbarkeit von Familie und Beruf zunehmend in den Fokus gleichstellungspolitischer Programme rückt, bleibt ihre Umsetzung den Familien selbst überlassen. Der einzige Ausweg aus der Mehrfachbelastung besteht für viele Frauen weiterhin darin, sich zwischen Kind und Karriere zu entscheiden. Im Jahr 2019 liegt die Erwerbstätigkeit von Frauen mit Babys und Kleinkindern laut Statistischem Bundesamt bei knapp 60 Prozent, bei den Männern sind es etwa 90 Prozent.[1] Die Hälfte der berufstätigen Frauen arbeitet in Teilzeit, bei den Männern ist es nur jeder zehnte.[2] Als Gründe für eine Reduzierung der Stunden benennen die Frauen zu einem großen Teil familiäre Gründe. Durch die Corona-Pandemie hat sich für viele die Lage zusätzlich verschärft.

Wer es sich leisten kann, lagert die Care-Arbeit gegen (schlechte) Bezahlung aus. Vor allem migrantische Frauen übernehmen in Pflege-, Erziehungs- oder Putz-Jobs die Arbeit, die Familien nicht übernehmen können. Die Abwertung reproduktiver Arbeit besteht in der marktförmig organisierten Care-Arbeit fort, wo sie sich in prekären Arbeitsbedingungen äußert. Die vergeschlechtlichte Ausbeutung wird entlang gesellschaftlicher Machtverhältnisse verschoben.

Der liberale Feminismus hat sich mit dem patriarchalen Kapitalismus arrangiert, er ermöglicht lediglich einigen wenigen Frauen den Aufstieg innerhalb der bestehenden Verhältnisse. Realpolitisch und ideologisch bietet die Geschlechterpolitik der DDR eine Alternative dazu an. Zugleich zeigt sie, dass die Geschlechterfrage sich nicht als Nebenwiderspruch im Sozialismus auflöst.

Lea Gronenberg, geboren 1990 in Hannover, ist Politikwissenschaftlerin. Sie arbeitet theoretisch und aktivistisch zu materialistischem Feminismus. In feministischen Filmkritiken setzt sie sich kritisch mit Rollenbildern auseinander.

---

1 Vgl. https://de.statista.com/infografik/22915/anteil-der-erwerbstaetigen-muetter-und-vaeter-mit-kindern-unter-3-jahren-in-deutschland/ (Abfrage: 6.7.2021)

2 Vgl. https://www.wsi.de/de/zeit-14621-teilzeitquoten-der-abhaengig-beschaeftigten-19912017-14748.htm (Abfrage: 6.7.2021).

Eine Brücke in die Zukunft

Schritte zu einer offenen und solidarischen Gesellschaft

Karamba Diaby

„Brücke in Marsassoum, Senegal", 1986, Fotografie: privat

Seit Kurzem habe ich einen anderen Hintergrund. Ich meine nicht meinen ethnischen oder politischen Hintergrund, sondern jenen, den ich bei Videokonferenzen nutze. Hinter meinem Rücken ist nun virtuell eine Brücke zu sehen. Es ist die erste Brücke in Marsassoum. In dieser kleinen Stadt im Senegal bin ich 1961 geboren und aufgewachsen. Ich erinnere mich noch an die Zeit, als ich ein Kind war und Politiker*innen zu uns kamen und eine Brücke über den Soungrougrou versprachen. Diese Brücke wäre ein bedeutsames Infrastrukturprojekt für diese Region und die Menschen, die dort leben. Heute, ein halbes Jahrhundert später, befindet sich diese Brücke nun tatsächlich im Bau und wird bald fertiggestellt sein. Besser spät als nie, dachte ich mir und habe mich über diese Nachricht gefreut. Mein Hintergrundbild erinnert mich daran, wie wichtig es ist, Verbindungen aufrechtzuhalten, Wertvolles zu bewahren und sich seine Identität auch in Zeiten des Wandels und neuer Herausforderungen zu erhalten. Brücken zu bauen ist die wichtigste Aufgabe der Politik – physische wie geistige Brücken.

In den vergangenen Jahren nehme ich leider wahr, dass einige Brücken brüchig geworden sind. So bemerke ich zum Beispiel die Verrohung der Sprache und eine gewachsene Aggressivität in Diskussionen miteinander – und zwar auch im Deutschen Bundestag. Eine Partei grenzt mit ihrer Sprache aus, wertet Menschen ab. Während wir mit Schrecken darauf reagierten, als wir mit den rechtsextremistischen Anschlägen und Morden in Halle und Hanau oder mit dem politischen Mord an dem Kasseler Regierungspräsidenten Walter Lübcke konfrontiert waren. Kurzum: Es gibt Spaltungstendenzen in unserer Gesellschaft und das im Westen und im Osten dieses Landes. Wir müssen aufpassen, dass diese Spaltung nicht immer weiter voranschreitet. Aber wie kann einer solchen Entwicklung entgegengewirkt werden? Wie können wir verhindern, dass Hass und Hetze die Oberhand gewinnen? Ich möchte in einer Gesellschaft leben, die offen und solidarisch ist. Wir alle müssen in den sozialen Medien genauso wie auf den Straßen dieses Landes für Zusammenhalt und gegen Spaltung einstehen.

Ein Verständnis für Menschen- und Bürgerrechte, Solidarität und demokratische Strukturen ist dafür eine wichtige Voraussetzung. Deshalb ist es meine

Überzeugung als Integrationsbeauftragter der SPD-Bundestagsfraktion und als Bildungspolitiker, dass politische Bildung und Medienbildung Grundvoraussetzungen sind, um dieses Verständnis zu wecken.

Wir benötigen politische Bildung entlang der gesamten Bildungskette – nicht nur als Schulfach „Politik", das ohnehin leider viel zu oft in Lehrplänen ein Schattendasein führt. Politische Bildung muss künftig viel mehr ein fester Bestandteil des Schulalltags in Deutschland sein. Hierzu möchte ich eine Positionierung der SPD-Bundestagsfraktion zitieren:

„Politische Bildung ist ein Gebot der Stunde: in Schule und Hochschule, außerschulisch und in der Erwachsenenbildung. Ein Leben lang. Politische und politisch-historische Bildung können helfen, die Gesellschaft auf einem festen demokratischen Fundament zu verankern und Demokratie und Grundwerte durch Jede und Jeden mit Leben zu füllen."[1]

Politische Bildung sollte bereits in der Kita beginnen und als eigenständiges Schulfach in allen Schulformen, Klassen und Jahrgängen flächendeckend in Deutschland angeboten werden. Lehrkräfte, Erzieher*innen und anderes pädagogisches Personal müssen dabei begleitet werden und brauchen Angebote für einschlägige Fortbildungen. Parallel dazu sollten Schüler*innenvertretungen sowie schulische Kinder- und Jugendparlamente junge Menschen für politisches Engagement motivieren. Nur so können Gestaltungschancen und gesellschaftliche Teilhabe ermöglicht werden. Politische Bildung wird die Demokratie und den Zusammenhalt fördern und sollte daher wesentlich mehr in den Fokus der Debatten gerückt werden. Aber das ist nur ein Aspekt. Daneben sollten wir auch einen stärkeren Sozialstaat aufbauen, ein Demokratiefördergesetz durchsetzen und die Sicherheitsbehörden sensibilisieren.

Ich bin ein waschechter Ossi und ich weiß, dass für viele im Osten Brücken nach der Wiedervereinigung einbrachen: 8.000 Betriebe wurden abgewickelt, es gab 13.000 Privatisierungen und drei Millionen Menschen verloren ihre Arbeit. Und noch heute steht der Osten bei vielen Indikatoren schlechter da:

1 Vgl. Positionspapier der SPD-Bundestagsfraktion, 6. Oktober 2020, https://www.spdfraktion.de/system/files/documents/fraktionsbeschluss_politische-bildung_20201006.pdf (Abruf: 1.8.2021).

höhere Arbeitslosigkeit, weniger Bruttowertschöpfung, weniger Produktivität, weniger Pro-Kopf-Einkommen, geringere Renten. Hinzu kommt, dass von den 109 Abteilungsleiter*innen in allen Bundesministerien 2017 nur vier aus Ostdeutschland stammen. Von den hundert größten ostdeutschen Unternehmen haben nur 28 ostdeutsche Hintergründe. Von den 190 DAX-Vorständen kommen gerade einmal drei aus Ostdeutschland. Es gibt nur eine Universitätsrektorin mit ostdeutschem Hintergrund. Das klingt nicht fair. Ich habe eine Sympathie für eine Ost-Quote. Die Frage ist nur, wie definieren wir sie? Dazu habe ich noch keine zufriedenstellende Antwort gehört. Aus meiner Sicht ist es wichtig, dass mehr Bundesbehörden oder andere bundesweit zuständige Einrichtungen in den ostdeutschen Bundesländern angesiedelt werden. Die Stellenbesetzungen in den Bundesbehörden sollten längst auch zu einem „angemessenen Teil“ mit Personen aus den ostdeutschen Bundesländern besetzt werden, wie auch im Grundgesetz in Art. 36 verankert ist. Diese Vorgabe sollte aus meiner Sicht konsequent umgesetzt werden. Dafür ist es wichtig, dass die Handelnden für das Thema offen und zugänglich sind. Viel zu oft höre ich, es sei kein Nachteil damit verbunden, aus den neuen Bundesländern zu stammen. Das ist offenkundig falsch. Richtig ist: Dieser Nachteil ist nicht naturgegeben. Er ist menschengemacht. Und kann durch Menschenhand wieder behoben werden.

Ich bin aber nicht nur ein waschechter Ossi, ich bin auch Naturwissenschaftler, Bildungspolitiker, Sozialdemokrat, Familienvater, Kleingartenliebhaber. Und ich koche sehr gern – das alles bin ich. Alle diese Elemente gehören zu meiner Identität. Meine Hauptthemen als Abgeordneter sind vor allem Bildung und Forschung. Ich verfolge das Ziel, die Forschung weiterhin so zu unterstützen, dass Innovationen als wichtige Säule der gesellschaftlichen Entwicklung, aber auch die Sozialentwicklung vorangetrieben werden können.

Zukunftsthemen wie Künstliche Intelligenz, Klimaschutz oder eine global vernetzte und gerechte Gesundheitspolitik müssen mehr Beachtung finden. Sie sind nicht nur mit Herausforderungen verbunden, sondern bieten auch vielfältige Chancen für die kommenden Generationen. In diesen Bereichen werden wir Forschung verstärkt unterstützen und für die Umsetzung der Resultate sorgen. Die Sozialforschung kann uns Antworten darauf geben, wie es uns gelingen kann, die Zugangsvoraussetzungen zu Bildung und die Erfolgschancen der Kinder – unabhängig vom Geldbeutel und von der Herkunft der Eltern – zu verbessern. Diese Erkenntnisse müssen wir aufnehmen, um hier die dringend notwendigen Veränderungen zu erreichen.

Hervorzuheben ist außerdem, dass Rassismus und Rechtsextremismus gesellschaftliche Gefahren darstellen, mit denen sich auch die Forschung erheblich mehr auseinandersetzen muss. Die Rassismusforschung hat durch eine Aufstockung der finanziellen Mittel inzwischen eine neue Wertigkeit erfahren. Auch damit können wir die Demokratie besser schützen. Für mich steht fest: Demokratiestärkung ist eine Daueraufgabe und muss auch dauerhaft gefördert werden. Dazu gehört auch, ehrenamtliches Engagement zu würdigen und aktiv zu unterstützen. Dafür wurde 2020 die Deutsche Stiftung für Engagement und Ehrenamt ins Leben gerufen.

In den ostdeutschen Bundesländern gibt es laut der repräsentativen Befragung „Der Deutsche Freiwilligensurvey“[2] viel Engagementbereitschaft, aber eine vergleichsweise niedrige Engagementquote. Wir haben hier leider zu wenige Strukturen im Osten und auch weniger Institutionen. Darum freut es mich umso mehr, dass mit der Deutschen Engagementstiftung mit Sitz in Neustrelitz ein deutliches Zeichen gesetzt wurde. Aber natürlich ist das nur ein Beispiel. Die regionalen Netzwerke vor Ort müssen weiter auf- und ausgebaut werden. Anders gesagt: Wir müssen Brücken bauen.

Dr. Karamba Diaby, geboren 1961 in Marsassoum, Senegal. Er ist promovierter Chemiker und wurde 2013 als erster in Afrika geborener Schwarzer Mensch Mitglied des Deutschen Bundestags, 2017 und 2021 erneut gewählt. Er engagiert sich als Integrationsbeauftragter.

2 Vgl. Deutsches Zentrum für Altersfragen: Freiwilliges Engagement in Deutschland. Der Deutsche Freiwilligensurvey 2019, https://www.dza.de/forschung/fws (Abruf: 5.9.2021).

Dreams without Borders

احلام بلا حدود

Mein Weg zu Grenz-überwindung und *Togetherness*

Jamila Al-Yousef

Jamila & The Other Heroes: „BORDER SYNDROME“, 2021, Artwork

BORDER SYNDROME احلام بلا حدود

الطريق للبيت اجمل من البيت
(My way home is more beautiful than home)

My way till home is my home
Flying through diasporic zones
On the road I feel less alone
Roadtrippin home

I am an emotionally homeless white passing girl,
except for here, where my Palestinianness takes off my protection fur.

I park my dignity with the waves of the red sea
while they stripsearch my soul, and interrogate my extrovert me.

I pole dance my privacy for you, but this is not a tinder date,
it's the daily misuse of your power and control!

„If you are collaborative it will not take so long.
Who do you know here and how did you meet?
Give me their numbers and let me see the photos on your phone!
And how did your parents meet, what do they work,
where do they live and how much money do you earn?"

Leave me alone! I'm just exercising my right to go home!

Hours later I find my dignity in the sound of the sea.
Wish I'd just dive to Aqaba or wake up in Ramallah and be free.

Still white skin privileged I stroll disoriented through Eilat,
with heavy bags and a heavier heart.

I crave for arms in which I can surrender.
I long for arms to fight my emotional homelessness
and this unfair political abuse of a region torn apart.

Let's build a place of togetherness where everyone is allowed
- no matter what name or passport -
live in freedom of moving souls and healing hearts, but we are seperated,
geographically so close, but further away than stars.

I long for touch
I long for love
I long for equality and the end of psychological wars.

الطريق للبيت اجمل من البيت
(My way home is more beautiful than home)

My way till home is my home
Flying through diasporic sounds
On the road I feel less alone
Roadtrippin home

Jamila & The Other Heroes: „BORDER SYNDROME“, Song

Meine Identität wird umwebt von zwei Ländern, die es auf der Weltkarte nicht gibt. Geboren in einem Staat, der nicht mehr existiert, bin ich aufgewachsen mit dem familiären und politischen Erbe eines Landes, das immer noch um Autonomie und Freiheit ringt – eben jene Werte, die ich in meiner Musik seit jeher besinge.

Ich bin am Tag des Mauerfalls in Ostberlin geboren. Gerne bilde ich mir ein, ich habe die revolutionäre Energie der damaligen Zeit mit der Muttermilch aufgesogen. Vielleicht aber auch die Angst und Ohnmacht. Früher habe ich mich als Halbdeutsche/Halbpalästinenserin gelabelt. Heute weiß ich, dass ich nicht halb/halb, sondern ein ganzer Mensch bin und beschreibe meine Identität manchmal mit einem Zwinkern als Doppelost: Ostberlin und Nahost. Während in Berlin 1989 eine Mauer fiel, wurde während meiner Jugend in Palästina widerrechtlich eine hochgezogen – dem Land, das mir heilig geworden ist, weil dort Menschen ihre Würde trotz aller Verletzungen schützen. Ein Großteil meiner Familie ist während des Sechstagekrieges 1967 geflohen und lebt seitdem auf dem blau leuchtenden Globus verstreut, auf dem Palästina fehlt. Sie wurden nach der Flucht von der israelischen Besatzungsarmee an der Grenze zu Jordanien nicht wieder hineingelassen und tragen seither das Loch der Heimatlosigkeit in ihren Herzen. Mit der Traurigkeit und Schwere des familiären Heimatverlusts bin ich ebenso aufgewachsen wie mit der immensen Schaffenskraft, das, was ich will, zu manifestieren und umzusetzen. Von meinen Eltern habe ich gelernt, mich für Gerechtigkeit und gegen Machtmissbrauch einzusetzen – sei es im Klassenzimmer, in der jahrelangen Festivalarbeit, in der ich mit Projekten wie Arab* Underground diverse Perspektiven aus Nahost und Nordafrika sichtbar machen wollte oder jetzt mit meiner Arbeit als Antirassismus- und Empowermenttrainerin. In meinen Workshops versuche ich meine Mitmenschen dafür zu sensibilisieren, welche Privilegien und Macht sie innehaben und wie sie diese teilen können. Wir haben keine Wahl, in was für eine Familie, auf welchem Fleck der Welt, mit was für einem Namen und mit welchen körperlichen Eigenschaften wir geboren werden – aber wir können uns bewusst entscheiden, wie wir mit den uns gegebenen Privilegien oder der Diskriminierung, die manche erfahren, umgehen. Ein Weg für mich ist die Musik. Sie war schon früh meine Rettung und hat mich immer dann empowered, wenn sich der Weltschmerz in mir ausbreitete. Dabei umkreist mein musikalisches Schaffen zwangsläufig immer die Suche nach Freiheit, nach der eigenen, vielschichtigen Identität und nach einem Zuhause. Damit meine ich weniger einen Ort, als die Art, wie und mit wem wir uns durchs Leben bewegen. Heimat ist für mich Offenheit, Wärme, Bewertungsfreiheit – und der Mut zur Verbundenheit, gerade da, wo eine physische Trennung besteht, zum Beispiel durch politische Grenzen oder soziale Ausgrenzung.

Ich frage mich, welche Bedeutung Grenzen in der Zeit des Kalten Krieges für meine Eltern hatten und wie sie mit der Unterschiedlichkeit ihrer Privilegien umgegangen sind. Mein Vater kam heimatlos in die DDR. Er ist ohne seine Eltern aufgewachsen, die gestorben sind, als er noch ein Kleinkind war, und als 15-Jähriger alleine geflohen. Seine Familie war fern, allerdings erlebte er eine Reisefreiheit, die meiner Mutter verwehrt blieb: Er durfte die Grenzen der DDR überqueren. Meine Mutter hingegen hatte ihr Zuhause und ihre Familie in Ostberlin. Was meine Eltern verband, war das Aufwachsen in beengenden Verhältnissen und zugleich die Möglichkeit, im Bildungssystem der DDR als erste Generation in ihren Familien zu studieren. Das brachte auch eine große Verantwortung mit sich, diejenigen zu unterstützen, die nicht die gleichen Chancen hatten – sowohl in der eigenen Familie als auch darüber hinaus. Meine Eltern wollten einen Beruf ergreifen, der anderen Menschen hilft und studierten deshalb Medizin an der Charité, wo sie sich in den 1980er-Jahren kennen- und liebenlernten.

Aufgewachsen bin ich in dieser immensen Liebe, zugleich aber auch mit dem Perfektionismus und Leistungsdruck, vielleicht gar Schuldgefühlen, die das Privileg des sozialen Aufstiegs und das Leben in Frieden zwangsläufig mit sich bringen – wissend, dass das keine Selbstverständlichkeit ist. Ich bin aufgewachsen in äußerer Sicherheit, aber in der Abwesenheit innerer. Ich bin aufgewachsen mit dem Schmerz des Familien- und Heimatverlustes sowie Albträumen von Flucht und Vertreibung.

Grenzen spielten seit jeher eine große Rolle in meinem Leben. Ich habe viele überquert, mit meinen Eltern durch die Welt reisend, und gleichzeitig um die fortlaufende Veränderung von Grenzen in Palästina durch illegalen Siedlungsbau gewusst, der auch die Ländereien meiner Familie betrifft. Ich habe diskriminierende Grenzerfahrungen an Checkpoints und Flughäfen gemacht. Ich habe den eigenen Grenzverlust in mangelnder Selbstfürsorge erlebt und gleichzeitig immer nach künstlerischer Grenzenlosigkeit gesucht.

Als ich Silvester 2019 spontan nach Aqaba reiste, um in einem Boot über das Rote Meer zu fahren, ahnte ich nicht, dass dies wegen der Pandemie vorerst meine letzte Reise in der Region sein würde. Zwei Wochen lebte ich in einer Kommune im Sinai. Bei majästetischen Sonnenuntergängen und geschützt von den wüstigen Bergen musizierte ich mit Menschen aus Ägypten, Jordanien, Palästina, Israel und Europa zusammen in das neue Jahr. Was uns vereinte war der Wunsch nach *Togetherness* – der Kraft des Zusammenseins – und dem Überwinden von Grenzen. Was uns trennte, waren die verschiedenen Traumata und Privilegien in Bezug auf Kriegserfahrungen und Reisefreiheit.

Zwei Wochen später an der Grenze in Eilat werden sowohl meine zwei palästinensischen Freundinnen mit israelischem Pass, als auch meine Freundin mit ihrem deutschen Pass direkt durchgewinkt. Mir hingegen, der Frau mit palästinensischem Namen, nimmt man den deutschen Pass ab. Die Stunden des Wartens und Verhörtwerdens beginnen. Die Sonne geht unter. Meine Freundinnen treten schließlich ohne mich die Rückreise an. Ich befand mich im Limbo des Grenzsystems – konnte weder zurück nach Ägypten, noch die Grenze nach Jordanien überqueren. Ich blickte über das Rote Meer nach Saudi Arabien, wo ebenfalls wunderbare Freunde von mir lebten – warum gab es kein Schiff, das mich hätte zu ihnen bringen können? Und warum keinen Zug nach Beirut oder Damaskus? Auf einmal wurde mir bewusst, wie absurd und gewaltvoll es ist, dass die Menschen dieser Region sich kaum oder nur unter sehr erschwerten Visa- und Reisebedingungen begegnen können, obwohl sie physisch so nah beieinander leben. Wir organisieren und besuchen Festivals in Europa, um gemeinsam zu Bands aus der arabischen Region tanzen zu können. Wir drehen Filme in Berlin und LA, um zusammen etwas kreieren zu können. Oder wir begegnen uns in den unendlichen Weiten der digitalen Welt, ohne uns je umarmen zu können.

Nach neun Stunden Verhörprozedur, in der mein Handy, mein Körper und meine Seele durchsucht wurden, war ich gestrandet zwischen verkommenen Plattenbauten. Es fuhren keine Busse mehr, also war ich gezwungen, dort zu übernachten. Aus meiner Ohnmacht heraus schrieb ich mich frei mit dem Gedicht BORDER SYNDROME, woraus ein Song meiner Band JAMILA & THE OTHER HEROES entstanden ist. Im dazugehörigen Musikvideo stehen vor und hinter der Kamera Künstler*innen aus Palästina und Syrien – was im Grenzraum Nahost kaum möglich gewesen wäre. Ich bin dankbar für diese Erfahrung, weil sie mich meinem Wunsch nach Grenzüberwindung und *Togetherness* einen Schritt näher bringt.

Ich hoffe, die Mauer in Palästina fällt, bevor ich von dieser Welt gehe.

Jamila Al-Yousef, am 9. November 1989 in Berlin geboren, ist Kulturwissenschaftlerin, Antirassismus- und Empowerment-Trainerin sowie Musikerin der Band JAMILA & THE OTHER HEROES. Sie gründete u.a. das „Arab* Underground"-Programm auf dem Fusion Festival und baute das „Welcome Board" zur Unterstützung geflohener Musikschaffender für das Land Niedersachsen auf.

IV

WAS WOLLEN WIR MIT-NEHMEN?

Gemeinsame

Geschichte(n), neue

Erinnerungen und

Verbindungen zwischen

Ost und West

Erinnerungs-stützen

Gedenkstätten- und Erinnerungspolitik in Ost und West – Was zu tun ist

Burkhard Jellonnek

Seiji Kimoto: „Erinnerungsstütze“, 2005, Skulptur, vor der Johanniskirche in Saarbrücken 2012, Fotografie: Peter Riede

Als Kind erlebte er den Bombenterror im Zweiten Weltkrieg hautnah: Seiji Kimoto, 1937 im japanischen Osaka geboren, sah, wie Feuersbrünste ganze Städte zerstörten, und er erblickte verkohlte Leiber am Straßenrand. Diese traumatischen Kindheitserinnerungen haben ihn nie mehr verlassen. Mitte der 1960er-Jahre kam er als Innenarchitekt nach Südwestdeutschland, heute arbeitet er als freischaffender Künstler, Bildhauer und Kalligraph. Macht und Ohnmacht, das Panoptikum des Leidens, wurden Antriebsfedern seines umtriebigen Schaffens. Kimoto studierte Kunst an der Hochschule der Bildenden Künste Saar bei Boris Kleint und fühlte sich weiterhin von Orten des Schreckens angezogen. 2004 schuf er für die Gedenkstätte Berlin-Hohenschönhausen das Relief „Menschenmaterial", 2006 die Großskulptur „Stein unter Bewachung" für die Gedenkstätte Mauthausen, 2015 „Erneuerung und Widerstand" für Natzweiler-Struthof und 2019 ein Mahnmal am Loibl-Tunnel in Kärnten. Das ist nur eine kleine Auswahl aus seinem umfänglichen, einschlägigen Gesamtwerk, zu dem auch die hier vorgestellte Arbeit „Erinnerungsstütze" gehört: Sie wurde 2005 für Mauthausen erschaffen, 2010 in Regensburg, 2012 vor der Johanniskirche in Saarbrücken, 2015 in Natzweiler gezeigt. Ein Aufschrei, wie schwierig Erinnerungsarbeit inzwischen geworden ist.

In der Bundesrepublik Deutschland sehen wir, wie sich in den letzten Jahren – begleitet durch eine erstarkende AfD in der Mitte unserer Gesellschaft – zunehmend fremdenfeindliche wie antisemitische Einstellungen eingeschlichen haben und sich im öffentlichen Diskurs, auf der Straße wie im Internet, Gehör verschaffen. Vor einigen Jahren hatte das Bundesverfassungsgericht in seiner Entscheidung vom 17. Januar 2017 noch auf ein NPD-Parteienverbot trotz ihrer „ideologisch eindeutigen" Verfassungswidrigkeit verzichtet, da sie politisch zu unbedeutend sei. Heute offenbaren AfD-Abgeordnete im Bundestag wie in allen anderen deutschen Landtagen ihre Durchschlagskraft – leider auch mit Blick auf die Erinnerungspolitik. Spätestens mit Alexander Gaulands kalkulierter Provokation, „Hitler und die Nationalsozialisten" als einen „Vogelschiss in 1.000 Jahren erfolgreicher deutscher Geschichte" in einer Rede am 2. Juni 2018 zu verharmlosen, ist der überparteiliche Konsens in der Erinnerungspolitik, unser Kniefall vor allen NS-Opfern und -Opfergruppen, aufgekündigt. Speerspitze ist hier der AfD-Fraktionschef im thüringischen Landtag, Björn Höcke, der das Berliner Holocaust-Mahnmal doppeldeutig als „Denkmal der Schande" titulierte, eine „erinnerungspolitische Wende um 180 Grad" forderte und von einer „dämlichen Bewältigungspolitik" sprach.

Die Kommunikationskultur ist vergiftet. Der Blick auf die Entwicklungen um Gedenkstättenpolitik in Ost und West zeigt zwar – nicht erstaunlich –, dass beide Teile Deutschlands auf die gleiche NS-Vergangenheit zurückblicken, doch hat sich nach Kriegsende die jeweilige Sicht auf die Historie schnell geändert. Während die DDR den Widerstand gegen die Nazis bei sich verortete und mit einem staatlich organisierten Antifaschismus flankierte, tat sich die Bundesrepublik Deutschland angesichts der versteckten Integration vieler NS-Täter*innen schwer. Erst die Studentenbewegung und ein zivilgesellschaftliches Aufbegehren veränderten mit dem allmählichen Aussterben der Täter*innen auch das Bewusstsein. Der Historiker Norbert Frei spricht heute von einer Bürokratisierung der Erinnerungskultur. Anders die Entwicklung nach der Friedlichen Revolution. Die Abrechnung mit Ex-Stasi-Mitarbeiter*innen und die Entlassung von Lehrkräften der Staatsbürgerkunde ließen die Bildungsziele ins Hintertreffen geraten: Politische Bildung war nicht mehr angesagt – zumal die Vertrauensverluste in die Repräsentant*innen der alten Bundesrepublik nach Westimporten im Polit- wie Wirtschaftssystem angesichts vieler zerstörter Biografien dem Versprechen „blühender Landschaften" nicht standhalten konnten. Das Resultat zeigt sich auf verschiedene Weise: so zum Beispiel 2021 in der Bestandsaufnahme des Ostbeauftragten der Bundesregierung, Marco Wanderwitz, der verfestigte rechtsradikale Strukturen im Osten wahrnimmt, aber auch bei den Ergebnissen der Landtagswahl in Sachsen-Anhalt.

Nun ist Rechtsradikalismus in Deutschland unbestreitbar kein alleiniges Problem ostdeutscher Länder. Durchgängig sehen sich Gedenkstättenpädagog*innen heutzutage perfide verfälschten Thesen ausgesetzt – bar jeder Vernunft. Nicht nur die Gedenkstättenleiter*innen Axel Drecoll (Sachsenhausen), Jens-Christian Wagner (Buchenwald) oder Elke Gryglewski (Stiftung Niedersächsische Gedenkstätten) schlagen Alarm. Dramatisch gestiegene antisemitische Vorfälle im Gefolge der Mordtat an dem Kasseler

Regierungspräsidenten Walter Lübcke, aber auch die rechtsextremistischen Anschläge auf die Synagoge in Halle und in Hanau verdunkeln die Statistiken über Extremismus. Längst gibt es unheilvolle Allianzen von Coronaleugner*innen, Reichsbürger*innen, Identitären und Esoteriker*innen, die sich mit Weltverschwörungstheorien und Fake News gegenseitig starkmachen.

Was ist zu tun? Wir müssen die Bildungsarbeit in unseren Gedenkorten neu ausrichten. Zu lange wurde das fortschreitende Aussterben der Zeitzeug*innen beklagt, statt die eigene Arbeit um quellenkritische NS-Aufarbeitung auch als Impuls für einen Brückenschlag zur Gegenwart zu begreifen. Was bedeutet es für uns, wenn Phänomene der Ausgrenzung und Missachtung von Menschenrechten vergangener Tage in der Gegenwart erneut auftauchen? Gruppenbezogene Menschenfeindlichkeit ist gestern wie heute anzutreffen, auch das postkoloniale Erbe ist durch die Schulen des „Dritten Reiches" gegangen und fällt uns heute vor die Füße. Diese Traditionen und Kontinuitäten um Rassismus und Fremdenfeindlichkeit und die Fratzen ihrer Wiedergänger müssen wir aufzeigen.

Künftig sollte die Gedenkstättenarbeit einen noch engeren Schulterschluss mit Schulen suchen und verstärkt auf digitale Angebote setzen, wie zum Beispiel das Hologramm-Experiment mit den Shoah-Überlebenden Pinchas Gutter und Anita Lasker-Walfisch, das algorithmengesteuert 5.000 mögliche Schüler*innenfragen auf Zuruf individuell einspielen kann. Zudem gibt es 70.000 ergreifende Zeitzeugen-Videos – nicht nur aus Spielbergs Shoah Foundation – in 31 Sprachen aus 57 Ländern und mit einer Spielzeit von 14 Jahren. Dazu gehören auch Spielfilme, Dokumentationen sowie NS-Filme wie „Jud Süß" und „Hitlerjunge Quex", die ebenfalls für die pädagogische Arbeit nutzbar sind. Verstärkt sollte auf Quellenarbeit gesetzt werden; auch hier sind die digitalen Chancen immens. Opfer wie Täter*innen müssen in den Blick genommen werden, um das ausgrenzende NS-System mit seiner vorgegaukelten Volksgemeinschaft in seinen Strukturen zu erfassen. Vonnöten ist darüber hinaus eine Stärkung der NS-Forschung an den Universitäten, auch um durch eine Zusammenarbeit mit den Gedenkstätten deren Angebote zu bereichern. Kleinere Locations müssen finanziell besser ausgestattet werden und sich weiter professionalisieren. Schüler*innenorientierung muss gerade dort, aber auch in der schulischen wie außerschulischen Arbeit großgeschrieben werden. „Langweilig“ darf nicht die Antwort aus Schüler*innen-Mund sein. Vielmehr sollten die Kids eine Antwort auf die Frage bekommen: „Was hat das mit mir zu tun?“[1]

Es ist alarmierend, wenn heute als Ergebnis einer Studie der Körber-Stiftung (Geschichtswettbewerb) vier von zehn Schüler*innen mit dem Begriff „Auschwitz“ nichts anfangen können, wenn Begriffe wie „schwul“, „Du Jude“ oder „Du Opfer“ auf Schulhöfen zu hören sind, ohne dass Lehrkräfte eingreifen. Statt im bundesweit ohnehin zusammengekürzten Geschichtsunterricht auf den „Marsch durch die Jahrhunderte“ zu setzen, wäre es besser, mit den Schüler*innen kompetenzorientiert die demokratiegefährdenden Herausforderungen im 20. und 21. Jahrhundert zu diskutieren: projektorientiert und fächerübergreifend im Sinne einer Stärkung der Demokratie. Dass ein solches Vorgehen die Ausnahme ist, haben jüngere Studien im Auftrag der Bertelsmann Stiftung und der Friedrich-Ebert-Stiftung kritisch aufgezeigt.

Aber auch unsere Zivilgesellschaft muss sich mit Blick auf das aktuell dünne Eis unserer Demokratie wehrhafter zeigen. Denn es ist nicht nur die Politik „da oben“, die gegen Antisemitismus, Rassismus anzukämpfen hat. Wir alle sind gefordert, engagiert „Nein!“ zu sagen, wenn Grenzen unseres Grundgesetzes überschritten werden. Die Reichskriegs- und andere Flaggen, Demonstrierende mit Judenstern mit der Aufschrift „ungeimpft“, der „Rassist“ Höcke als beurlaubter, hessischer Oberstudienrat in Staatsdiensten: Wie lange lassen wir uns das noch gefallen?

Dr. Burkhard Jellonnek, geboren 1957 in Münster in Westfalen. Seit 2014 Leiter des Landesinstituts für Pädagogik und Medien. Ehrenamtlich tätig unter anderem als Geschäftsführer der Gedenkstätte Gestapo-Lager Neue Bremm und im Bundesvorstand Kulturforum der SPD.

1 Vgl. Helmut Schneider/Markus Gerold: Demokratiebildung in Schulen. Analyse lehrerbezogener Einflussgrößen. Hg. v. Bertelsmann Stiftung, Gütersloh 2018; Sabine Achour/Susanne Wagner: Wer hat, dem wird gegeben: Politische Bildung an Schulen. Hg. v. Friedrich-Ebert-Stiftung, Berlin 2019.

Mehr als „Schwerter zu Pflugscharen“

Zeitzeugnisse an einem neuen Ort des Austausches – das „Forum Opposition und Widerstand (1945–1990)“ in Berlin

Frank Ebert & Anja Schröter

oben: Nachbildung der Bronzeskulptur „Schwerter zu Pflugscharen“ von Jewgeni Wiktorowitsch Wutschetitsch, 1959, Fotografie: Frank Ebert; unten: Aufnäher „Schwerter zu Pflugscharen“, Quelle: Robert-Havemann-Gesellschaft

Ein spezielles Kunstwerk in den Mittelpunkt zu stellen, widerspricht eigentlich unserem Grundanliegen. Wir möchten uns aber auf das Konzept der Publikation einlassen und wählen eine Skulptur, die das vielfach künstlerisch verarbeitete Symbol „Schwerter zu Pflugscharen" widerspiegelt: eine sprachliche Wendung, die mehrmals in der Bibel zu finden ist und an die unter anderem auch Martin Luther King anknüpfte. Besondere Bekanntheit erlangte das Sinnbild durch die Bronzeskulptur von Jewgeni Wiktorowitsch Wutschetitsch, die die Sowjetunion 1959 der UNO schenkte. Seit 1980 wurden Skulptur und Schriftzug in der DDR unzählige Male abgebildet, etwa auf Aufnähern oder Druckerzeugnissen, oder die Skulptur selbst nachgebildet. Zwei Beispiele sind in diesem Beitrag dargestellt. „Schwerter zu Pflugscharen" ist zum Symbol der Friedens- und Oppositionsbewegung in der DDR geworden und zeigt, wie vielseitig die Geschichte eines Objektes sein kann. Für uns ist die Skulptur zugleich aber ein Objekt unter vielen – steht sie doch sowohl zeitlich als auch inhaltlich nur für einen Teil der Geschichte von Opposition und Widerstand in der DDR. Zahlreiche weitere Zeitzeugnisse geben Auskunft über die verschiedensten Dynamiken und Facetten in unterschiedlichen Zeitphasen. Es gilt, die Geschichten dahinter zu erforschen und zu erzählen, um die Vielfalt der Personen, Faktoren und Ereignisse, die die Entwicklungen und das Wirken von Opposition und Widerstand in einer kommunistischen Diktatur wie der DDR prägten, aufzuzeigen. Das streben wir mit einem „Forum Opposition und Widerstand (1945–1990)" an – einem neuen Ort des Austausches, an dessen Eingang eine „Schwerter-zu-Pflugscharen-Skulptur" stehen könnte.

Seit dem Ende der DDR und der Deutschen Einheit sind inzwischen mehr als drei Jahrzehnte vergangen, Museen und Gedenkstätten sind entstanden. Die Vermittlung der DDR- und der Teilungsgeschichte beschränkt sich dabei bisher weitgehend auf Querschnittsthemen (z. B. auf den Alltag in der DDR im Museum in der Kulturbrauerei Berlin – Stiftung Haus der Geschichte der Bundesrepublik Deutschland) und vor allem auf die Perspektive des Herrschaftsapparates und den damit verbundenen Repressionsinstrumenten. Dies betrifft die innerdeutsche Grenze wie in der Gedenkstätte Berliner Mauer oder den Apparat des Staatssicherheitsdienstes wie in der Gedenkstätte Berlin-Hohenschönhausen und im Stasi-Museum sowie eine Reihe von Museen und Gedenkstätten an historischen Orten außerhalb Berlins wie das Grenzhus Schlagsdorf oder die Gedenkstätte Frauenzuchthaus Hoheneck. Die Open-Air-Ausstellung der Robert-Havemann-Gesellschaft e. V. (RHG) auf dem Innenhof der „Stasi-Zentrale. Campus für Demokratie" in Berlin stellt hingegen die oppositionellen Akteurinnen und Akteure in den Mittelpunkt, fokussiert dabei allerdings auf „Revolution und Mauerfall" und somit auf das Ende der DDR. Auf eine Leerstelle bei der Erinnerung und Vermittlung der DDR-Geschichte verwies auch Bundespräsident Frank-Walter Steinmeier im 30. Jahr nach der Friedlichen Revolution, als er fragte: „Es stimmt, es gibt wichtige Gedenkstätten, die an die Untaten der Stasi und ihre Opfer erinnern, aber wo ist der Ort, an dem von der Friedens-, Umwelt- und Demokratiebewegung erzählt wird? (...) Aber wo ist der authentische Ort, der den mutigen Oppositionellen in der DDR gewidmet ist? Auch Opposition und Widerstand sind wichtige Teile der deutschen Freiheits- und Demokratiegeschichte."[1] Mehrere Parteien verwiesen ebenfalls darauf, dass das „Niederreißen der Mauer, demokratische Wahlen und die deutsche Wiedervereinigung (...) das Ergebnis eines langen Prozesses"[2] sind, der bereits mit dem widerständigen Verhalten gegen die kommunistische Diktatur seit 1945 begann.

Für die Robert-Havemann-Gesellschaft steht seit ihrer Gründung 1990 die Erzählung derjenigen im Vordergrund, die das gestaltet haben, was heute unter den geflügelten Worten „Opposition und Widerstand" bekannt ist. Es ist die Perspektive der Akteure und Akteurinnen, die nicht nur Opfer der Diktatur waren, sondern sich ihr aktiv entgegenstellten. Im Archiv der DDR-Opposition der RHG befinden sich zahlreiche Dokumente, Audio-,

1 Frank-Walter Steinmeier: Demokratie. Deutsch und frei, in: DIE ZEIT Nr. 12/2019, https://www.zeit.de/2019/12/demokratie-nationalismus-tradition-gedenktage-geschichtsunterricht (Abruf: 15.5.2021).

2 BT-Drs. 19/10613, 30 Jahre Friedliche Revolution, 4. Juni 2019, S. 4-5. Auch der Berliner Senat setzt sich für dieses Vorhaben ein und sucht das Gespräch mit dem Bund, vgl. Senatsbeschluss Nr. S-2885/2020, 14.1.2020, S. 1.

Film- und Fotoaufnahmen und Objekte wie die Skulptur „Schwerter zu Pflugscharen". Sie zeugen von den unterschiedlichsten Verhaltensformen der Menschen – seien sie versteckt oder (halb-)öffentlich wahrnehmbar geschehen. Diese und andere Zeugnisse sollen im „Forum Opposition und Widerstand (1945–1990)" in Berlin gezeigt werden. Die Stadt Berlin steht wie kein anderer Ort für die deutsche und europäische Teilung und zugleich für deren Überwindung. Ausstellungen und andere Angebote des Forums sollen Anlass zur Diskussion geben und jeden – vor allem aber Schülerinnen und Schüler, Studierende sowie Forscher und Forscherinnen – dazu anregen, sich eingehender mit der Geschichte von Opposition und Widerstand als wichtigem Teil der deutschen und europäischen Demokratiegeschichte zu beschäftigen. Entsprechend ist das Forum als dynamischer Erinnerungs-, Lern-, Forschungs- und Begegnungsort angelegt, an dem die Perspektive der Mutigen und ihre Handlungsformen und -spielräume im Mittelpunkt stehen und die vielfältig vertretene Herrschafts- und Repressionsperspektive ergänzen.

Angedacht sind deshalb zum einen ein Ausstellungsbereich mit einer Dauerausstellung zur Geschichte von Opposition und Widerstand im Alltag einer Diktatur von 1945 bis 1990, die sich der Breite, Vielfalt und Wirkung widerständigen Verhaltens widmet und das Kernstück des Forums bilden soll, sowie vertiefenden Wechsel- und Wanderausstellungen unter Berücksichtigung regionaler Besonderheiten oder Jubiläen, inspiriert von aktuellen gesellschaftlichen Fragestellungen und unter Rückgriff auf neueste Forschungen. Zum anderen soll das Forum aber auch einen Raum des wissenschaftlichen Austausches zu Opposition und Widerstand in einer kommunistischen Diktatur bieten, etwa mit einer thematisch fokussierten Forschungsgruppe und Angeboten für Gastwissenschaftler und -wissenschaftlerinnen oder auch Menschen, die mit ihrer Arbeit in Opposition zu einem Regime agieren. Der Schwerpunkt soll dabei auf der SBZ/DDR liegen, wobei die Entwicklungen auch in den ostmitteleuropäischen und demokratiegeschichtlichen Kontext einzubetten sind. Zugleich geht es darum, einen Ort der historisch-politischen Bildung mit verschiedensten Angeboten und auch kulturellen Beiträgen zu schaffen. Wichtig ist dabei nicht allein der Blick zurück: Der gesellschaftliche und wissenschaftliche Austausch soll nicht nur dazu beitragen, an die historischen Entwicklungen zu erinnern. Ein wichtiges Ziel ist für uns darüber hinaus, das Bewusstsein und die Sensibilität der Menschen für Demokratie, Freiheit und Menschenrechte anhand der Demokratiegeschichte zu schärfen und Anknüpfungspunkte für aktuelle Debatten sowie langfristige Partizipationsangebote zu eröffnen.

Frank Ebert, geboren 1970 in Halle/Saale. Ab 1988 unter anderem Umwelt-Bibliothek Berlin, Proteste gegen die Wahl-Fälschung, Mitorganisator der Mahnwache in der Gethsemanekirche in Ost-Berlin und mehrerer Demonstrationen, 1990 Besetzung der Stasizentrale, seit 1993 Robert-Havemann-Gesellschaft/Archiv der DDR-Opposition.

Dr. Anja Schröter, geboren 1983 in Schlema, Promotion zu „Ostdeutsche Ehen vor Gericht" (1980-2000) am Leibniz-Zentrum für Zeithistorische Forschung Potsdam (ZZF) e. V., weitere Publikationen unter anderem zu Altstadtinitiativen vor, während und nach 1989, seit 2019 wissenschaftliche Mitarbeiterin der Robert-Havemann-Gesellschaft/Archiv der DDR-Opposition.

Das Nichtgesagte der DDR:
Ronald M. Schernikaus „die tage in l."

Lucas Mielke

Ronald M. Schernikau: „die tage in l.", 1989, Roman (Cover), Konkret Literatur Verlag

„In einer Welt, in der Bejahung immer nur die Bejahung des Reaktionären zu sein scheint, wie kann es eine Freude geben, ein Vergnügen, eine Schönheit? Was macht ein revolutionärer Künstler ohne Revolution?"[1] Der Schriftsteller Ronald M. Schernikau war sich der Widersprüche bewusst, in die sich notwendig verstecken muss, wer sich als schwuler Kommunist nicht in die reine Opposition zu der ihn umgebenden Welt begeben wollte. Im Gegenteil: Schernikaus Literatur ist der radikalen Affirmation (oder in seinen Worten: des Lobs) von Schönheit, Begehren und der Idee einer Welt ohne Ausbeutung und Unterdrückung verpflichtet.

Auf der Suche nach verschütteten Erzählungen aus den letzten Jahren der Existenz zweier deutscher Staaten sind Schernikaus Texte ein lohnendes Ziel. So verweigerte sich der Autor nicht nur dem „zeithistorischen Erfolgsnarrativ"[2] von 1989 als glücklichem Ende, er setzte mit seinem Buch „die tage in l. – darüber, daß die ddr und die brd sich niemals verständigen können, geschweige mittels ihrer literatur" auch einer anderen als der offiziellen DDR ein literarisches Denkmal. Die DDR war für Schernikau nicht nur ein Ort, an dem bessere Kunst entsteht. Sie stellte für ihn den Ermöglichungsraum des Versuchs einer gesellschaftlichen Utopie dar. Was der Autor darunter verstanden haben mag, blitzt im Gedicht „Am Strand" auf: „kommunismus ist immer urlaub".[3] Die DDR zu loben und sich dabei nicht mit ihrer Kommandoebene gemein zu machen, war indes schon zur Zeit ihres Bestehens ein eher einsames Geschäft.

In „die tage in l." werden ungewohnte Perspektiven eröffnet. Schernikaus essayistische Abschlussarbeit am Institut für Literatur Johannes R. Becher konnte ironischerweise in der DDR selbst nicht publiziert werden und erschien 1989 zuerst im Hamburger Konkret Literatur Verlag. Anekdoten, Kommentare, Aphorismen und andere narrative Kurzformen fügen sich in

---

1 Ronald M. Schernikau: Was macht ein revolutionärer Künstler ohne Kunst?, in: Thomas Keck (Hg.), Königin im Dreck. Texte zur Zeit, Berlin: Verbrecher Verlag 2009, S. 249.

2 Martin Sabrow: „1989" als Erzählung, in: Aus Politik und Zeitgeschichte 35-37/2019, Bonn.

3 Ronald M. Schernikau: Legende. Hg. und komm. von Lucas Mielke, Helen Thein und Thomas Keck, Berlin: Verbrecher Verlag 2009.

diesem vom Erzähler selbst „kundschafterroman“[4] genannten Text zu einer nur auf den ersten Blick disparat wirkenden Montage. Dieses in den 1980er-Jahren durchaus nicht mehr experimentelle und doch sehr vielseitige ästhetische Verfahren eröffnet größere Spielräume für die Interpretation.[5] Die zwischen genauer Alltagsschilderung, politischer Verteidigung und zugleich oft spöttischer Kritik wechselnde Erzählweise ist parteiisch, ohne verbohrt zu werden – wie auch ein Gutachter am Literaturinstitut festhielt: „Schernikaus Mitteilungen erhalten ihren Reiz dadurch, dass die Liebe zur DDR ihn nicht blind gemacht hat. Er spricht voller Hochachtung von den Leistungen der Menschen im Sozialismus, aber auch ohne Häme über systembedingte – uns selber oft unbewusste – Schwächen, Rudimente, Absonderlichkeiten“.[6] Die Erzählerstimme zeugt vom Blickwinkel eines Liebenden, der zuweilen irritiert und doch nicht mit Verklärung verwechselt werden sollte.

Was zeichnet Schernikaus DDR aus? Sie erscheint als Ort höherer Bewusstheit: „der westen hat gelernt zu ignorieren, zu allererst sich selbst. (…) die ddr, wenn irgendwo irgendwas nicht stimmt, merkt sie es noch. das ist der sozialismus.“[7] Mit großem Respekt ist auch das Porträt der Bevölkerung der DDR gezeichnet:

> „sie sind empfindlich gegen überhebung, sie lassen auf ihr land nichts kommen. ich habe niemals, kein einziges mal erlebt, daß jemand haß vermittelte. bitterkeit ja, wut, verzweiflung über dummheit. auch freuen sie sich, wenn man dinge ausspricht, die sie selber schon nicht mehr sagen, absurditäten, widersinn. sie wollen, daß es weitergeht.“

---

4 Ronald M. Schernikau: die tage in l. - darüber, daß die ddr und die brd sich niemals verständigen können, geschweige mittels ihrer literatur. 2. Aufl., Hamburg: Konkret Literatur Verlag 2009.

5 Vgl. Jürgen H. Petersen: Der deutsche Roman der Moderne. Grundlegung - Typologie - Entwicklung, Stuttgart: J. B. Metzlersche Verlagsbuchhandlung 1991.

6 Zit. n. Matthias Frings (2009): Der letzte Kommunist. Das traumhafte Leben des Ronald M. Schernikau, 2. Aufl., Berlin: Aufbau 2009, S. 388 f.

7 Hier und im Folgenden: Ronald M. Schernikau: die tage in l. - darüber, daß die ddr und die brd sich niemals verständigen können, geschweige mittels ihrer literatur. 2. Aufl., Hamburg: Konkret Literatur Verlag 2009.

Für Schernikau ist die DDR ein Ort, an dem Zukunft noch denkbar ist. Auch registriert er einen gewissen Stolz: „sie sind allergisch gegen spott. – einmal sagt ulrich berkes zu mir, als wir über irgendetwas reden: das solltest du nicht kritisieren. das müssen wir kritisieren." Aus materialistischer Perspektive begreift Schernikau das Handeln und Denken der Bürger*innen der DDR aus der Situation konkreter ökonomischer Verhältnisse heraus. Das im Vergleich mit der BRD eklatante Defizit in der Produktivkraftentwicklung erscheint tragikomisch: „ein naturwissenschaftler sagt: die bereitstellung von devisenmitteln an der universität ist in einem maße ineffektiv, das ist außenstehenden gar nicht klar zu machen. es ist uns selber nicht klar." Die Praxis der Vertuschung und Zensur indes wird scharf kritisiert: „ihr könnt doch nicht siebzehn millionen ddrbürgern erzählen, daß es richtig ist, über existenzielle angelegenheiten zu schweigen. das geht nicht. das ist idiotisch. warum begreift ihr das nicht." Dass die DDR bei Schernikau Objekt sinnlicher Erfahrung ist, kommt erst zum Schluss voll zur Geltung: „die ddr hat einen geruch, es ist ein ganz bestimmter geruch, es gibt ihn nur hier." Konkretisiert und zugespitzt wird dies beim Auftauchen der Figur uwe, zu der der Erzähler ein erotisches Verhältnis pflegt. An uwe kristallisiert sich die gesamte libidinöse Energie der Erzählinstanz, er wird detaillierter dargestellt als alle anderen der ohnehin zurückhaltend konturierten Figuren. Er wird einerseits mit Attributen der Bodenständigkeit beschrieben, doch seine Schönheit „ist maßlos".

> „was an uwe intressiert? daß man ihn lieben muß, daß er geliebt werden will, daß er einem sagt, er wolle niemals lieben, daß er es dennoch tut. uwe ist zupackend, spröde, hat lachfalten um die augen, ist immer optimistisch, die größte scheiße kann passieren uwe sagt: das kriegen wir hin. uwes verbalisierungsgrad ist nicht der höchste, das macht er locker mit seiner neugier wett. uwe erschrickt, wenn man seine augen küßt, uwe hat keine ahnung, daß er schön ist. das mindert seine schönheit nur um ein weniges. uwe ist die ddr."

Die Schönheit uwes ist die (potenzielle) Schönheit der DDR, sie zeichnet sich aus durch Optimismus, Weltzugewandtheit und Zuversicht. Schön ist die Authentizität von Erscheinung und Empfindung sowie das Potenzial zum Schöpferischen, in dem es eine Idee von menschlicher Zukunft gibt. Dies und das Defizit der Selbsteinschätzung, das im Nichtwissen um die eigene Schönheit aufscheint, lässt uwe nun ein ganzes Land verkörpern. Ein Mischverhältnis von Begehren, Einfühlung und Fremdsein prägt die Beziehung zwischen dem Erzähler und uwe – es repräsentiert zugleich seine Beziehung zu einer DDR, die als literarisches Konstrukt die historische Realität des Staates übersteigt. Die erzählerische Verbindung west- und ostdeutscher Perspektiven deutet an, wie gut das Werk Schernikaus geeignet ist, zentrale Momente der „Wechselwirkungen, Austausch- und Rückkoppelungsprozesse"[8] zwischen ost- und westdeutscher Literatur zu exemplifizieren. Die Facetten von Schernikaus Lob der DDR lassen nicht das Narrativ eines besseren Deutschlands erkennen, sondern das eines besseren Sozialismus.

Lucas Mielke, geboren 1988 in Neubrandenburg, Studium der Germanistik und Politikwissenschaft an der Universität Potsdam. Mitherausgeber des ersten Bandes der Ronald M. Schernikau-Werkausgabe, „Legende", im Verbrecher Verlag. Arbeit an einer Dissertation zum Prosawerk des Autors.

8 Helmut Peitsch: Warum moralische Fallgeschichten, ästhetische Rettung von Werken und Regionalisierung kein Ersatz für eine Geschichte der Beziehungen zwischen BRD- und DDR-Literatur sind, in: Holger Helbig (Hg.): Weiter schreiben. Zur DDR-Literatur nach dem Ende der DDR. Unter Mitarbeit von Kristin Felsner, Sebastian Horn und Therese Manz, Berlin: Akademie Verlag 2007.

Niemand hatte die Absicht, eine Deponie zu errichten …

Im „Müll" vereint: Deutsch-deutsche Verflechtungen vor und nach 1989

Matthias Baerens

MÜLL ZURÜCK

WIR SIND KEINE
ABLAGERUNGSREPUBLIK
! ! !

Matthias Baerens: „Deutsche Demokratische (Ablagerungs-)Republik“, 1989, Karikatur, erstmals veröffentlicht im „Grünheft“ des Kirchlichen Forschungsheims (KFH) in Wittenberg (1989)

Die Umweltverschmutzung bewegte viele Menschen in der Endphase der DDR sehr. Eine kleine Gruppe zumeist junger Menschen in oppositionellen Umweltgruppen hatte großen Anteil daran, da sie auf dringend notwendige Veränderungen in der Umweltpolitik drängten. Zwar gab es in der DDR das recht gut funktionierende Recycling-System „SERO" (Sekundärrohstofferfassung). Doch auf den eigenen maroden DDR-Deponien sickerte oft die Giftbrühe ins Grundwasser. Gleichzeitig wurden gegen Devisen auf ausgewählten Deponien Abfälle aus dem Westen deponiert.

Als dann 1990 die Deutsche Einheit vollzogen war, da war auch der Müll der Bundesrepublik wieder im eigenen Land. Zuvor war es für Westdeutschland billig und bequem gewesen, Teile seines Haus- und Giftmülls in der DDR zu entsorgen.

Viele DDR-Bürger*innen liebten es auch bequem. Sie fanden es normal, in einem „Kindergarten-Land" zu leben, in dem man sich um nichts kümmern musste, weil ja die „SED-Erzieher*innen" für alles sorgten. Ich fühle mich heute oft in der Minderheit, wenn ich als Ostdeutscher andere Ostdeutsche an den politischen Müll der DDR erinnere. Wenn ich mich eher an Umweltverschmutzung, Reiseverbote und andere Einschränkungen von Persönlichkeitsrechten erinnere als an glückliche und sichere Zeiten in Pionierferienlagern, Neubaugebieten und sozialistischen Kollektiven.

Als die real existierende DDR zerbröckelte, war ich 22 Jahre alt. Ich fand dieses Land als junger Mensch unerträglich. Und ich war besorgt um die Umwelt. Die „führende Rolle der Partei" war für mich eine Zumutung. Die SED hatte Umweltdaten und Umweltschäden in der DDR zum Staatsgeheimnis erklärt. Als wenn man etwas, das für alle sichtbar war, hätte unsichtbar machen können, indem man das Reden darüber verbietet. Ich war deswegen als junger Mensch fassungslos, empört und wütend. Überall konnte ich sehen und riechen, wie die Umwelt in der DDR zerstört wurde. Jede kritische Frage und mein Engagement für die Umwelt machten mich in den folgenden Jahren immer mehr zu einem Staatsfeind, obwohl ich eigentlich nur Umweltschützer sein wollte. Meine Aktivitäten haben damals die SED-„Erzieher*innen" vermutlich ähnlich verärgert wie heute junge Fridays-for-Future-Aktivist*innen einige Menschen, wenn sie ihre berechtigten Klimaschutzforderungen artikulieren.

Damals wie heute war klar, dass es im Bereich Umwelt nicht so weitergehen kann. Die abgewirtschaftete DDR versuchte diese Einsicht durch ein Verbot des Protestes und gesetzlich gefordertes Schweigen über Umweltschäden wegzuwischen. Im vereinigten Deutschland versuchen alte Männer in Machtpositionen, das Thema Klimaschutz kleinzureden, zu leugnen, auszusitzen oder zu ignorieren.

In kirchlichen Umweltgruppen habe ich mich damals gegen Müllimporte in die DDR eingesetzt. Kürzlich fand ich eine Karikatur wieder, die ich damals zum Thema gezeichnet hatte und die hier als künstlerischer Kommentar zum Text abgebildet ist. „Die Menschen gehen und der Müll kommt", schrieben wir in einem offenen Brief im Spätsommer 1989 als kirchliche Umweltgruppen an den DDR-Ministerrat und den Bundestag. Die Petition an den Bundestag kassierte damals die Stasi ein. „Der Brief wurde von der Weiterleitung ausgeschlossen", heißt es im dazugehörigen Vorgang.

Im DDR-Grenzgebiet, nur wenige Kilometer von Lübeck entfernt, hatte sich der Westen schon seit mehr als zehn Jahren eifrig seines Drecks entledigt. Der kleine westdeutsche Grenzübergang Schlutup wurde zum Darmausgang der Nation – und die nahegelegene Deponie Schönberg schon vor 1989 zur größten Müllkippe Europas. Mit den Einnahmen aus dem Müllimport scheffelte die Kommerzielle Koordinierung (KoKo) unter Alexander Schalck-Golodkowski Devisen für die DDR. Im Westen wurde der Unternehmer Adolf Hilmer mit seinem Hanseatischen Baustoff-Kontor (HBK) reich, denn er hatte das Monopol für den Export von Müll nach Schönberg. Hilfreich waren ihm dabei seine persönlichen Kontakte und eine FDP-Mitgliedschaft.

Es war ein Geschäft zum beiderseitigen Vorteil. Für die DDR gab es frische D-Mark für die Einlagerung der abgestandenen und giftigen Reste der Wohlstandsgesellschaft des Westens. Dieser ersparte sich bis Ende der 1980er-Jahre unnötige Mühen mit der eigenen Demokratie. Auf Kosten der Landsleute im Osten konnte man sich populistisch im Westen um Diskussionen über dringend nötige neue Müllverbrennungs- und Deponiestandorte drücken, zum Beispiel rund um Hamburg. Denn hier hätte man die eigenen Bürger*innen beteiligen müssen. Die gerade aufkommende Ökologiebewegung in den 1970er- und 80er-Jahren mit ihren Protesten gegen Atomkraftwerke und das Endlager in Gorleben zerrten schon genug am Nervenkostüm der Regierenden im demokratischen Westen.

In der DDR waren Proteste gegen Westmüll-Deponien nicht möglich. Das wusste man im Westen. Und man war im Grunde froh über das sichere Grenzgebiet der DDR, in dem die Deponie Schönberg ungestört wachsen konnte. An Feiertagen konnte man weiterhin die Deutsche Einheit und die Verbundenheit mit den Landsleuten im Osten beschwören, in der Realpolitik war man erfreut über ein Abfall-Endlager außerhalb der eigenen Grenzen.

Und auf diese Weise vereinte sich schon vor 1990 West- und Ostdeutschland. Eine mögliche Wiedervereinigung hatte damals niemand auf dem Schirm.

Die deutsch-deutschen Verflechtungen von Politiker*innen und der Privatwirtschaft im Müllgeschäft waren enorm, sodass von einer „Müllconnection" gesprochen werden kann.[1]

Doch was blieb von diesen Geschäften und ihren Nutznießer*innen in der Erinnerung? Eigentlich nur die eindrücklichen Fernsehbilder von maroden DDR-Mülldeponien, das bildgewordene Versagen der sozialistischen Umweltpolitik. Kaum jemand erinnert sich heute in den alten Bundesländern daran, dass ganze Müllberge in der DDR aus Westmüll bestanden, die auch noch finanziell das SED-System stabilisierten. Und vor allem aus dem Blick geraten ist, dass nach 1990 die bisherigen Nutznießer*innen erst einmal munter mit ihren Müllgeschäften weitermachen konnten.

So vereinbarte die Hansestadt Hamburg noch einen Tag vor der Wiedervereinigung aus purem Eigennutz noch schnell neue Verträge für den weiteren Müllexport auf die Deponie Schönberg bis zum Jahr 1997. Auf Initiative westdeutscher Politiker*innen wurden vom Land Mecklenburg-Vorpommern neue Verträge für die Deponie Schönberg geschlossen, von denen Einzelne finanziell stark profitierten. Das Risiko der Sanierung der Deponie landete nach dem Kauf der Deponie von der Treuhand aber beim gerade entstandenen neuen Bundesland Mecklenburg-Vorpommern, das weiterhin Müllsklave des

1 Vgl. Matthias Baerens/Ulrich von Arnswald: Die Müll-Connection. Entsorger und ihre Geschäfte. Ein Greenpeace-Buch, München: Beck 1993.

Westens blieb. Auch das Land Bayern beteiligte sich schon bald mit Hausmüllexporten vom schicken Starnberger See am Müll-Aufschwung Ost. Es entstand ein Millionenschaden für die Landeskasse, was sich irgendwann politisch nicht mehr deckeln ließ.

Am 2. April 1993 trat der Schweriner Landesrechnungshof-Chef Uwe Tanneberger sichtlich aufgewühlt vor die Presse: „Schlichtweg ein Skandal, eine Katastrophe" – so nannte er die vom FDP-Politiker Wolfgang Kubicki mitberatenen Verträge für das Land. Mecklenburg-Vorpommern drohten dadurch jährliche Verluste von rund 100 Mio. Mark. Es sei ein privates „Gewinnabschöpfungssystem zu Lasten der Allgemeinheit" installiert worden. Dank der Arbeit von Umweltgruppen und einer kritischen Öffentlichkeit konnte damals verhindert werden, dass der Schönberg-Deal auf unbestimmte Zeit verlängert wurde. Ein Staatssekretär aus dem Westen und die ostdeutsche Umweltministerin Petra Uhlmann (CDU) mussten zurücktreten, aber Kubicki konnte für seine schlechte Beratung nicht haftbar gemacht werden.

Seit 1990 sind viele Seen, Flüsse und die Luft im Osten viel sauberer geworden, die Mülldeponien in der Regel dicht. Aber wir haben bisher in ganz Deutschland in der Klimapolitik versagt und das laufende „Gewinnabschöpfungssystem zu Lasten nachfolgender Generationen" nicht verhindert.

Als ich 2019 mit meinen Kindern bei den ersten Fridays-for-Future-Demos dabei war, da hatte ich Tränen in den Augen. Ich kann ihre Empörung und Wut so gut verstehen. Und wie gut mir dieses Gefühl tut, dass mit ihrem gemeinsamen Protest in Ost und West für mich so etwas wie eine erste wirkliche politische Wiedervereinigung in Deutschland spürbar wird – eine Generation später.

Matthias Baerens, geboren 1967 in Parchim (Mecklenburg), war in der DDR in oppositionellen kirchlichen Umweltgruppen aktiv. Er lebt in Schwerin. Als freier Autor für den NDR und andere Medien beschäftigt er sich unter anderem mit Themen der DDR-Geschichte.

Widerstand im Traumaland

Was migrantische Kämpfe in Ost und West voneinander lernen können

Şeyda Kurt

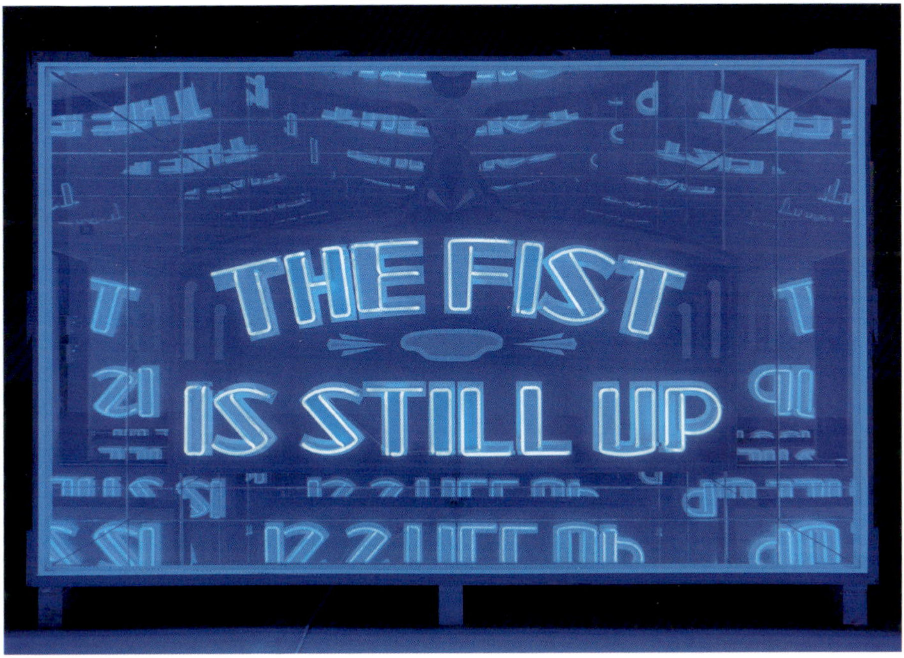

Wu Tsang: „Safe Space“, 2014, Installationsansicht, Fotografie: Stefan Altenburger

Im Sommer 2018 begab ich mich auf die Suche nach Zeitzeug*innen und Geschichten jener Arbeitsmigrant*innen, die die DDR ab den 1960er-Jahren aus sogenannten sozialistischen Bruderstaaten angeworben hatte: die Vertragsarbeiter*innen. Ende 1989 waren es insgesamt rund 94.000 Menschen, viele von ihnen kamen aus Vietnam.

In Köln geboren wuchs ich mit den Geschichten der sogenannten Gastarbeiter*innen auf, die die BRD fast zeitgleich als Arbeitskräfte meist aus Südeuropa und Westasien holte. Geschichten wie jene meiner Großeltern. Ich kannte die Geschichten ihrer Ausbeutung, ihrer Erniedrigung. Ich kannte die Geschichten rassistischer Anschläge. Ich kannte Solingen. Mölln. Aber ich kannte auch die Geschichten der migrantischen Widerstände, der Streiks, der Demonstrationen, der Vereine und Organisationen. Über die Vertragsarbeiter*innen in der DDR wusste ich fast nichts.

Aus meinen Gesprächen mit ehemaligen Vertragsarbeiter*innen wie Thu Fandrich, die 1987 aus Hanoi nach Ostberlin gekommen war, strickte ich letztendlich eine Reportage. Ich schrieb über ihre Ausbeutung und Erniedrigung. Über den Rassismus der Nachbar*innen, Kolleg*innen und Institutionen, der sie entmenschlichte, sie zu Schwangerschaftsabbrüchen zwang, weil ihre Kinder in der DDR nicht erwünscht waren. Von den Widerständen der Vertragsarbeiter*innen erzählte ich wenig.

Dabei gab es ihn, den Widerstand, Tag für Tag. Im Jahr 1975 beteiligten sich beispielsweise mindestens 6.000 Vertragsarbeiter*innen an mehreren Streiks in der DDR. Und Thu Fandrich erzählte mir, wie sie eine Kollegin bis zur Entbindung in einem Kleiderschrank versteckte, um ihre Abschiebung zu verhindern. Dieser Widerstand beeindruckt mich, damals wie heute. Und zugleich frage ich mich, warum er so lange unsichtbar blieb. Und bleibt. Und warum ich selbst ihn nicht sichtbarer gemacht habe, ihn lange nicht mitgedacht habe – als Geschichte des gemeinsamen Widerstandes, von Arbeitsmigrant*innen und ihrer Kinder und Enkelkinder in Ost- und Westdeutschland.

2021, Ende März in Berlin. Hunderte Menschen versammeln sich auf der Ebertstraße, Nähe Brandenburger Tor. Die Menschentraube wächst, der kalte Wind pfeift durch die Menge, die Menge pfeift zurück – wenn auch in

Richtung der angrenzenden US-amerikanischen Botschaft. Die Menschen pfeifen Wut und Empörung. Sie recken die Faust in die Luft und Schilder, auf einem steht: „Not Your Vorzeige-Minderheit!" Die Menschen skandieren und klatschen Beifall für Redebeiträge. Manchmal verstummen sie. Und gedenken. Es ist eine kämpferische, wütende Demonstration.

Zwölf Tage zuvor ermordete ein *weißer* Mann in Atlanta, USA, acht Menschen in Massagesalons. Sechs von ihnen waren ältere Frauen, die aus Korea und China eingewandert waren: Hyun Jung Grant, Xiaojie Tan, Daoyou Feng, Suncha Kim, Soon Chung Park, Yong Ae Yue (neben Delaina Ashley Yaun und Paul Andre Michels). Mehrere Organisationen der asiatischen Diaspora in Deutschland, darunter korientation e.V. und der Korea-Verband, riefen am 28. März zu einer Demonstration auf, im Gedenken, im Widerstand und in Solidarität mit den Todesopfern von Atlanta.

Der Attentäter hatte als Motiv für sein Massaker seine Sexsucht angegeben. Er habe die Massagesalons als vermeintliche Orte einer sexuellen Versuchung auslöschen wollen. Die Journalistinnen Nhi Le und Minh Thu Tran, die den Anschlag in deutschen Medien kommentierten, waren sich sicher: Der Attentäter hatte aus rassistischen und sexistischen Motiven gehandelt. Auch ich bin mir sicher. Er hatte die Opfer als Frauen ostasiatischer Herkunft sexualisiert. Und er hatte mutmaßlich aus Klassenhass gehandelt, aus Hass auf Sexarbeiter*innen (auch wenn die Opfer keine Sexarbeiter*innen waren). Aus Hass auf prekäre, ausgebeutete, stigmatisierte ostasiatische Körper, die in der Imagination des Täters als sexuell verfügbare Objekte existierten, um benutzt oder ausgelöscht zu werden.

Diese Entmenschlichung hat eine koloniale Tradition, auf deren historischen Ursprünge und Funktionsweisen ich in diesem Text nicht in aller Länge eingehen kann. Die Journalistin Vanessa Vu hat Ende Mai darüber ein eingehendes Essay mit dem Titel „Die unsichtbare Entmenschlichung" veröffentlicht, das ich Ihnen ans Herz lege. Aber eins will ich festhalten: Historische und moderne kolonial-rassistische Erzählungen fußen auf Entmenschlichungen. Das kolonisierte Gegenüber muss entmenschlicht und objektifiziert werden, um die Gewalt gegen seinen Körper und dessen

Funktionalisierung für Profitinteressen legitimieren zu können, sei es in kolonisierten Ländern wie auch in Europa und den USA, in denen in kolonialer Tradition Arbeitsmigrant*innen immer noch die Jobs erledigen, die *weiße* Menschen nicht erledigen wollen und sollen.

Die Entmenschlichung funktioniert auf unterschiedliche Art und je nach Zielgruppe – seien es muslimische oder Schwarze Menschen – braucht sie andere Marker. Bis heute werden in unterschiedlichen medialen Erzählungen ostasiatische Menschen etwa entweder als passiv und widerstandslos gezeichnet (und weibliche Personen als willig und verfügbar). Zu dieser Erzählung gehört auch die Vorstellung der ostasiatischen Diaspora in Europa und in den USA als besonders integrationsfreudig. Eine Vorzeige-Minderheit eben. Oder sie werden als vermeintlich ominöse, hinterlistige Gefahr, die im Hintergrund wirkt, dargestellt – ein Bild, das auch während der Corona-Pandemie von deutschen Medien wie Politiker*innen immer wieder bedient wurde.

Die pfeifende Wut Ende März in Berlin richtete sich also gegen die US-amerikanische Botschaft als Repräsentantin einer Kultur und der systematischen Politik der *weißen* Vorherrschaft *(white supremacy)*, mitsamt ihrer kapitalistischen, rassistischen und patriarchalen Herrschaftsstrukturen. Und gegen deren Parallelen in Deutschland und Europa, wie die Redner*innen immer wieder betonten. Sie betonten auch: Diese transnationalen Unterdrückungsverhältnisse und auch die Widerstände dagegen müssen zusammengedacht werden, wie auch in ihren historischen Kontinuitäten. Von dem Rassismus und der Ausbeutung der Vertragsarbeiter*innen in der DDR über rassistische Angriffe gegen Menschen ostasiatischer Herkunft auf deutschen Straßen während der Pandemie bis hin zum Anschlag in Atlanta.

Widerstände zusammendenken. Um sie zusammendenken zu können, müssen sie erst gesehen werden. Nicht nur die unterschiedlichen Verhältnisse, sondern auch die Menschen, die sich gegen sie wehren. Dachte ich früher an migrantischen, anti-rassistischen Widerstand in Deutschland, dachte ich lange vor allem an jene türkisch-kurdische Aktivist*innen, mit denen ich aufwuchs. Das hat biografische Gründe, Gründe der geografischen Nähe. Aber es zeugt auch von dominanten Erzählungen innerhalb von migrantischen Gruppen in

Deutschland: Westasiatische, migrantische Communities in Westdeutschland haben sich zu lange als die einzigen betrachtet, die unbequem und laut werden gegen die Entmenschlichung auf den Straßen und an den Arbeitsplätzen.

Zu einer kolonialen Tradition gehört auch, die Widerstände unterdrückter Menschen unsichtbar zu machen, sie ihrer Wehrlosigkeit zu überlassen, anstatt sie als souveräne Subjekte mit Handlungsvermögen anzuerkennen. Und wenn ich mir heute die Frage stelle, was die wiedervereinte Gesellschaft aus der Vergangenheit lernen kann, geht es mir darum, was die migrantischen, anti-rassistischen Widerstände in der Tradition der Gastarbeiter*innen von den Widerständen in der Tradition der Vertragsarbeiter*innen lernen könnten. Von ihren Streiks, ihren Demonstrationen, ihrer Resilienz und Ausdauer.

Ich denke an das Schild *Not Your Vorzeige-Minderheit* auf der Demonstration in Gedenken und im Widerstand für die Opfer von Atlanta. Und ich denke an ein Kunstwerk *Safe Space* der in den USA lebenden Künstlerin Wu Tsang, das ich 2019 im Gropius-Bau in Berlin gesehen hatte, eine Skulptur aus Holz und Spiegel mit diesen Worten in blauer Neonschrift: *THE FIST IS STILL UP.* Die Faust ist noch immer erhoben. Und das ist sie schon lange.

Şeyda Kurt, 1992 in Köln geboren, ist freie Journalist*in, Speaker*in, Moderator*in und Bestseller-Autor*in. Ihr Buch „Radikale Zärtlichkeit – Warum Liebe politisch ist" erschien im April 2021 bei HarperCollins Germany.

„Not Germany, Berlin!"

Erinnerungssplitter einer Insulanerin

Tanja Dückers

Sarah Eick: „Rosa Röhre (offiziell Umlauftank 2 – UT2)“, Berlin, Architekt: Ludwig Leo

Ich bin in West-Berlin aufgewachsen, einer Stadt, deren geopolitische Sonderstellung zu einem besonderen Lebensgefühl und einer bisweilen eigentümlichen Mentalität der Inselbewohner*innen geführt hat. Mit der Wende ging dann nicht nur die DDR „unter", sondern auch diese Inselstadt, die zum Teil etwas von einem Inselstaat hatte. Als Kind war mir das Besondere daran, in West-Berlin zu leben, durchaus zumindest zum Teil bewusst. Als ich mit meiner Familie einmal Urlaub in Cornwall machte, fragte die Vermieterin, woher wir kämen: „From Berlin", antwortete ich. „Ah, from Germany", sagte die Britin. Doch ich, zehnjährig, widersprach: „Not Germany, Berlin!" Wie konnten wir aus dem gleichen Land wie die Großeltern stammen, wenn wir doch immer zwei Grenzkontrollen und schlecht gelaunte Soldaten passieren mussten, um sie zu besuchen? Nein, zwischen uns und den Großeltern lag ein rotes Meer. Lange ist es her, aber diese „Erinnerungssplitter" aus Kinderperspektive verdeutlichen hoffentlich ein wenig die Kluft, die wir Insulaner*innen zu den Wessis wahrgenommen haben, ebenso wie das Nahfremde der Ossis und des Ostens für uns.

Grenzübergang

Ging es zu Verwandten oder in den Urlaub, fuhren wir meist zum Grenzübergang Dreilinden, also zum Panzer. Das Biest war so aufgestellt, dass sein Geschützrohr auf West-Berlin gerichtet war; diese Symbolsprache verstand man auch als Kind. Waren wir an den Autoschlangen angelangt, begann das übliche Spiel: Jeder meinte, diese oder jene Schlange komme besonders zügig voran. Immer wenn wir gerade die Spur gewechselt hatten, hörte die schnelle Schlange auf, sich zu bewegen, es war, als wäre man erstarrt, in der Zeit, in der Bewegung, in allem. Dann wechselten wir die Schlange, und das Gleiche begann von vorne. Gelegentlich versuchten die Eltern, uns Kinder zu trösten, indem sie sagten, dass die Ostdeutschen immer so lange warten müssten: Man müsse beim Einkaufen warten, wenn man in ein Restaurant gehen, ein Auto kaufen, eine Wohnung mieten wolle – immerzu warten – und wir stünden ja nur heute, jetzt gerade, in der Schlange vor dem Grenzübergang! „Kommt von dem Warten der ‚Wartburg'?", fragte mein Bruder einmal. Wenn wir endlich dran waren, hatten wir selten mit freundlichem Personal zu tun. Die Eltern versuchten stets, uns Kindern besonders abweisendes Verhalten mit dem „schrecklich eintönigen Beruf“ zu erklären. Auf dem Rückweg brach immer Hochstimmung aus, wenn wir die Grenze passiert hatten: Endlich Avus, man brauchte nicht mehr hundert zu fahren, der Tacho unserer alten Kiste kletterte auf hundertvierzig. Jedes Mal fiel eine Last von uns ab. Irgendwie hatten wir doch unbewusst Furcht gehabt, nicht mehr nachhause, nach West-Berlin gelangen zu können.

Bahnhof Zoo

Besuch bei uns kam, wenn nicht mit dem Auto, dann am Bahnhof Zoo an. Groß, dunkel und schmuddelig hatte er eine düster-erhabene Aura. Solch eine Aura kann ein neuer, sauberer, schöner Bahnhof gar nicht haben. Dass der Zoo eines Tages zum Regionalbahnhof herabgestuft werden würde, lag außerhalb der Vorstellungskraft. In Erinnerung geblieben ist der Besuch eines Onkels und einer Tante aus Wessiland. Als meine Eltern fragten: „Wie ist denn euer Eindruck so von Berlin?“, gab der Onkel schroff zurück: „Ihr lebt in einer sterbenden Stadt!“ Dann beschrieb er uns unsere Zukunft: West-Berlin würde an die Sowjetunion fallen, der Russe würde sich den Happen West-Berlin vor seiner Nase nicht länger anschauen, irgendwann zubeißen, doch wenn es einen Atomkrieg gäbe, würden wir erst recht in einer sterbenden Stadt leben! Es ging weiter um die albernen Abenteuerkinder, allen voran meine Eltern, die sich in West-Berlin nur selbst verwirklichen würden. Dann brausten die beiden wieder ab in ihr langweiliges Leverkusen.

Die andere Hälfte der Stadt

Jeder Ausflug nach Ost-Berlin – oft wurden sogenannte „Wandertage“ mit der Schule nach Ost-Berlin unternommen – war von gegensätzlichen Gefühlen beherrscht: Ist das hässlich hier! Ist das schön hier! Da fehlten die Farben, da waren die Straßen, die Schaufenster, die Autos, die Gesichter von einer seltsamen Blässe. Aber: Da war Unter den Linden, der Dom, das Brandenburger Tor – lag nicht das Herz Berlins im Osten? Hier wartete eine Stadthälfte auf, die Ähnlichkeit mit unserer hatte und doch fremd schien. Und die Menschen berlinerten! Bayern oder Schwaben verstanden wir kaum, die Ost-Berliner, die in einem „anderen System" hinter der Mauer lebten, sprachen jedoch ganz ähnlich wie wir! Wie konnte das sein?

Von Umlauftanks und Raumschiffen

„Wir gehen zum Zoo!", hieß es früher oft. Wenn wir nicht auf dem Hof spielten, gingen wir in den Zoo. Die Idee, Kindern ständig Abwechslung zu verschaffen oder gar in tausend Kurse und Workshops zu stecken, war selbst im Bildungsbürgertum nicht en vogue. Wir hatten stets eine Jahreskarte für den Zoo. Kaum hatten wir den Eingang passiert, verschwanden wir. Den Eltern reichte es zu wissen, dass der Zoo umzäunt war und wir darin nicht verloren gehen konnten. Liebend gern warf ich einen Blick auf die faszinierende riesige Rosa Röhre, den Strömungsumlaufkanal der alten Versuchsanstalt für Wasserbau und Schiffbau der Technischen Universität auf der Schleuseninsel, die man gut vom Zoo aus sehen konnte. Wir malten uns immer Geschichten um das Ding aus. Heute ist sein knalliges Pink verwaschen; es sieht wie West-Berlin insgesamt aus. Damals, der Umlaufkanal war von Ludwig Leo entworfen und 1974 fertiggestellt worden, schien er uns wie das fünf Jahre später eröffnete ICC, das klar extraterrestrisch war, ein Raumschiff voller Möglichkeiten zu sein. Konnte man damit über die Mauer fliegen?

Einstürzende Neubauten

Wenn wir nicht mit unseren langen Kinderladenkinder-Mähnen im Zoo tobten, dann im Tiergarten. Manchmal liefen wir bis zur alten Kongresshalle. Angeblich geläufige Begriffe wie Schwangere Auster verwendeten wir nie, ich hörte stattdessen mal *Pilzkopffrisur*. Es passt in die damalige Zeit, dass die Kongresshalle als „Leuchtturm der Freiheit" aufgefasst wurde. Sie wurde auf einen künstlichen Hügel gesetzt, damit sie in Ost-Berlin zu sehen war. Dort war man sicher erstaunt, am 21. Mai 1980 die „Werte der Freiheit" einstürzen zu sehen. Die Medien waren sofort voll von Spekulationen und falschen Anschuldigungen. Denn genau an jenem Tag fand im Reichstagsgebäude eine Sitzung des Bundestages statt, um die umstrittene Zugehörigkeit West-Berlins zum Bund zu demonstrieren. Die Sowjetunion und die DDR protestierten dagegen. Den ganzen Tag flogen sowjetische Düsenjäger über West-Berlin und lösten Überschallknalle aus. Die westlichen Medien waren davon überzeugt, dass die heftigen Schallwellen den Einsturz verursacht hatten. Seltsam nur, dass kein anderes Dach an diesem Tag nachgab. Ein technisches Gutachten kam zu dem Ergebnis, dass die fehlerhafte Konstruktion die Ursache war.

Gedächtniskirche

Das stille, unheimliche Epizentrum der Gegend, in der ich aufgewachsen bin, war und ist die Kaiser-Wilhelm-Gedächtniskirche. Als ich kleiner war, fürchtete ich mich vor der Ruine. Groß und kaputt, still und dunkel ragte sie wie aus einer anderen, brutaleren Zeit hinter den vielen Einkaufstempeln und Leuchtreklamen auf dem Ku'damm hervor – vor allem hinter den riesigen Lettern *Coke is it.*

Ostblock

Geografie war mein Lieblingsfach. Es machte mir Spaß, die Namen südamerikanischer Flüsse auswendig zu lernen oder mich mit Pazifikinseln zu beschäftigen. Europa kam selten vor. Einmal, oh Wunder, sollten wir etwas über den Ostblock lernen. Wir waren alle miserabel, brachten Bukarest und Budapest durcheinander, glaubten, Sofia sei die Hauptstadt von Ungarn, Minsk siedelten wir in der Ukraine an. Verwunderlich war unsere Ahnungslosigkeit nicht. Der Ostblock war in unseren Diercke-Schulatlanten in Einheitsfarbe gehalten. Wir redeten fast nie von einzelnen Staaten, sondern nur von dem Ostblock. Wenn die Leverkusener Tante von dem Russen sprach, klang das nicht viel anders.

Heute, über dreißig Jahre nach der Wende, ist es immer noch irritierend für mich, dass ich, aus Sicht der Ostdeutschen, einfach ein Wessi bin. Wie die Leverkusener Tante.

Tanja Dückers, geboren 1968 in Berlin, Schriftstellerin, Publizistin. Zuletzt erschien „Mein altes West-Berlin". Sie äußert sich vielerorts zu gesellschaftspolitischen Themen. Für ihre Marke „Preußisch süß-Berliner Stadtteilschokolade" hat sie passende Geschmäcker für die Berliner Stadtteile entwickelt.

Widerspenstig

Über den Versuch, als Sprayer eine Stadt wie Berlin zu erobern

Robert Prosser

Robert Prosser: „Stil-Leben“, 2021, Collage

Lange Zeit wusste ich nicht, welche tieferen Bedeutungen sich hinter den Akronymen BRD und DDR verbargen, geschweige denn hinter einem historischen Ereignis wie dem Fall der Mauer. Die Unkenntnis erklärt sich durch das Aufwachsen in einem Tiroler Bergdorf; trotz der Grenznähe waren die Geschehnisse im Nachbarland kaum ein Thema, weder im Schulunterricht, noch im Elternhaus.

Es gab Ausnahmen; im Sommer 1989 zerschnitt der österreichische Außenminister in einer medienwirksamen Inszenierung mit seinem ungarischen Kollegen bei Sopron den Eisernen Vorhang. An diese als Kind mitverfolgten TV-Szenen kann ich mich erinnern, wie auch an die Vermutung der Erwachsenen, dass nun viele aus der DDR über Ungarn zu uns fliehen würden. Bald aber beruhigte sich die Lage und eine sehr einfache Sichtweise kehrte ein. Aus Deutschland kam ein Großteil der Urlauber*innen, winters zum Schifahren und sommers zum Wandern. Die Männer stießen dabei an der Seite ihrer Gattinnen den Gehstock bei einem Schritt nach vorn, beim nächsten Schritt auf den Boden, ein abwechselndes Piksen der Luft und ein monotones Klappern über den Asphalt der Dorfstraße. Ein älterer Mann, der erstens einen Gehstock besaß und zweitens in dieser charakteristischen Weise verwendete, war laut landläufiger Meinung zweifellos ein Westdeutscher. Die anderen, die aus dem Osten, kochten und kellnerten in den Hotels und Restaurants.

Außerhalb des Schankraums oder der Großküche bekam man sie kaum zu Gesicht, auch wenn sie für mehrere Saisonen im Ort ihren Lebensunterhalt verdienten. Ähnlich handhabte ich es selbst: Nach der Matura und nachdem ich einen Winter bei der Gondel als Liftmann gearbeitet hatte, siedelte ich mit dem angesparten Lohn im Frühjahr 2004 nach Berlin um. Eines meiner ersten Ziele war die East Side Gallery. Zur Straße hin war das verbliebene Stück der Mauer mit jenen bekannten Bildern bedeckt, die an die Wiedervereinigung Deutschlands erinnerten. Eine Lücke brachte auf die andere, zur Spree hin gelegene Seite. Ein mit Gestrüpp bewachsenes Areal, auf einer Lichtung hatte ein Zirkus sein Zelt samt Dromedargehege aufgeschlagen, zwischen Bäumen lagerten Obdachlose. Diese Mauerseite war voller

Graffitis, unter anderem von POET, WESP oder PHOS 4 – Szenegrößen, die nicht nur den Ruf Berlins als Graff-Hotspot begründeten, sondern mit ihrem Style die Sprühkunst auch global prägten. KACAO 77 etwa mischte seine explosiven Schriftzüge mit Zitaten aus Graphic Novels, insbesondere von Spawn, einem herausragenden Anti-Helden im Comic-Universum, der durch einen Deal mit dem Teufel erst zu einem Leutnant der Höllenarmee wird, um in weiterer Folge als Abtrünniger sowohl gegen die dunklen Heerscharen als auch gegen die Mächte des Himmels zu kämpfen. Wegen dieser Graffs, wegen dieser Künstler*innen, war ich da. Seit einiger Zeit malte ich selbst, das Sprayen nahm einen wichtigen Stellenwert in meinem Leben ein. Es entbehrte nicht einer gewissen Komik, als junger Mensch in einem Tiroler Bergdorf sich ausgerechnet diese Beschäftigung zu suchen, es war eine oft sehr einsam gepflegte Leidenschaft. Die direkte Konfrontation mit meinen Idolen überforderte mich. Was für ein Anfänger ich war im Vergleich zu jenen, die in Berlin ihr Unwesen trieben. Ich begegnete ihnen an der East Side Gallery und in den Shops, die Dosen verkauften, oder nachts vor den Clubs. Alle wollten die Stadt als Leinwand benützen. Das Dasein tagsüber war nur ein billiger Abklatsch; die echte, wahre Existenz lag in der nächtlichen Mission – vielleicht macht gerade das die Jugend aus, dass man solches Pathos ungeniert ausleben kann. Ich war den Legenden auf der Spur, klapperte die legalen Hall of Fames und die Bahnstrecken ab, ich zeichnete nach, zeichnete fort, oder ehrlicher: Ich ahmte nach. Dem Traum hinterher, einen eigenen Stil zu entwickeln, flexibel und fluide, ein Ausdruck der Energie, die ich in mir spürte, unwiderstehlich wie die Pieces von KACAO 77. Faszinierend waren aber nicht nur die Bilder, sondern Berlin als Ganzes. Die überwucherte Spreeseite der East Side Gallery. Der Bahnhof Zoo, Revier der Junkies. Die gelb gefliesten, stinkenden U-Bahn-Gänge.

Die Erzählungen jener, die rund um den Alexanderplatz abhingen und vom Aufwachsen in der DDR berichteten, von der Stasi und dem Militärdienst, plötzlich greifbar gewordene Zeitgeschichte, die die Klischees von Ost und West, die ich aus den Alpen mitgebracht hatte, in all ihrer Naivität entlarvte. Es war dreckig und laut. Von Marzahn, wo die berüchtigte MRN-Crew ihre

Basis hatte, bis zu den Drum'n Bass Parties Montag Nacht im Roten Salon der Volksbühne und fröhlichem Getagge auf der Toilette, überall das rotzig-großmaulige Gehabe der Berliner Sprayer und Sprayerinnen, das ich ebenso zu kopieren versuchte wie ihren Style, angeheizt vom Underground-Prestige des Berliner Battle-Raps. King Kool Savas startete durch, das AGGRO Label hatte mit „Mein Block" von Sido einen veritablen Hit in den Charts, und manchmal überfiel mich das Gefühl, zur richtigen Zeit am richtigen Ort zu sein, im Zentrum einer Bewegung, am Kreuzungspunkt verschiedenster Strömungen und Entwicklungen, auch wenn ich nie zu sagen vermochte, woher diese vibrierende Gewissheit stammte.

Dennoch ging ich, als alle Ersparnisse aufgebraucht waren, in die Schweiz, nach Arosa, einem Schigebiet unweit von St. Moritz. Ich arbeitete als Nachtportier in einem Hotel, wieder im Vertrauen darauf, durch das Gastgewerbe in kurzer Zeit ausreichend verdienen zu können. 2006 kehrte ich zurück an die Spree und klapperte die gewohnten Routen ab. Berlin hatte sich überraschend verändert. Der neue Hauptbahnhof war beinahe fertig, die Gegend um den Zoo wurde renoviert. Die abseitige Hälfte der East Side Gallery gab es nicht mehr. Kein Zirkus, keine Obdachlosen, kein Gestrüpp.

Kein KACAO 77. Stattdessen eine weiß getünchte Wand und ein vom Wildwuchs befreites Ufergelände mit Promenade und Sitzbänken. Es kam mir vor, als sei aus dem versifften Berlin, das alles dargestellt hatte, was sich mein jugendlicher Geist als spannend und aufregend vorstellen konnte, in einer erstaunlichen Transformation eine recht saubere Stadt geworden, eine Weltstadt, keine Frage, deren Räude aber großteils verschwunden war. Als sei dieses eine Berlin, in dem ich mich verloren hatte, selbst wie das Graff auf einer S-Bahn-Garnitur gewesen, explosiv und knallig illegal und ebenso kurzlebig.

Ich schreibe diesen Text in einem Zug von Wien nach Tirol. Gerade ratterten wir durch Wels, auf einem abgestellten Güterwaggon prangten im Comicstil gemalte Fäuste. In sattem Gelb, die Outline ein fetter, schwarzer Strich. LA MANO, die Hand. Rund ein Dutzend dieser versinnbildlichten Widerstandsgeste, durcheinander wie ein aufgestörter Vogelschwarm, witzig und funky auf dem rostbraunen Metall eines Güterwaggons in der oberösterreichischen Provinz. Damals in Berlin war das eines der ersten Symbole gewesen, die mir auffielen. Neben den Gleisen, inmitten der legendären Writer wie SKIM, diese Hand. Oben auf den Dächern, die vorwiegend von LYTE beherrscht wurden, diese Faust. Und selbst an Orten, an die niemand sonst hinkam oder hinkommen wollte, an Brückenpfeilern und entlang der Fassaden, die die Bahnstrecke zwischen Zoo und Alexanderplatz säumten, überall LA MANO, LA MANO, LA MANO. Auf dem Welser Güterwaggon sah die Hand recht neu aus, es schien sich um jüngere Werke zu handeln, der Mensch hinter diesem Symbol war offenbar nach wie vor aktiv.

Wieviel Bedeutung steckte nicht in einer Faust. Während meiner Berliner Phase begeisterten mich sowohl ihre Allgegenwärtigkeit wie auch ihre Einfachheit. Sie verdeutlichte, was das Malen so besonders machte: Das Verlangen, dank eines Alter-Egos sichtbar zu sein, sich der Stadt nicht nur aufzudrücken, sondern sie sich einzuverleiben. Selbst wenn Graff kaum noch eine Rolle für mich spielt und die Erinnerung an Berlin einer gewissen Sentimentalität anheimgefallen ist, diese positive Rücksichtslosigkeit lebt fort. Als Ideal taugt sie auch für die Literatur, denke ich, um bestenfalls im Schreiben die Energie und Widerspenstigkeit wachzurufen, die in jeder benützten Spraydose lag. Graffitis verwittern, das Pathos bleibt.

Robert Prosser, geboren 1983 in Alpbach, Tirol. Lebt dort und in Wien. Graffitikünstler, Autor, Kurator, Performancekünstler. Veröffentlichte unter anderem „Gemma Habibi" (Ullstein 2019).

Das innere Kalifornien malen

Zu Norbert Biskys Erinnerungsbildern

Thomas Oberender

Norbert Bisky: „Niemandsland“, 2019, Öl auf Leinwand

Erinnerungsbilder an die DDR spielten im Werk von Norbert Bisky immer wieder eine Rolle, aber es war das Projekt einer Doppelausstellung zum dreißigsten Jubiläum der Wiedervereinigung in der Villa Schöningen und Friedrichwerderschen Kirche, das 2019 einen Werkkomplex zeigte, der sich dezidiert der Einstrahlung des Ostens in Biskys Schaffen widmet. Damals war Norbert Bisky ein Jahr älter als sein Vater Lothar Bisky, der Kulturwissenschaftler und Linken-Politiker, zum Zeitpunkt der Maueröffnung gewesen war. Was öffnet sich nun bei ihm?

Das Vergehen der Zeit bringt manchmal die Dinge näher, statt sie zu entrücken. Man kennt das von alten Leuten, die kleinste Details ihrer frühesten Kindheit wiedergeben können. Auch mit den Erinnerungen an die DDR scheint es so zu sein. Gut 25 Jahre nach der Öffnung der Mauer entstand eine Kultur des Erinnerns, die weniger eine staatlich geförderte und „von oben" administrierte Form der Zeichensetzung ist, als eine Form des Sammelns und Sichtens von Zeitzeugenschaft, wie sie von diversen Akteuren an der Basis des gesellschaftlichen Lebens betrieben wird. Denken Sie an die DDR-Schmalfilmsammlung „Open Memory Box", an die „Geschichten aus dem Interim" der Leipziger Plattform FREI_RAUM für Demokratie und Dialog oder an die Reihe „Occupy History" der Berliner Festspiele, die ich initiieren durfte. Es sind alternative Formen des Erinnerns, die dem großen Bild der Wiedervereinigung, das in den letzten Jahrzehnten vor allem von westdeutschen Journalist*innen und Expert*innen geprägt war, andere und ebenso authentische Perspektiven hinzufügen und entgegensetzen.

Denn so sehr wir uns das innerdeutsche Zusammenwachsen wünschen und es planen: Dieser historische Prozess wurde und wird in Ost- und Westdeutschland völlig unterschiedlich erlebt und die Erinnerungen an die letzten dreißig Jahre sind hier und dort sehr verschieden. Diese Unterschiede im Erleben der Wende und der frühen Jahre nach dem Beitritt der ehemaligen DDR zur Bundesrepublik wurden lange kaum diskutiert. Die neuen Bundesländer und ihre Situation waren den alten Ländern oft ferner, rätselhafter, in ihrer Bedeutung aber auch peripherer als die Lage in Frankreich oder den USA. Erst in den letzten Jahren gingen die realen Erfahrungen im Osten in den Mainstreamdiskurs ein – sicherlich auch bedingt durch die Suche nach Gründen für die dortigen Wahlerfolge der AfD. Dieses Näherrücken der ostdeutschen Erfahrungen in den langen Nachwendejahren führt zu einer gesteigerten und auch viel nachdenklicheren Aufmerksamkeit für die anderen Perspektiven auf den Verlauf der Wiedervereinigungsgeschichte.

Die Normalität des Lebens in der DDR und seine Alltagskultur, die eben auch von Freundschaften, Heimatgefühlen, Idealen und Strukturen eines vielschichtigen Vertrautheitsgefühls geprägt waren, wurden langsam zum Gegenstand einer achtsameren Wahrnehmung. Nicht alles war Diktatur, grau oder Knast. Nicht alles hat die totalen Entwertungsgefühle verdient, die sich in den Seelen der Ostdeutschen einstellten, als sie nach ihrem Erstkontakt mit der westlichen Wohlstandsgesellschaft auf ihr selbst Errungenes zurückschauten. Sogar ihre eigene Revolution sollte dann schnell wieder aufhören, weil Helmut Kohls Westen ja wusste, wie es geht und plötzlich so viel Geld da war, so viel Macht, die versprach, sich zu sorgen. Dreißig Jahre später betrachtet ein neuer Blick auch die wissenschaftlichen Leistungen der DDR und die Kraft ihrer bekämpften Avantgarden: Auch hier war nicht alles Scheitern – es entstand eine eigene Art der wissenschaftlichen Arbeit, die oft kollektiv war, links und materialistisch, aber auch eigenwillig, an den Rändern suchend, weltoffen, ja welthungrig. Diese anderen Realitäten eines Forschens in anderen Feldern, mit anderen Zielen, anderen Quellen, hatten ihre eigene Seriosität und existierten parallel zu den von der SED-Diktatur imprägnierten Seiten des Lebens – niemand war nur Kind des Totalitarismus, jeder auch das einer Familie, eines Netzwerkes.

Nach zwanzig, dreißig Jahren geraten langsam auch die Härten und Traumata in den Biografien vieler Ostdeutscher in den Blick, wie sie das Ergebnis der Treuhandpolitik waren – ohne sofort Verteidigungsreflexe auszulösen. Nachdem nicht mehr zu ändern ist, was geschah – die Deindustrialisierung ganzer Regionen und eine Vermögensumverteilung, wie sie in einer solchen Dimension in der Geschichte Deutschlands nie zuvor stattgefunden hat –, geht es nicht mehr um eine rückwirkende Anklage, sondern um die Anerkennung dieser Traumata und Härten. Denn sie stehen dem Selbstbild der

Mehrheitsgesellschaft, die „im Osten nur helfen wollte und so viel geholfen hat“, deutlich entgegen, obwohl auch daran vieles wahr ist, denn niemand wollte Leid produzieren. Aber gerade durch die Anerkennung der *side effects* unserer Art von Wiedervereinigung entstand, glaube ich, eine neue Perspektive in der Diskussion unseres Zusammenlebens, die viel mit jüngeren Akteuren und ihren Fragen an unsere Gesellschaft *heute* zu tun hat. Langsam scheint es möglich, die Andersartigkeit der Erfahrungen im Osten nicht zuzuschütten, sie aber auch nicht mit einer Schuldzuweisung zu verwechseln – jetzt, da auf einmal über die Wunden der Umbruchsjahre und die Wahlerfolge der AfD-Ost gesprochen wird.

Ich bin neulich von einer Wiener Freundin gefragt worden, warum die Ostdeutschen heute scheinbar kein Problem mit dem DDR-Spionagechef Markus Wolf haben, dafür aber mit den Westdeutschen. Ich verstehe, wie dieser Eindruck entstehen kann. Nur denke ich nicht, dass die Ostdeutschen das Leben in der DDR rückwirkend verklären oder zurückhaben wollen. Ich halte vielmehr das Zursprachekommen der Lasten, Ängste und Unzulänglichkeiten aus der Zeit nach der Öffnung der Mauer für einen kathartischen Vorgang: Er trennt uns nicht, er ist kein Jammern und nach drei Jahrzehnten auch kein Vorwurf mehr, sondern er holt das Gift und die Geheimnisse aus den Dunkelkammern der ostdeutschen Seele ans Licht. Und wie jedes Geheimnis, das gelüftet wird, wie jede Aussprache, die etwas Verborgenes zum Vorschein bringt, nimmt diese Äußerung der anderen, westdeutschen Seite etwas von der Macht, die aus einem Überlegenheitsgefühl und einem vermeintlichen Mehrwissen entstanden ist.

Die dreißig Jahre später aufkommenden Bilder der bislang verschütteten Normalität wie auch die Stimmen der Klage sind aus meiner Sicht Indizien einer Ankunft der ostdeutschen Perspektive im öffentlichen Diskurs der Mehrheitsgesellschaft. Denn über den *modus operandi*, in dem sich die Geschichte vollzog, haben wir viel weniger gesprochen als über die Ergebnisse der Wirtschafts-, Währungs- und Sozialunion. Die Wiedervereinigung hat uns nicht einfach zu Gleichen unter Gleichen gemacht. Es ist der *modus operandi*, der das Ergebnis prägt – und so auch die Bilder von Norbert Bisky.

Seine Erinnerungsgemälde dreißig Jahre nach der Wiedervereinigung sind „bonbonsüße Apokalypsen", wie Johanna Di Blasi es einmal beschrieb, komponiert aus Brüchen, Schnipseln und Puzzleteilen des Erinnerns. Ihr Grundton ist von lichtem Blau und freundlich. Im Wirbel ihrer Elemente stehen diese jungen Männer im Vorwärtsgang, „Figuren der Unschuld", wie sein Bruder Jens Bisky sie einmal nannte. Diese Bilder gehen nicht auf das Private der Figuren zu, sondern zeigen stets eine Gestalt in einer Pose: Sie ist, auch wenn sie beiläufig wirkt, bereits vorveröffentlicht, wurde von anderen vorgelebt, ist eine Sache für sich, ein Bodycode, der sofort wirkt, als hätte man ihn schon einmal gesehen. In Biskys Gemälden wirken diese Figuren in die Komposition einer Stimmung versetzt, die durch sie wie von außen erlebt wird. Sie reagieren auf ihr Umfeld mit einer Haltung, die sie tragen wie eine Waffe oder wie ein Werkzeug, durch das sie gewappnet sind – ein *safespace*, der aufs unsichere Draußen trifft.

Ist nicht das unser Blick, unser Zustand, dreißig Jahre nach dem berühmten Satz „Das gilt, glaube ich, ab sofort", der die Öffnung der Mauer manifestierte? Dieses Sofort ist in jedem Bild Biskys spürbar: Seine Bilder antworten auf das jähe Verwirbeln der alten Welt mit Posen des Pop, mit Männerkörpern, die auf den Wellen der Veränderung reiten. Norbert Bisky brauchte den Rat seines Lehrers Baselitz, sich mit seiner Ostvergangenheit zu beschäftigen, um sein inneres Kalifornien zu malen. Dieses, sein Kalifornien, erträumt in Marzahn, hat ihn berühmt gemacht. Es sieht idyllisch aus, ist es jedoch nicht.

Dr. Thomas Oberender, geboren 1966 in Jena, gründete bei der Ruhrtriennale, den Salzburger und Berliner Festspielen mehrjährige Formate für Theater, Kunst und Literatur und gestaltet zeitbasierte Ausstellungen. Seine Reihe „Immersion" und Publikationen wie „Empowerment Ost" oder „Occupy History" versuchen ästhetische und politische Ereignisse zusammenzudenken.

Freiheit wovon und wofür?

Meine Jahre an der Komischen Oper Berlin

Andreas Richter

Bühnenbild zu „Don Giovanni“ von W. A. Mozart an der Komischen Oper Berlin, 1987, Fotografie

Da saß ich nun in meinem kleinen Büro in Ostberlin und war frisch angekommen: Am 1. Januar 1996 begann mein Traumjob an der Komischen Oper Berlin. Ein Zimmer klein und wie ein Schlauch, ein Normfenster breit im denkmalgeschützten Plattenbau. Unter den Linden ganz am Ende des Ganges. Nachdem ein gutes halbes Jahr Gespräche geführt worden waren, bekam ich als vierter oder fünfter „Wessi" im Team um den auch noch relativ neuen Intendanten Albert Kost die neugeschaffene Stelle als „Referent für Öffentlichkeitsarbeit und Dramaturgie/Leiter des Konzertbereichs". Ich sollte dabei helfen, die Komische Oper im damals noch sechs Jahre jungen und in vielerlei Hinsicht neuen Umfeld der deutsch-deutschen Wiedervereinigung neu zu positionieren.

Dieses Zimmer machte auch gleich die Widersprüche deutlich, in die das Opernhaus verstrickt war: Unter dem Schreibtisch quollen hunderte von alten Telefonleitungen hervor, seltsam verworren und ohne Anschluss. Die raubeinige wie liebenswürdige Leiterin der Hausverwaltung klärte mich darüber auf, dass hier früher einmal die STASI gesessen hätte. Ob das wirklich stimmte, habe ich nie herausgefunden, aber es hat mich schwer beeindruckt und machte auf eindringliche Weise klar, dass auch die Komische Oper trotz aller behaupteten und gefühlten Freiheiten nicht unabhängig vom Staatsapparat der DDR agieren konnte.

Die Komische Oper Berlin war seit ihrer Gründung durch Walter Felsenstein weltberühmt für ein einzigartiges Konzept von Musiktheater – das Wort Oper stand zwar im Namen, war aber eher verpönt. Dabei ging es darum, eine künstlerische Wahrheit, die sich aus der Verbindung von Text und Musik ergibt, auf der Bühne sicht- und hörbar zu machen: Musik, Text und Szene idealerweise als Einheit zu verstehen und zu vermitteln, dabei auf Verständlichkeit für den Menschen von heute sowohl im wörtlichen wie übertragenen Sinne zu achten – darum spielte man hier auch alle Werke in deutschen Übersetzungen. Felsensteins Herangehensweise machte Schule und prägte mehrere Generationen Regisseur*innen, wie auch Götz Friedrich, der vormals Oberspielleiter an der Komischen Oper war und später zwanzig Jahre lang als Intendant die Deutsche Oper Berlin im Westteil der Stadt prägte. Insofern gab es auch bereits vor dem Mauerfall eine ästhetische Verbindung zwischen West- und Ostberlin, als nämlich das Operngeschehen beider Stadthälften von ähnlichen Ideen getragen war.

Gleichwohl war die Komische Oper weltweit ein Unikat, eine Institution mit einem besonderen Ruf sowohl wegen ihrer ästhetischen Konzeption als auch wegen der Qualität der Regiearbeiten. In den Anfängen wurde hier bisweilen über Monate geprobt, und eine Inszenierung gelangte erst zur Premiere, wenn Felsenstein mit dem Ergebnis vollkommen zufrieden war – ein Luxus, den man sich später weniger und nach der Wende gar nicht mehr leisten konnte. Oder man nahm in Kauf, dass das Bühnenbild zu Harry Kupfers „Don Giovanni" derart aufwändig war, dass man das Haus jedes Mal zwei Tage schließen musste, um es aufzubauen. Insofern erschien das Haus als ein Hort der künstlerischen Freiheit, in dem es nur auf die Qualität einer Produktion ankam, weniger aber auf die Kosten oder die Auslastungszahlen.

Eine besondere Abteilung mit einem besonderen Stolz war die Dramaturgie. Hier wurde weit mehr erarbeitet als Texte für das Programmheft: Für jede Produktion wurden neue Fassungen erstellt, wenn nötig eigene Übersetzungen angefertigt, jede Probenphase aktiv begleitet. Auch in meiner Zeit war die interne Einführung immer eine besondere Veranstaltung, mit der der Probenbeginn eingeläutet wurde. Das ganze Haus wurde dazu eingeladen und kam auch, weil jeder wissen sollte, worum es ging. Dem Selbstverständnis des Hauses entsprach die Überzeugung, dass alle Mitarbeiter*innen ihren jeweiligen Teil zum Gelingen beitrugen, unabhängig von der Art ihrer Aufgabe.

Warum erzähle ich das in diesem Zusammenhang? Die Komische Oper war, vielleicht wegen ihres internationalen Rufes, das Opernhaus in Berlin, das am längsten seine lange zuvor in der DDR etablierte Leitung behalten hatte. Allerdings änderten sich die Rahmenbedingungen der Arbeit sehr schnell und es wurden auch hier Veränderungen notwendig. Fest stand, dass Harry Kupfer als Chefregisseur unbedingt seine Wirkungsstätte behalten sollte. Erfreulicherweise war die Komische Oper durch ihr besonderes künstlerisches Profil weitgehend vor Schließungs- und Fusionsdebatten geschützt. Meine Wahrnehmung war damals, dass in diesem problematischen Staat DDR eine

Art Insel entstanden war, in der sich ein besonderes Arbeitsethos und weitreichende künstlerische Freiheiten herausbilden konnten. Mir schien es, als wenn an diesem Ort im Rahmen des politisch Erlaubten eine sehr subtile künstlerische Ausdrucksweise entwickelt worden war, mit der auch die Situation in der DDR reflektiert werden konnte, ohne politisch anzuecken: Wenn ich an Harry Kupfers alte Inszenierung der „Zauberflöte" denke, in der Tamino und Papageno anfangs zwischen grauen Häusermauern herumirrten und unwillkürlich ein Klima der Angst entstand in diesem nur oberflächlich so freien Sarastro-Reich, konnte man verstehen, dass damit nicht nur eine ferne Märchenwelt gemeint war. Die Utopie nahm dann durch ein weißes Einhorn Gestalt an und Papagenos bunte Welt brachte die Farben in das Grau – diese beiden Symbole konnten auch als Kritik an der SED-Diktatur verstanden werden.

In vielen Inszenierungen zeigte sich die Genialität Kupfers, die nicht zuletzt auf der überaus gründlichen Arbeit seines Dramaturg*innen-Teams gründete. Seine besondere Wirkung beruhte in einer klaren politischen Haltung, die aber stets künstlerischen Ausdruck fand. Spannend war in den 1990er-Jahren daher die Frage, wie sich das nach dem Wegfall des Regimes entwickeln würde. In meinen acht Jahren an der Komischen Oper erlebte ich Inszenierungen von durchaus unterschiedlicher Qualität: zum Beispiel einen genialen „Fidelio", der vor der Brandmauer auf komplett leerer Bühne spielte. Aber auch manches, was schnell in Vergessenheit geriet, auch wenn die Stücke handwerklich immer von hoher Perfektion waren. Gleichwohl schien es mir, dass mit dem zu kritisierenden politischen Umfeld zuweilen auch die Klarheit der Aussage abhanden kam und dass die Notwendigkeit einer subtileren Ausdrucksweise den früheren Arbeiten künstlerisch gutgetan hat. Das wiederum korrespondiert auch mit dem Teamgeist des Hauses, wo es mir zwar schnell gelang, mit neuen Ideen Akzeptanz zu finden. Es wurde aber auch oft klar, dass viele Codes der Kommunikation anders gelernt waren, um vertrauliche Dinge auszudrücken und man am besten daran tat, dieses so zu akzeptieren.

Wenn ich nun die Jahre Revue passieren lasse, bleibt vor allem präsent, mit welcher Leidenschaft und Perfektion dort Musiktheater gemacht wurde, wie kleinste Details wichtig genommen wurden und dass intern eine großartige Solidarität herrschte. Es war gut und wichtig, der Komischen Oper einen behutsamen Übergang in eine neue Zeit zu gönnen. Heute kann man sehen, wie fulminant es Barrie Koskie gelingt, inhaltlich an die Tradition Felsensteins anzuknüpfen und wie sich der Geist des Hauses erhalten hat. So ist die Komische Oper, auch wenn ich nun schon vor 18 Jahren das Haus verlassen habe, doch immer wieder ein Ort, an den ich gerne zurückkehre.

Andreas Richter, geboren 1960 in Kiel, berät mit seinem Unternehmen Andreas Richter Cultural Consulting GmbH internationale Kultureinrichtungen in Strategie- und Managementfragen. Er war Direktor des Deutschen Symphonieorchesters und Intendant des Mahler Chamber Orchestra. Er verantwortet das „Forum Zukunft Kultur" im Rahmen der Stiftung Zukunft Berlin.

Aktives Erinnern

Von der Verringerung der Distanzen

Jana Kühn & Oleh Barasij
(aus dem Ukrainischen von
Joschka Hofmann & Oxana Matiychuk)

2020 kamen in der deutsch-ukrainischen Künstler*innen-Residenz TWO ROOTS – AN ARTISTIC RESEARCH, gefördert von der Stiftung Erinnerung, Verantwortung und Zukunft, organisiert vom Zentrum Gedankendach in Tscherniwizi (UA) und der Die VILLA Leipzig (DE) 16 Künstler*innen zusammen – sie forschten, reflektierten und gestalteten den öffentlichen und digitalen Raum mit einer Online-Ausstellung.[1] Alle Arbeiten verbindet die Frage „What had we lost to find?"/„Was haben wir verloren zu finden?" Was eben noch da zu sein schien, ist morgen schon vergangen. Wir laden zur Spurensuche ein, um eigene Antworten zu finden.

1 Siehe www.tworoots.de.

Roya Noorineshzad: „Erinnerungsräume [Tagebau]“, 2020, Video Still

Banale Momentaufnahme? Eine asphaltierte Autobahn wird gekreuzt von einem Sandweg. Ein wenig Fahrbahnmarkierung ist noch zu erkennen, rechts und links Böschung, ein Kieshaufen, drumherum Wiese, ein paar Bauwagen. Schaut mensch genauer hin, endet die Autobahn am Waldrand im Nichts.

Für die Videoarbeit *Erinnerungsräume [Tagebau]* stellt die Künstlerin Roya Noorineshzad (geb. 1986 im Iran) zwei Orte gegenüber: den renaturierten Pescher See bei Köln und das Kohleabbaugebiet bei Mannheim. Durch Letzteres (zu sehen auf dem Bild) bewegt sie sich isoliert im „Schutzraum Auto“ während im Radio die aktuellen Nachrichten laufen. Covid, Krise, Klima, Krieg – eine dystopische **Metapher** für die Konsequenzen unserer Handlungen oder ein ironischer Blick in die Zukunft? Als ein Freund Roya zum ersten Mal die Folgelandschaft nach dem Tagebau zeigt, macht sie eine schockierende **Erfahrung**. Die Iranerin

In seinem Video *My grandfather's skin* erzählt der junge ukrainische Künstler Jan Bachynskyi (geboren 1991 im Lwiw) von seinem zu Lebzeiten „kanonisierten“ Großvater, der im Finanzministerium der ukrainischen SSR und später in der Ukraine gedient hat. Er liebte es, den kleinen Jan tanzen zu sehen, schlug Jans Vater und Großmutter und hinterließ nach seinem Tod schließlich ein ***seltsames Erbe*** in Form einer „Ikonostase“ von Porträts, Porzellanvasen mit seinen Fotografien, einem Professorengewand, einer Generaluniform (obwohl er nicht beim Militär war), fast vier Kilogramm verschiedener Krawatten und periodische Frustration, die den Künstler begleiten, wenn er sich an seinen Opa erinnert.

Sorgfältig und humorvoll verarbeitet Jan das Erbe, um die eigene Haltung gegenüber seinem Großvater und den mit ihm verbundenen Artefakten, gleichzeitig aber auch die Rolle und den Einfluss von **Erinnerungen** und

Jan Bachynskyi: „My grandfather's skin", 2020, Video Still

verfolgt von dem Punkt an den **Wunsch**, ein Archiv aus Fotografien und Videos von Kohletagebaugebieten anzulegen. Einige werden durch Renaturierung wieder zugänglich gemacht. Dabei findet für sie eine ganz korrekte Überschreibung des Raums statt, die einen **Prozess des Vergessens** generiert – Häuser, soziale Güter, Kirchen, Friedhöfe, biografische Spuren, alles verschwindet im Nichts. Die abgetragenen Dörfer sind nunmehr nur noch digital auf Google Maps zu finden und werden irgendwann auch von dieser Anwendung bereinigt. Ironischerweise bleibt ein natürlich erscheinender See, die Transkription eines **Kontext**es, als einzige Verortungsmöglichkeit für Identitäten übrig. Verschwundene Orte wie diese gibt es als verbindendes Element zuhauf – in Nordrhein-Westfalen, in der ostdeutschen Lausitz, wo das Thema zusammen mit der Verdrängung von Minderheiten, den Sorben und Wenden, diskutiert wird, aber auch in Gebieten der Bedeutungen, die in diesen Artefakten enthalten sind, zu verstehen.

Aus den Krawatten, dem Symbol der wichtigsten Lebensmission seines Großvaters, schneidert der Künstler ein Kleid und tut das Einzige, was seinem Opa gefallen würde (er ist sich dessen sicher) – er tanzt vor dem Ministerkabinett der Ukraine, wie er einst für ihn getanzt hat.

Einen der *seltsamen Artefakte* – Großvaters Generaluniform – behandelt Jan mit weniger Ehrfurcht. Diese Uniform steht für die despotische Verkörperung des Opas, der (wie es bei „echten Männern" dieser Zeit (?) üblich ist) seine Frau schlägt und unempfindlich gegenüber den Bestrebungen seines Sohnes ist, was möglicherweise zu dessen sadistischen Neigungen geführt hat. Später begann er selbst, den kleinen Jan zu schlagen. Der Künstler trägt als klassisches für die Sünden seiner Eltern büßendes Kind (diese **Metapher** haben wir

Ukraine. Hier wie dort, heute wie damals, der Besitz rohstoffreichen Gebiets macht mehr Macht. Der *absolute Verlust* ist jederzeit unermesslich. Welche logische Antwort lässt sich für uns von dort noch auf die scheinbar banale Frage, wo kommst du her, finden?

Perspektivenverschiebung — Als Iranerin findet Roya in Deutschland Geschichten, die so noch längst nicht genug erzählt sind und schafft im Rahmen der deutsch-ukrainischen Künstler*innen-Residenz *Two Roots* zur Frage „What had we lost to find?“ neue Tangenten. Verschwundene Orte und weiße Flecken in unseren Biografien, Verwundung von Landschaft und lokale **Traumata** mit globaler Wirkung, künstliche Seen als neue **Erinnerung**sräume.

Ist es utopisch, nach etwas zu suchen, das schon längst verloren scheint? Als Künstler*innen haben wir es uns zur Aufgabe gemacht, unter den Oberflächen im **seltsamen Erbe** zu graben. Wir fragen, filmen, dokumentieren. Wir performen im öffentlichen Raum und laden konsequent zum *Embodiment* der Geschichten ein. Im Jetzt tragen wir verantwortungsvoll die Vergangenheit und wirken für unser aller Zukunft. Uns bewusst Geschichte/n einzuverleiben, unsere multiperspektivischen Reflexionen nicht nur im Stillen zu beäugen, sondern öffentlich auszuwerten, alles am liebsten kollektiv, was auch das Infragestellen von nationalen und persönlichen Grenzen beinhaltet, bedarf der von uns stetig trainierten Fähigkeit der *aktiven Erinnerung* — die wir uns transparent, transformativ, transnational wünschen. Ein unaufhaltsamer Prozess.

Gibt es wirklich etwas, dass wir nicht gemeinsam wiederfinden können?

hier immer noch nicht aufgegeben) die Generaluniform seines Großvaters, der nicht gerade heilig ist, aber dennoch den Schein eines Heiligen verkörpert, als sein eigenes Kreuz. Aber er trägt es nicht, um sich diesem Kreuz zu opfern, sondern um dessen genaues Gewicht zu messen, den Druck auf dem Körper zu spüren, es als Vogelscheuche stehen zu lassen, damit die Sonnenstrahlen die traumatischen Erinnerungen und kollektiven blutigen Traditionen ausbrennen, die frühere Generationen geerbt haben.

My grandfather's skin ist eine Videoarbeit, in der der Künstler versucht, die Lebenserfahrung seines Opas zu verstehen und verschiedene „Häute des Großvaters“ anprobiert: die „Haut eines hohen Beamten“ und die „Haut der Fassade eines Generals“. Das Video ist also so etwas wie eine *seltsame Modenschau* mit persönlichen (aber nicht weniger kollektiven, weil der Künstler hier induktiv arbeitet: von seiner eigenen Familie sprechend, behält er ständig den weiteren **Kontext** des ganzen Landes im Auge) traumatischen Erinnerungen, unausgesprochenen Frustrationen, aber auch mit dem offensichtlichen **Wunsch**, sich mit all dem zu versöhnen. Anprobieren, um sich zu versöhnen. In der ukrainischen Sprache unterscheiden sich diese Wörter nur durch zwei Buchstaben: *приміряння* (prymirjánnja) und *примирення* (prymýrennja). In Jans Fall endete diese Anprobe damit, dass Jan nicht zu seinem Großvater wurde, sondern der Großvater wird Jan. Vielleicht ist eine Anprobe, die auch als *aktive Erinnerung* bezeichnet werden könnte, eine Alternative zum **Prozess des Vergessens** und des Schweigens, der eher zur Vertiefung von **Traumata** als zur Lösung von Problemen führt, deren Kennzeichen oft so *seltsames Erbe* von unseren Eltern, Großeltern und Mitbürger*innen darstellen?

Wie die Geschichte und der Mainstream der sozialen Prozesse in Europa und der Welt zeigen, gibt es im sozialen Gedächtnis etwas Entfremdetes, Fernes, das oft Widerstand verursacht. Aktive Erinnerung bietet eine Verringerung der Distanz. Nur wenn wir in unmittelbarer Nähe zu dem, woran wir uns erinnern (und es geht nicht um zeitliche oder körperliche Nähe, sondern um Empathie als Nähe), die Hauptstraße verlassen und einen Punkt des Verstehens erreichen können, der nicht mehr auf den Karten steht, wenn wir uns selbstbewusst aus biografischen Häuten ein neues Kleid schneidern, erlauben wir der Vergangenheit den Eintritt, um ihr einen Platz in der Zukunft als vollwertigen Teil von uns zu geben, mit dem wir uns versöhnt haben und mit dem wir nicht mehr kämpfen.

AUTOR*INNEN:

Jana Kühn, geboren 1983 in Deutschland. Schauspielerin, Kulturvermittlerin, ARTivistin. Schwerpunkt Performative Künste und Kultur im ländlichen Raum. Gemeinsam mit Olga Polyak (UA) kuratierte sie 2020 TWO ROOTS.

Oleh Barasij, geboren 1993 in Ternopil (Ukraine). Projektmanager des Zentrums Gedankendach (Tscherniwzi, UA). Gemeinsam mit Viktoria Medvedko (UA) organisierte er 2020 TWO ROOTS.

ÜBERSETZER*INNEN:

Oxana Matiychuk, Literaturdozentin und Kulturmanagerin im Bereich deutsch-ukrainischer Kulturbeziehungen und Ko-Leiterin des Zentrums Gedankendach.

Joschka Hofmann, Student der Ethnologie und Politikwissenschaft, aktives Mitglied bei Amnesty International. Als Praktikant im Frühjahr/Sommer 2021 Teil des Zentrums Gedankendach.

Die Leere nach dem Sturm

Über die Notwendigkeit, sich gegenseitig Geschichte und Geschichten zu erzählen

Matthias Platzeck & Thomas Kralinski

Ulf Büschleb: „Weltzeituhr Berlin Alexanderplatz“, 2021, Fotografie

Wenn sie reden könnte, hätte sie etwas zu erzählen. Seit dem 30. September 1969 steht die Weltzeituhr auf dem Alexanderplatz mitten in Berlin. Vom ersten Tag an war sie ein beliebter Treffpunkt – für Touristinnen und Touristen, die auf dem weiten Platz einen Haltepunkt suchten, für Familien vor dem Einkaufsbummel, für Verliebte, die hier ihren ersten Kuss wagten, aber auch für die Gruppen westdeutscher Schülerinnen und Schüler am Ende ihrer obligatorischen Expedition in den Realsozialismus. Die Weltzeituhr wurde schnell zum Symbol des „neuen" Ost-Berlins samt seiner sozialistischen Moderne. Und zwar im Osten und im Westen gleichermaßen.

Denn die Uhr war nicht nur ein Kunstwerk. Sie war auch politisch. Zwanzig Jahre lang – bis zum Herbst 1989 – war sie ein Sehnsuchtsort. Man ging um sie herum und staunte über all die Namen von Orten, die man als „gelernter DDR-Bürger" oder „gelernte DDR-Bürgerin" kaum je würde erreichen können. Die (westdeutschen) grünen Urgesteine Petra Kelly und Gert Bastian präsentierten 1983 (!) vor der Weltzeituhr das Transparent „Schwerter zu Pflugscharen". Am 7. Oktober 1989 trafen sich hier die Demonstrantinnen und Demonstranten, um anschließend vor den Palast der Republik zu ziehen und gegen die dort stattfindende 40. DDR-Geburtstagsfeier zu rebellieren. Und dann der 4. November 1989 – wo sich so viele Menschen auf dem Alexanderplatz versammelten wie nie zuvor. Ein halbe Million demonstrierte für Demokratie und Freiheit – und das Recht, an all jene Orte zu fahren, die die Uhr so vielversprechend aufführte.

Heute ist es um die Weltzeituhr wieder ruhiger geworden. Fast jeder, ob Ossi oder Wessi, kennt sie. Städtenamen wie Tel Aviv wurden ergänzt, aus Leningrad wurde St. Petersburg. Die Uhr ist immer noch Treffpunkt – für Ost- und Westdeutsche gleichermaßen. Gelebte Normalität. Ein Symbol wie der Fernsehturm – und ganz ohne das Präfix Ost- oder West- vor Berlin. Also alles in Ordnung in Deutschland?

In der Tat ist es so: Für die Ostdeutschen haben sich mit der Friedlichen Revolution und der Wiedervereinigung viele Wünsche und Hoffnungen erfüllt. Das Volk wählt seine Regierung frei und geheim, man kann in all die Orte auf der Weltzeituhr reisen, die wirtschaftliche Lage ist für die allermeisten

Ostdeutschen viel besser als vor zwei, drei oder vier Jahrzehnten. Niemand bestreitet ernsthaft diese Errungenschaften. Aber dennoch fühlen viele Ostdeutsche eine Leere: und zwar eine dreifache.

Zum einen fehlen in Ostdeutschland über drei Millionen Menschen. Sie sind seit 1989 in die alten Länder abgewandert. Und es waren insbesondere die jungen, vor allem junge Frauen, die besonders gut ausgebildeten, die besonders stark engagierten Männer und Frauen, die die neuen Länder in Scharen verließen. Sie haben auf der Suche nach Arbeit, nach guten Löhnen, nach dem persönlichen Glück Ostdeutschland verlassen. Niemand kann es ihnen verübeln – gerade angesichts der trostlosen wirtschaftlichen Lage im Osten bis weit in das erste Jahrzehnt des neuen Jahrhunderts hinein. Aber all diese Menschen fehlen heute – und zwar nicht nur als aktive Mitglieder der Gesellschaft, als Kommunalpolitikerin, als freiwillige Feuerwehrleute, als Künstlerin, als Fachkraft oder Unternehmer. Sie fehlen vor allem in den Familien, bei der Eltern- und Großelterngeneration, die sich Sorgen um ihre Lebensqualität im Alter machen. Die Effekte dieser menschlichen Leere – sozialer Stress und Einsamkeit genauso wie das Gefühl von Abgehängtsein und fehlenden Perspektiven – sind nicht sofort sichtbar. Sie werden aber im Laufe der Jahre immer spürbarer und sie prägen das Klima der ostdeutschen Gesellschaft – insbesondere jenseits der boomenden Metropolen wie Berlin, Leipzig, Dresden oder Potsdam.

Zweitens fehlt es den Ostdeutschen an Sichtbarkeit. Es fehlt bis heute eine gemeinsame deutsche Erzählung über die vergangenen drei Jahrzehnte – denn auch die sind mittlerweile schon geronnene und erlebte Geschichte. Die gut dreißig Jahre seit der Wiedervereinigung mit ihren Entbehrungen, dem Aufbruch, dem Umbruch – der bisweilen eben auch ein Zusammenbruch war – kommen im kollektiven Gedächtnis von ganz Deutschland derzeit kaum vor. Ostdeutsche sind in den Führungsetagen von Wirtschaft und Wissenschaft, von Justiz, Medien oder Armee selten oder gar nicht angekommen. Auch das hat Folgen. Denn Repräsentation schafft eben auch Verbindung und Vertrauen. Stattdessen sehen wir, dass ein Fünftel der Ostdeutschen der Demokratie gegenüber skeptisch ist (das sind immerhin doppelt so viele wie in den alten Ländern), dass das Vertrauen in öffentlich-rechtliche Medien geringer ist, dass zwei Drittel der Ostdeutschen erklären, sie würden im vereinigten Deutschland als Bürgerinnen und Bürger zweiter Klasse behandelt.

Die dritte Leere ist die der fehlenden Orientierung. Was 1989 für die Ostdeutschen – und die Menschen in Ostmitteleuropa in gleichem Maße – als Rückkehr nach Europa und Aufbruch in die Freiheit begann, endete ein Stück weit in Tränen. Demokratie und Marktwirtschaft waren das große Ziel der Friedlichen Revolutionen vom Herbst 1989. Der Aufbau Ost – zu großen Teilen ein Nachbau West und Anfang der 1990er-Jahre zweifellos ohne Alternative – entpuppte sich immer mehr als ein in vielen Teilen seelenloses Kopieren. So wurde der Osten ein Abbild des „alten Westens" fast ohne eigene Innovationen, ohne bekannte Ankerpunkte und Haltegriffe in stürmischen Zeiten. Dabei stellte sich alsbald auch heraus, dass die großen freiheitlichen Ideen selbst ernsthafte Probleme hatten – wie sie in wachsender Ungleichheit, in der Finanzkrise von 2008 bis 2010 oder in der Migrationskrise 2015 zu besichtigen waren. Der Politikwissenschaftler Ivan Krăstev zeigt eindrucksvoll, dass die pure „Nachahmung" der westlichen Gesellschaften im Osten zum Gefühl führt, respektlos behandelt zu werden, dass Identitäten aufs Spiel gesetzt werden und all das zu einem Hindernis für Selbstachtung und Selbstverwirklichung werden kann.

Was also tun? Miteinander reden und zwar über Regionen und soziale Barrieren hinweg. Sich gegenseitig Geschichte und Geschichten erzählen. Dazu hat die Einheitskommission der Bundesregierung einen klugen Vorschlag gemacht: Ein neues „Zukunftszentrum für Deutsche Einheit und Europäische Transformation" soll als kreativer Ort des Wissens, der Kultur, der Begegnung und des Dialogs dafür sorgen, die Transformationskompetenz der Ostdeutschen – aber auch der Menschen im östlichen Mitteleuropa – sichtbar zu machen. Es geht auch darum, nach neuen Ideen und gemeinsamen Werten zu suchen. Denn unsere Gesellschaft, nicht nur in Deutschland, sondern überall in Europa, steht vor vielen neuen Transformationen – bedingt durch Digitalisierung, den Wandel der Mobilität und die Suche nach Wegen aus dem Klimawandel. Doch die pure technische Modernisierung *allein* reicht nicht.

Unsere Gesellschaften bestehen aus Menschen, aus ihren Hoffnungen, ihren Erfahrungen und Ängsten. Bei den kommenden Transformationen geht es nicht nur darum, die Köpfe der Menschen zu erreichen, auch Herz und Bauch müssen mitkommen können.

Und was hat das mit Weltzeituhr zu tun? Sie war da, sie hat ein Facelifting bekommen, sie ist immer noch da und geht und geht. Sie ist sichtbar und ein Stück gemeinsame Geschichte geworden. Sie wurde „einfach" von den neuen Mitmenschen, seien es „Wessis", Zugewanderte oder Touristinnen und Touristen aus aller Welt adoptiert. Ein kleines Symbol des zusammenwachsenden modernen Deutschlands. Eigentlich keine schlechte Perspektive für die neue Zeit.

Matthias Platzeck, geboren 1953 in Potsdam, ist Vorsitzender des Deutsch-Russischen Forums. Saß 1989/90 am Zentralen Runden Tisch der DDR und war Ministerpräsident von Brandenburg (2002-2013), Bundesvorsitzender der SPD (2005-06) sowie Vorsitzender der Regierungskommission zu „30 Jahre Friedliche Revolution und Deutsche Einheit".

Thomas Kralinski, geboren 1972 in Weimar, ist Vorstandsmitglied des Thinktanks „Das Progressive Zentrum". 2014 bis 2019 war er in Brandenburg Chef der Staatskanzlei sowie Staatssekretär für Bundesangelegenheiten, Internationale Beziehungen, Medien und Digitalisierung.

BILDNACHWEIS:

KAPITEL I:

Seite 9: Evelyn Richter: „An der Museumsinsel“, Berlin 1972, Fotografie © Evelyn Richter – Archiv der Ostdeutschen Sparkassenstiftung im Museum der bildenden Künste Leipzig

Seite 35: Hans Vent: „Vier Köpfe“, 2006, Nr. 1747, Pankow Museum, Foto: Cajewitz-Stiftung/Hans-Vent-Stiftung, VG Bild-Kunst, Bonn 2021

Seite 41: Ina Schoenenburg: aus der Serie „Blickwechsel“, 2016, Fotografie, © Ina Schoenenburg / OSTKREUZ

Seite 47: Marc Chagall: „Ange du Paradis“, Blatt 5 aus der Folge „La Bible“, 1956, Farblithografie auf Vélin d'Arches, 35,5 x 26,5 cm, Sprengel Museum Hannover, VG Bild-Kunst, Bonn 2021

Seite 53: Wolfgang Mattheuer: „Der Jahrhundertschritt“, 1984, Bronzeplastik, Museen der Hasso Plattner Foundation gGmbH, DAS MINSK, c/o Museum Barberini, Foto: Andreas Rost

Seite 59: Hans-Hendrik Grimmling: „Die Umerziehung der Vögel“, 1977, Öl auf Leinwand, VG Bild-Kunst, Bonn 2021

Seite 65: Peer Boehm: ohne Titel, 2020, Peer Boehm/VG Kunst Bonn 2021, Courtesy Galerie Poll Bonn

Seite 71: Valérie Thuillier: „Chemin amusé amusant – Amüsierter, amüsierender Weg“, 1993, Zeichnung von Karla Loéh Demesmay-Hahn, 2021

Seite 77: „Pavillon der Einheit Potsdamer Platz“, Kulturzentrum Korea 2021, Fotografie, privat

Seite 83: „Buckingham-Brunnen in Chicago nachts“, Foto: Petr Kratochvil/ publicdomainpictures.net

Seite 89: Joachim Rieß: „Postwertzeichen zum Internationalen Jahr gegen Rassismus mit Fotomontage von John Heartfield“, Erstausgabetag: 23. September 1971, Michel-Katalog-Nr Ländercode-MiNr: 1702, VG Bild-Kunst, Bonn 2021, Foto: Bülent Gündüz

Seite 95: Harald Hakenbeck: „Peter im Tierpark“, 1960, Öl auf Leinwand, 66 x 46 cm, Leihgabe der Bundesrepublik Deutschland im Albertinum, Galerie Neue Meister, © Foto: Albertinum, GNM, Staatliche Kunstsammlungen Dresden, Elke Estel

KAPITEL II:

Seite 103: A.R. Penck: „Knochengeld“, 1993, Papierscheine, Foto: Deutsches Historisches Museum/S. Ahlers, VG Bild-Kunst, Bonn 2021

Seite 109: Daniel Knorr: „Ring of Engagement“ für die IGS Erwin Fischer, Greifswald/Schönwalde I, Visualisierung zum Vorentwurf 2020, Copyright Studio Daniel Knorr/Neue Auftraggeber, VG Bild-Kunst, Bonn 2020

Seite 115: „Brass Riot“, 2019, Foto: Yanik Stark

Seite 121: Urbane Künste Ruhr_Ruhr Ding: „Klima 2021_Hayden Fowler: Death of Worlds“, © Daniel Sadrowski

Seite 127: Klaus Staeck: „Freizeitpark Deutschland“, 1993, Plakat, © Edition Staeck

Seite 133: Thomas Brussig: „Am kürzeren Ende der Sonnenallee“, 1999, Roman (Cover), Foto: Fischerverlage

Seite 139: Marco Brzozowski: „Malerei am EEW-Kraftwerk Premnitz“, 2021

Seite 145: „Fragment I/II (a.d.S. ECHO TEKTUR. Ruinen und Modelle)“, 2021, archivfeste Pigmentprints auf Museumskarton, Holzrahmung, 50 x 40 cm © Sven Gatter

Seite 151: Fotomontage „Kreative Köpfe für den Palast der Republik: Werben für den kreativen Umgang mit erhaltenswerter Bausubstanz“; Konzeption: www.plattformnachwuchsarchitekten.de; Portraitfotografie: Bettina Keller, Realisierungskonzept von 2005: ESG-Glas beschichtet und holzfaserverstärkte gedämmte Fassadenplatten, auf vorhandene Alu-Profile adaptiert

Seite 157: Marc Chagall: „I and the Village“, 1911, Museum of Modern Art (MoMA) New York City, Scala Archives, VG Bild-Kunst, Bonn 2021

Seite 163: Edward Hopper: „Sunlight in a Cafeteria“, 1958, Öl auf Leinwand, 1959, 102,1 x 152,7 cm, Foto: Yale University Art Gallery, VG Bild-Kunst, Bonn 2021

Seite 169: Performance des Künstlerkollektivs She She Pop: „ORATORIUM“, 2018, Foto: Benjamin Krieg

Seite 177: Henrike Naumann: „Das Reich", 2017, Rauminstallation, courtesy Henrike Naumann und KOW Berlin, Fotografie von Inga Selck, aufgenommen 2017 im Gorki Herbstsalon in Berlin

Seite 183: Johannes Friedrich Rogge: „Büste von Maxim Gorki", Bronze, vor 1953, Foto: Deutsche Fotothek (SLUB Dresden)

Seite 189: Trettmann: „Grauer Beton", 2017, Video Still, © www.kitsch-krieg.de

Seite 195: Unbekannte*r Künstler*in: „George Floyd", 2020, Graffito, Wikimedia Commons/Leonhard Lenz, veröffentlicht unter CC0 1.0, Foto aus: https://commons.wikimedia.org/wiki/File:George_Floyd_mural_Mauerpark_Berlin_2020-05-30_01.jpg

Seite 201: Porträt von James Baldwin, Fotografie, Bildnr. AKG1660899, 2012, © akg-images / Album

Seite 207: Martin Maleschka: „Schwedt 2020", Fotografie

Seite 213: Anti-Hitler-Sticker, Hamburg, 2020, unbekannt

Seite 221: Erzähl Einmal #5: „Suchen", 31. Oktober 2018, Fotografie, © privat

Seite 227: „Radikale Töchter", 2020, Fotografie: Patrick Wyatt, © privat

Seite 233: Freier Deutscher Gewerkschaftsbund: „Internationaler Frauentag 8. März 1954", Offsetdruck, 84 x 59 cm, VEB Landesdruckerei Sachsen, 1954, Foto: Deutsches Historisches Museum

Seite 239: „Brücke in Marsassoum im Senegal", 1986, Fotografie, © privat

Seite 245: Jamila & The Other Heroes: „BORDER SYNDROME" (Song), 2021, Single, Jamila & The Other Heroes, Label: Springstoff / slowtrane

Seite 255: Seiji Kimoto: „Erinnerungsstütze", 2005, Skulptur, angefertigt für die Gedenkstätte Mauthausen, Foto: vor der Johanniskirche in Saarbrücken 2012, Foto: Peter Riede

Seite 261: Nachbildung der Bronzeskulptur „Schwerter zu Pflugscharen" von Jewgeni Wiktorowitsch Wutschetitsch, 1959, Foto: Frank Ebert, Quelle: Robert-Havemann-Gesellschaft/DiGe 1/11; Aufnäher „Schwerter zu Pflugscharen", Quelle: Robert-Havemann-Gesellschaft/Aufn 1/1-3

Seite 267: Ronald M. Schernikau: „die tage in l.", 1989, Konkret Literatur Verlag (Erstveröffentlichung), Cover: Konkret Literatur Verlag, Hamburg 2009, Foto: Bülent Gündüz, mit freundlicher Genehmigung des Verlages

Seite 273: Deutsche Demokratische (Ablagerungs-) Republik", 1989 © Matthias Baerens erstmals veröffentlicht im „Grünheft" des Kirchlichen Forschungsheims (KFH) in Wittenberg (1989)

Seite 279: Wu Tsang: „Safe Space", Installationsansicht, Ausstellung „Not in my Language" im Migros Museum für Gegenwartskunst, Zürich, 2014, Foto: Stefan Altenburger, Courtesy die Künstlerin, Galerie Isabella Bortolozzi, Berlin und Cabinet, London.

Seite 285: „Rosa Röhre (offiziell Umlauftank 2 – UT2)" Berlin, Architekt: Ludwig Leo, © Sarah Eick

Seite 291: „Stil-Leben", 2021, Collage, © privat

Seite 297: Norbert Bisky: „Niemandsland", 2019, Öl auf Leinwand, 240 x 260 cm, Foto: Bernd Borchardt, courtesy of König Galerie Berlin/London/Seoul, Norbert Bisky und VG Bild-Kunst, Bonn 2021

Seite 303: Bühnenbildfoto zu „Don Giovanni" von W. A. Mozart an der Komischen Oper Berlin. Inszenierung Harry Kupfer, Bühnenbild Valeri Lewental, Premiere am 3. Oktober 1987, Bildnachweis: Komische Oper Berlin

Seite 309: Roya Noorineshzad: „Erinnerungsräume [Tagebau]", © VG Bild-Kunst, Bonn 2020 und Roya Noorineshzad; Jan Bachynski: „My Grandfathers skin", © Jan Bachynski und Two Roots

Seite 315: „Weltzeituhr Berlin Alexanderplatz", 2021, Fotografie, © Ulf Büschleb

IMPRESSUM:

Bibliografische Information der Deutschen Nationalbibliothek
Die Deutsche Nationalbibliothek verzeichnet diese Publikation in der Deutschen Nationalbibliografie; detaillierte bibliografische Daten sind im Internet über http://dnb.dnb.de abrufbar.

ISBN 978-3-8012-0621-5
1. Auflage 2021

Dreizehnmorgenweg 24, 53175 Bonn

HERAUSGEBERIN:
Franziska Richter · Friedrich-Ebert-Stiftung,
Demokratie, Gesellschaft & Innovation
franziska.richter@fes.de

LEKTORAT/REDAKTION:
Dr. Angela Borgwardt, Franziska Hirschmann und Franziska Richter

KUNSTWISSENSCHAFTLICHE BERATUNG:
Bülent Gündüz

FOTO UMSCHLAG:
Evelyn Richter: „An der Museumsinsel",
Berlin 1972, Fotografie

GESTALTUNG UND SATZ:
Andrea Schmidt · Typografie/im/Kontext

DRUCK UND VERARBEITUNG:
Plump Druck & Medien GmbH · Rheinbreitbach

Printed in Germany 2021

Besuchen Sie uns im Internet: www.dietz-verlag.de

LOTTO STIFTUNG BERLIN